# Metamorphoses
## (Asinus aureus)

Lucius Apuleius Madaurensis

Metamorphoses/Golden Ass
Copyright 2013 © Jiahu Books
First Published in Great Britain in 2013 by Jiahu Books – part of Richardson-Prachai Solutions Ltd, Egerton Gate, Milton Keynes, MK5 7HH
ISBN: 978-1-909669-80-2
Conditions of sale
All rights reserved. You must not circulate this book in any other binding or cover and you must impose the same condition on any acquirer.
A CIP catalogue record for this book is available from the British Library.
Visit us at: **jiahubooks.co.uk**

| | |
|---|---|
| Liber I | 5 |
| Liber II | 19 |
| Liber III | 36 |
| Liber IV | 52 |
| Liber V | 71 |
| Liber VI | 88 |
| Liber VII | 104 |
| Liber VIII | 120 |
| Liber IX | 138 |
| Liber X | 162 |
| Liber XI | 183 |
| Psyche et Cupido | 201 |

## LIBER I

I. At ego tibi sermone isto Milesio varias fabulas conseram auresque tuas benivolas lepido susurro permulceam — modo si papyrum Aegyptiam argutia Nilotici calami inscriptam non spreveris inspicere — , figuras fortunasque hominum in alias imagines conversas et in se rursus mutuo nexu refectas ut mireris. Exordior. "Quis ille?" Paucis accipe. Hymettos Attica et Isthmos Ephyrea et Taenaros Spartiatica, glebae felices aeternum libris felicioribus conditae, mea vetus prosapia est; ibi linguam Atthidem primis pueritiae stipendiis merui. Mox in urbe Latia advena studiorum Quiritium indigenam sermonem aerumnabili labore nullo magistro praeeunte aggressus excolui. En ecce praefamur veniam, siquid exotici ac forensis sermonis rudis locutor offendero. Iam haec equidem ipsa vocis immutatio desultoriae scientiae stilo quem accessimus respondet. Fabulam Graecanicam incipimus. Lector intende: laetaberis.

II. Thessaliam — nam et illic originis maternae nostrae fundamenta a Plutarcho illo inclito ac mox Sexto philosopho nepote eius prodita gloriam nobis faciunt — eam Thessaliam ex negotio petebam. Postquam ardua montium ac lubrica vallium et roscida cespitum et glebosa camporum <emenus> emersi, in equo indigena peralbo vehens iam eo quoque admodum fesso, ut ipse etiam fatigationem sedentariam incessus vegetatione discuterem in pedes desilio, equi sudorem <fronte detergeo>, frontem curiose exfrico, auris remulceo, frenos detraho, in gradum lenem sensim proveho, quoad lassitudinis incommodum alvi solitum ac naturale praesidium eliquaret. Ac dum is ientaculum ambulatorium prata quae praeterit ore in latus detorto pronus adfectat, duobus comitum qui forte paululum processerant tertium me facio. Ac dum ausculto quid sermonibus agitarent, alter exserto cachinno: "Parce" inquit "in verba ista haec tam absurda tamque immania mentiendo." Isto accepto sititor alioquin novitatis: "Immo vero" inquam "impertite sermonem non quidem curiosum sed qui velim scire vel cuncta vel certe plurima; simul iugi quod insurgimus aspritudinem fabularum lepida iucunditas levigabit."

III. At ille qui coeperat: "Ne" inquit "istud mendacium tam verum est quam siqui velit dicere magico susurramine amnes agiles reverti, mare pigrum conligari, ventos inanimes exspirare, solem inhiberi, lunam despumari, stellas evelli, diem tolli, noctem teneri." Tunc ego in verba fidentior: "Heus tu" inquam "qui sermonem ieceras priorem, ne pigeat te vel taedeat reliqua pertexere", et ad alium: "Tu vero crassis auribus et obstinato corde respuis quae forsitan vere perhibeantur. Minus hercule calles pravissimis opinionibus ea putari mendacia quae vel auditu nova vel visu rudia vel certe supra captum cogitationis ardua videantur; quae si paulo accuratius exploraris, non modo compertu evidentia verum etiam factu facilia senties.

IV. Ego denique vespera, dum polentae caseatae modico secus offulam grandiorem in convivas aemulus contruncare gestio, mollitie cibi glutinosi faucibus inhaerentis et meacula spiritus distinentis minimo minus interii. Et tamen Athenis proxime et ante Poecilen porticum isto gemino obtutu circulatorem aspexi equestrem spatham praeacutam mucrone infesto devorasse, ac mox eundem, invitamento exiguae stipis venatoriam lanceam, qua parte minatur exitium, in ima viscera condidisse. Et ecce pone lanceae ferrum, qua bacillum inversi teli ad occipitium per ingluviem subit, puer in mollitiem decorus insurgit inque flexibus tortuosis enervam et exossam saltationem explicat cum omnium qui aderamus admiratione: diceres dei medici baculo, quod ramis semiamputatis nodosum gerit, serpentem generosum lubricis amplexibus inhaerere. Sed iam cedo tu sodes, qui coeperas, fabulam remetire. Ego tibi solus haec pro isto credam, et quod ingressui primum fuerit stabulum prandio participabo. Haec tibi merces posita est."

V. At ille: "Istud quidem quod polliceris aequi bonique facio, verum quod inchoaveram porro exordiar. Sed tibi prius deierabo solem istum omnividentem deum me vera comperta memorare, nec vos ulterius dubitabitis si Thessaliae proximam civitatem perveneritis, quod ibidem passim per ora populi sermo iactetur quae palam gesta sunt. Sed ut prius noritis cuiatis sim, qui sim: <Aristomenes sum>, Aegiensis; audite et quo quaestu me teneam: melle vel caseo et huiusce modi cauponarum mercibus per Thessaliam Aetoliam Boeotiam ultro citro discurrens. Comperto itaque Hypatae, quae civitas cunctae Thessaliae antepollet, caseum recens et sciti saporis admodum commodo pretio distrahi, festinus adcucurri id omne praestinaturus. Sed ut fieri adsolet, sinistro pede profectum me spes compendii frustrata est: omne enim pridie Lupus negotiator magnarius coemerat. Ergo igitur inefficaci celeritate fatigatus commodum vespera oriente ad balneas processeram.

VI. Ecce Socraten contubernalem meum conspicio. Humi sedebat scissili palliastro semiamictus, paene alius lurore ad miseram maciem deformatus, qualia solent fortunae decermina stipes in triviis erogare. Hunc talem, quamquam necessarium et summe cognitum, tamen dubia mente propius accessi. "Hem," inquam "mi Socrates, quid istud? Quae facies? Quod flagitium? At vero domi tuae iam defletus et conclamatus es, liberis tuis tutores iuridici provincialis decreto dati, uxor persolutis feralibus officiis luctu et maerore diuturno deformata, diffletis paene ad extremam captivitatem oculis suis, domus infortunium novarum nuptiarum gaudiis a suis sibi parentibus hilarare compellitur. At tu hic larvale simulacrum cum summo dedecore nostro viseris." "Aristomene", inquit "ne tu fortunarum lubricas ambages et instabiles incursiones et reciprocas vicissitudines ignoras", et cum dicto sutili centunculo faciem suam iam dudum punicantem prae pudore obtexit ita ut ab umbilico pube tenus cetera corporis renudaret. Nec denique perpessus ego tam miserum aerumnae spectaculum iniecta manu ut adsurgat enitor.

VII. At ille, ut erat, capite velato: "Sine, sine" inquit "fruatur diutius tropaeo Fortuna quod fixit ipsa." Effeci sequatur, et simul unam e duabus laciniis meis exuo eumque propere vestio dicam an contego et ilico lavacro trado. Quod unctui, quod tersui, ipse praeministro, sordium enormem eluviem operose effrico; probe curato ad hospitium lassus ipse fatigatum aegerrime sustinens perduco, lectulo refoveo, cibo satio, poculo mitigo, fabulis permulceo. Iam adlubentia proclivis est sermonis et ioci et scitum etiam cavillum, iam dicacitas timida, cum ille imo de pectore cruciabilem suspiritum ducens dextra saevientem frontem replaudens: "Me miserum" infit "qui dum voluptatem gladiatorii spectaculi satis famigerabilis consector in has aerumnas incidi. Nam, ut scis optime, secundum quaestum Macedoniam profectus, dum mense decimo ibidem attentus nummatior revortor, modico prius quam Larissam accederem, per transitum spectaculum obiturus in quadam avia et lacunosa convalli a vastissimis latronibus obsessus atque omnibus privatus tandem evado, et utpote ultime adfectus ad quandam cauponam Meroen, anum sed admodum scitulam, devorto, eique causas et peregrinationis diuturnae et domuitionis anxiae et spoliationis [diuturnae et dum] miserae refero; quae me nimis quam humane tractare adorta cenae gratae atque gratuitae ac mox urigine percita cubili suo adplicat. Et statim miser, ut cum illa adquievi, ab unico congressu annosam ac pestilentem con<suetudinem> contraho et ipsas etiam lacinias quas boni latrones contegendo mihi concesserant in eam contuli, operulas etiam quas adhuc vegetus saccariam faciens merebam, quoad me ad istam faciem quam paulo ante vidisti bona uxor et mala fortuna perduxit."

VIII. "Pol quidem tu dignus" inquam "es extrema sustinere, si quid est tamen novissimo extremius, qui voluptatem Veneriam et scortum scorteum Lari et liberis praetulisti." At ille digitum a pollice proximum ori suo admovens et in stuporem attonitus "Tace, tace" inquit et circumspiciens tutamenta sermonis: "Parce" inquit "in feminam divinam, nequam tibi lingua intemperante noxam contrahas." "Ain tandem?" inquam. "Potens illa et regina caupona quid mulieris est?" "Saga" inquit "et divina, potens caelum deponere, terram suspendere, fontes durare, montes diluere, manes sublimare, deos infimare, sidera exstinguere, Tartarum ipsum inluminare." "Oro te" inquam "aulaeum tragicum dimoveto et siparium scaenicum complicato et cedo verbis communibus." "Vis" inquit "unum vel alterum, immo plurima eius audire facta? Nam ut se ament afflictim non modo incolae verum etiam Indi vel Aethiopes utrique vel ipsi Anticthones, folia sunt artis et nugae merae. Sed quod in conspectu plurium perpetravit, audi.

IX. Amatorem suum, quod in aliam temerasset, unico verbo mutavit in feram castorem, quod ea bestia captivitatis metuens ab insequentibus se praecisione genitalium liberat, ut illi quoque simile [quod venerem habuit in aliam] proveniret. Cauponem quoque vicinum atque ob id aemulum deformavit in ranam, et nunc senex ille dolium innatans vini sui adventores pristinos in faece submissus officiosis roncis raucus appellat. Alium de foro, quod adversus eam locutus esset, in arietem deformavit, et nunc aries ille causas agit. Eadem amatoris sui uxorem, quod in eam dicacule probrum dixerat iam in sarcina praegnationis obsaepto utero et repigrato fetu perpetua praegnatione damnavit, et ut cuncti numerant, iam octo annorum onere misella illa velut elephantum paritura distenditur.

X. Quae cum subinde ac multi nocerentur, publicitus indignatio percrebuit statutumque ut in eam die altera severissime saxorum iaculationibus vindicaretur. Quod consilium virtutibus cantionum antevortit et ut illa Medea unius dieculae a Creone impetratis indutiis totam eius domum filiamque cum ipso sene flammis coronalibus deusserat, sic haec devotionibus sepulchralibus in scrobem procuratis, ut mihi temulenta narravit proxime, cunctos in suis sibi domibus tacita numinum violentia clausit, ut toto biduo non claustra perfringi, non fores evelli, non denique parietes ipsi quiverint perforari, quoad mutua hortatione consone clamitarent quam sanctissime deierantes sese neque ei manus admolituros, et si quis aliud cogitarit salutare laturos subsidium. Et sic illa propitiata totam civitatem absolvit. At vero coetus illius auctorem nocte intempesta cum tota domo, id est parietibus et ipso solo et omni fundamento, ut erat, clausa ad centesimum lapidem in aliam civitatem summo vertice montis exasperati sitam et ob id ad aquas sterilem transtulit. Et quoniam densa inhabitantium aedificia locum novo hospiti non dabant, ante portam proiecta domo discessit."

XI. "Mira" inquam "nec minus saeva, mi Socrates, memoras. Denique mihi quoque non parvam incussisti sollicitudinem, immo vero formidinem, iniecto non scrupulo sed lancea, ne quo numinis ministerio similiter usa sermones istos nostros anus illa cognoscat. Itaque maturius quieti nos reponamus et somno levata lassitudine noctis antelucio aufugiamus istinc quam pote longissime." Haec adhuc me suadente insolita vinolentia ac diuturna fatigatione pertentatus bonus Socrates iam sopitus stertebat altius. Ego vero adducta fore pessulisque firmatis grabatulo etiam pone cardinem supposito et probe adgesto super eum me recipio. Ac primum prae metu aliquantisper vigilo, dein circa tertiam ferme vigiliam paululum coniveo. Commodum quieveram, et repente impulsu maiore quam ut latrones crederes ianuae reserantur immo vero fractis et evolsis funditus cardinibus prosternuntur. Grabatus alioquin breviculus et uno pede mutilus ac putris impetus tanti violentia prosternitur, me quoque evolutum atque excussum humi recidens in inversum cooperit ac tegit.

XII. Tunc ego sensi naturalitus quosdam affectus in contrarium provenire. Nam ut lacrimae saepicule de gaudio prodeunt, ita et in illo nimio pavore risum nequivi continere de Aristomene testudo factus. Ac dum in fimum deiectus obliquo aspectu quid rei sit grabatuli sollertia munitus opperior, video mulieres duas altioris aetatis; lucernam lucidam gerebat una, spongiam et nudum gladium altera. Hoc habitu Socratem bene quietum circumstetere. Infit illa cum gladio: "Hic est, soror Panthia, carus Endymion, hic Catamitus meus, qui diebus ac noctibus inlusit aetatulam meam, hic qui meis amoribus subterhabitis non solum me diffamat probris verum etiam fugam instruit. At ego scilicet Ulixi astu deserta vice Calypsonis aeternam solitudinem flebo." Et porrecta dextera meque Panthiae suae demonstrato: "At hic bonus" inquit "consiliator Aristomenes, qui fugae huius auctor fuit et nunc morti proximus iam humi prostratus grabattulo subcubans iacet et haec omnia conspicit, impune se laturum meas contumelias putat. Faxo eum sero, immo statim, immo vero iam nunc, ut et praecedentis dicacitatis et instantis curiositatis paeniteat."

XIII. Haec ego ut accepi, sudore frigido miser perfluo, tremore viscera quatior, ut grabattulus etiam succussu meo inquietus super dorsum meum palpitando saltaret. At bona Panthia: "Quin igitur", inquit "soror, hunc primum bacchatim discerpimus vel membris eius destinatis virilia desecamus?" Ad haec Meroe - sic enim reapse nomen eius tunc fabulis Socratis convenire sentiebam -: "Immo" ait "supersit hic saltem qui miselli huius corpus parvo contumulet humo," et capite Socratis in alterum dimoto latus per iugulum sinistrum capulo tenus gladium totum ei demergit et sanguinis eruptionem utriculo admoto excipit diligenter, ut nulla stilla compareret usquam. Haec ego meis oculis aspexi. Nam etiam, ne quid demutaret, credo, a victimae religione, immissa dextera per vulnus illud ad viscera penitus cor miseri contubernalis mei Meroe bona scrutata protulit, cum ille impetu teli praesecata gula vocem immo stridorem incertum per vulnus effunderet et spiritum rebulliret. Quod vulnus, qua maxime patebat, spongia offulciens Panthia: "Heus tu" inquit "spongia, cave in mari nata per fluvium transeas." His editis abeunt <et una> remoto grabattulo varicus super faciem meam residentes vesicam exonerant, quoad me urinae spurcissimae madore perluerent.

XIV. Commodum limen evaserant, et fores ad pristinum statum integrae resurgunt: cardines ad foramina resident, <ad> postes [ad] repagula redeunt, ad claustra pessuli recurrunt. At ego, ut eram, etiam nunc humi proiectus inanimis nudus et frigidus et lotio perlutus, quasi recens utero matris editus, immo vero semimortuus, verum etiam ipse mihi supervivens et postumus vel certe destinatae iam cruci candidatus : "Quid" inquam "me fiet, ubi iste iugulatus mane paruerit? Cui videbor veri similia dicere proferens vera? "Proclamares saltem suppetiatum, si resistere vir tantus mulieri nequibas. Sub oculis tuis homo iugulatur, et siles? Cur autem te simile latrocinium non peremit? Cur saeva crudelitas vel propter indicium sceleris arbitro pepercit? Ergo, quoniam evasisti mortem, nunc illo redi." Haec identidem mecum replicabam, et nox ibat in diem. Optimum itaque factu visum est anteluculo furtim evadere et viam licet trepido vestigio capessere. Sumo sarcinulam meam, subdita clavi pessulos reduco; at illae probae et fideles ianuae, quae sua sponte reseratae nocte fuerant, vix tandem et aegerrime tunc clavis suae crebra immissione patefiunt.

XV. Et "Heus tu, ubi es?" inquam; "valvas stabuli absolve, antelucio volo ire." Ianitor pone stabuli ostium humi cubitans etiam nunc semisomnus: "Quid? Tu" inquit "ignoras latronibus infestari vias, qui hoc noctis iter incipis? Nam etsi tu alicuius facinoris tibi conscius scilicet mori cupis, nos cucurbitae caput non habemus ut pro te moriamur." "Non longe" inquam "lux abest. Et praeterea quid viatori de summa pauperie latrones auferre possunt? An ignoras, inepte, nudum nec a decem palaestritis despoliari posse?" Ad haec ille marcidus et semisopitus in laterum latus revolutus: "Unde autem" inquit "scio an convectore illo tuo, cum quo sero devorteras, iugulato fugae mandes praesidium?" Illud horae memini me terra dehiscente ima Tartara inque his canem Cerberum prorsus esurientem mei prospexisse. Ac recordabar profecto bonam Meroen non misericordia iugulo meo pepercisse, sed saevitia cruci me reservasse.

XVI. In cubiculum itaque reversus de genere tumultuario mortis mecum deliberabam. Sed cum nullum alium telum mortiferum Fortuna quam solum mihi grabattulum subministraret, "Iam iam grabattule" inquam "animo meo carissime, qui mecum tot aerumnas exantlasti conscius et arbiter quae nocte gesta sunt, quem solum in meo reatu testem innocentiae citare possum, tu mihi ad inferos festinanti subministra telum salutare," et cum dicto restim, qua erat intextus, adgredior expedire ac tigillo, quod fenestrae subditum altrinsecus prominebat, iniecta atque obdita parte funiculi et altera firmiter in nodum coacta ascenso grabattulo ad exitium sublimatus et immisso capite laqueum induo. Sed dum pede altero fulcimentum quo sustinebar repello, ut ponderis deductu restis ad ingluviem adstricta spiritus officia discluderet, repente putris alioquin et vetus funis dirumpitur, atque ego de alto recidens Socraten - nam iuxta me iacebat - superruo cumque eo in terram devolvor.

XVII. Et ecce in ipso momento ianitor introrumpit exserte clamitans: "Ubi es tu qui alta nocte festinabas et nunc stertis involutus?" Ad haec nescio an casu nostro an illius absono clamore experrectus Socrates exsurgit prior et "Non" inquit "inmerito stabularios hos omnes hospites detestantur. Nam iste curiosus dum inportune irrumpit — credo studio rapiendi aliquid — clamore vasto marcidum alioquin me altissimo somno excussit." Emergo laetus atque alacer insperato gaudio perfusus et: "Ecce, ianitor fidelissime, comes [et pater meus] et frater meus, quem nocte ebrius occisum a me calumniabaris", et cum dicto Socraten deosculabar amplexus. At ille, odore alioquin spurcissimi humoris percussus quo me Lamiae illae infecerant, vehementer aspernatur: "Apage te" inquit "fetorem extremae latrinae", et causas coepit huius odoris comiter inquirere. At ego miser adficto ex tempore absurdo ioco in alium sermonem intentionem eius denuo derivo et iniecta dextra: "Quin imus" inquam "et itineris matutini gratiam capimus?" Sumo sarcinulam et pretio mansionis stabulario persoluto capessimus viam.

XVIII. Aliquantum processeramus, et iam iubaris exortu cuncta conlustrantur. Et ego curiose sedulo arbitrabar iugulum comitis, qua parte gladium delapsum videram, et mecum: "Vesane," aio "qui poculis et vino sepultus extrema somniasti. Ecce Socrates integer sanus incolumis. Ubi vulnus? Spongia <ubi>? Ubi postremo cicatrix tam alta, tam recens?" Et ad illum: "Non" inquam "immerito medici fidi cibo et crapula distentos saeva et gravia somniare autumant: mihi denique, quod poculis vesperi minus temperavi, nox acerba diras et truces imagines obtulit, ut adhuc me credam cruore humano aspersum atque impiatum." Ad haec ille subridens: "At tu" inquit "non sanguine sed lotio perfusus es. Verum tamen et ipse per somnium iugulari visus sum mihi, nam et iugulum istum dolui et cor ipsum mihi avelli putavi, et nunc etiam spiritu deficior et genua quatior et gradu titubo et aliquid cibatus refovendo spiritu desidero." "En" inquam "paratum tibi adest ientaculum", et cum dicto manticam meam humero exuo, caseum cum pane propere ei porrigo, et "Iuxta platanum istam residamus" aio.

XIX. Quo facto et ipse aliquid indidem sumo eumque avide essitantem aspiciens aliquanto intentiore macie atque pallore buxeo deficientem video. Sic denique eum vitalis color turbaverat ut mihi prae metu, nocturnas etiam Furias illas imaginanti, frustulum panis quod primum sumpseram quamvis admodum modicum mediis faucibus inhaereret ac neque deorsum demeare neque sursum remeare posset. Nam et brevitas ipsa commeantium metum mihi cumulabat. Quis enim de duobus comitum alterum sine alterius noxa peremptum crederet? Verum ille, ut satis detruncaverat cibum, sitire inpatienter coeperat; nam et optimi casei bonam partem avide devoraverat, et haud ita longe radices platani lenis fluvius in speciem placidae paludis ignavus ibat argento vel vitro aemulus in colorem. "En" inquam "explere latice fontis lacteo." Adsurgit et oppertus paululum pleniorem ripae marginem complicitus in genua adpronat se avidus adfectans poculum. Necdum satis extremis labiis summum aquae rorem attigerat, et iugulo eius vulnus dehiscit in profundum patorem et illa spongia de eo repente devolvitur eamque parvus admodum comitatur cruor. Denique corpus exanimatum in flumen paene cernuat, nisi ego altero eius pede retento vix et aegre ad ripam superiorem adtraxi, ubi defletum pro tempore comitem misellum arenosa humo in amnis vicinia sempiterna contexi. Ipse trepidus et eximie metuens mihi per diversas et avias solitudines aufugi et quasi conscius mihi caedis humanae relicta patria et lare ultroneum exilium amplexus nunc Aetoliam novo contracto matrimonio colo."

XX. Haec Aristomenes. At ille comes eius, qui statim initio obstinata incredulitate sermonem eius respuebat: "Nihil" inquit "hac fabula fabulosius, nihil isto mendacio absurdius", et ad me conversus: "Tu autem" inquit "vir ut habitus et habitudo demonstrat ornatus accedis huic fabulae?" "Ego vero" inquam "nihil impossibile arbitror, sed utcumque fata decreverint ita cuncta mortalibus provenire: nam et mihi et tibi et cunctis hominibus multa usu venire mira et paene infecta, quae tamen ignaro relata fidem perdant. Sed ego huic et credo hercules et gratas gratias memini, quod lepidae fabulae festivitate nos avocavit, asperam denique ac prolixam viam sine labore ac taedio evasi. Quod beneficium etiam illum vectorem meum credo laetari, sine fatigatione sui me usque ad istam civitatis portam non dorso illius sed meis auribus pervecto."

XXI. Is finis nobis et sermonis et itineris communis fuit. Nam comites uterque ad villulam proximam laevorsum abierunt. Ego vero quod primum ingressui stabulum conspicatus sum accessi et de quadam anu caupona ilico percontor: "Estne" inquam "Hypata haec civitas?" Adnuit. "Nostine Milonem quendam e primoribus?" Adrisit et: "Vere" inquit "primus istic perhibetur Milo, qui extra pomerium et urbem totam colit." "Remoto" inquam "ioco, parens optima, dic oro et cuiatis sit et quibus deversetur aedibus". "Videsne" inquit "extremas fenestras, quae foris urbem prospiciunt, et altrinsecus fores proxumum respicientes angiportum? Inibi iste Milo deversatur ampliter nummatus et longe opulentus verum extremae avaritiae et sordis infimae infamis homo, foenus denique copiosum sub arrabone auri et argenti crebriter exercens, exiguo Lare inclusus et aerugini semper intentus, cum uxorem etiam calamitatis suae comitem habeat. Neque praeter unicam pascit ancillulam et habitu mendicantis semper incedit."

XXII. Ad haec ego risum subicio: "Benigne" inquam "et prospicue Demeas meus in me consuluit, qui peregrinaturum tali viro conciliavit, in cuius hospitio nec fumi nec nidoris nebulam vererer"; et cum dicto modico secus progressus ostium accedo et ianuam firmiter oppessulatam pulsare vocaliter incipio. Tandem adulescentula quaedam procedens: "Heus tu" inquit "qui tam fortiter fores verberasti, sub qua specie mutari cupis? An tu solus ignoras praeter aurum argentumque nullum nos pignus admittere?" "Meliora" inquam "ominare et potius responde an intra aedes erum tuum offenderim." "Plane," inquit "sed quae causa quaestionis huius?" "Litteras ei a Corinthio Demea scriptas ad eum reddo." "Dum annuntio," inquit "hic ibidem me opperimino", et cum dicto rursum foribus oppessulatis intro capessit. Modico deinde regressa patefactis aedibus: "Rogat te" inquit. Intuli me eumque accumbentem exiguo admodum grabattulo et commodum cenare incipientem invenio. Assidebat pedes uxor et mensa vacua posita, cuius monstratu: "En" inquit "hospitium." "Bene" ego, et ilico ei litteras Demeae trado. Quibus properiter lectis: "Amo" inquit "meum Demeam qui mihi tantum conciliavit hospitem".

XXIII. Et cum dicto iubet uxorem decedere utque in eius locum adsistam iubet meque etiam nunc verecundia cunctantem adrepta lacinia detrahens: "Adside" inquit "istic. Nam prae metu latronum nulla sessibula ac ne sufficientem supellectilem parare nobis licet." Feci. Et sic: "Ego te" inquit "etiam de ista corporis speciosa habitudine deque hac virginali prorsus verecundia generosa stirpe proditum et recte conicerem. Sed et meus Demeas eadem litteris pronuntiat. Ergo brevitatem gurgustioli nostri ne spernas peto. Erit tibi adiacens [et] ecce illud cubiculum honestum receptaculum. Fac libenter deverseris in nostro. Nam et maiorem domum dignatione tua feceris et tibi specimen gloriosum adrogaris, si contentus lare parvulo Thesei illius cognominis patris tui virtutes aemulaveris, qui non est aspernatus Hecales anus hospitium tenue", et vocata ancillula: "Photis" inquit "sarcinulas hospitis susceptas cum fide conde in illud cubiculum ac simul ex promptuario oleum unctui et lintea tersui et cetera hoc eidem usui profer ociter et hospitem meum produc ad proximas balneas; satis arduo itinere atque prolixo fatigatus est."

XXIV. His ego auditis mores atque parsimoniam ratiocinans Milonis volensque me artius ei conciliare: "Nihil" inquam "rerum istarum, quae itineris ubique nos comitantur, indigemus. Sed et balneas facile percontabimur. Plane, quod est mihi summe praecipuum, equo, qui me strenue pervexit, faenum atque ordeum acceptis istis nummulis tu, Photis, emito." His actis et rebus meis in illo cubiculo conditis pergens ipse ad balneas, ut prius aliquid nobis cibatui prospicerem, forum cupidinis peto, inque eo piscatum opiparem expositum video et percontato pretio, quod centum nummis indicaret, aspernatus viginti denariis praestinavi. Inde me commodum egredientem continatur Pythias condiscipulus apud Athenas Atticas meus, qui me post aliquantum multum temporis amanter agnitum invadit, amplexusque ac comiter deosculatus: "Mi Luci," ait "sat pol diu est quod intervisimus te, at hercules exinde cum a Clytio magistro digressi sumus. Quae autem tibi causa peregrinationis huius?" "Crastino die scies," inquam. "Sed quid istud? Voti gaudeo. Nam et lixas et virgas et habitum prorsus magistratui congruentem in te video." "Annonam curamus" ait "et aedilem gerimus et siquid obsonare cupis utique commodabimus." Abnuebam, quippe qui iam cenae affatim piscatum prospexeramus. Sed enim Pythias visa sportula succussisque in aspectum planiorem piscibus: "At has quisquilias quanti parasti?" "Vix" inquam "piscatori extorsimus accipere viginti denarium."

XXV. Quo audito statim adrepta dextera postliminio me in forum cupidinis reducens: "Et a quo" inquit "istorum nugamenta haec comparasti?" Demonstro seniculum: in angulo sedebat. Quem confestim pro aedilitatis imperio voce asperrima increpans: "Iam iam" inquit "nec amicis quidem nostris vel omnino ullis hospitibus parcitis, quod tam magnis pretiis pisces frivolos indicatis et florem Thessalicae regionis ad instar solitudinis et scopuli edulium caritate deducitis? Sed non impune. Iam enim faxo scias quem ad modum sub meo magisterio mali debeant coerceri", et profusa in medium sportula iubet officialem suum insuper pisces inscendere ac pedibus suis totos obterere. Qua contentus morum severitudine meus Pythias ac mihi ut abirem suadens: "Sufficit mihi, o Luci," inquit "seniculi tanta haec contumelia." His actis consternatus ac prorsus obstupidus ad balneas me refero, prudentis condiscipuli valido consilio et nummis simul privatus et cena, lautusque ad hospitium Milonis ac dehinc cubiculum me reporto.

XXVI.

Et ecce Photis ancilla: "Rogat te" inquit "hospes." At ego iam inde Milonis abstinentiae cognitor excusavi comiter, quod viae vexationem non cibo sed somno censerem diluendam. Isto accepto pergit ipse et iniecta dextera clementer me trahere adoritur. Ac dum cunctor, dum moleste renitor: "Non prius" inquit "discedam quam me sequaris", et dictum iure iurando secutus iam obstinationi suae me ingratiis oboedientem perducit ad illum suum grabattulum et residenti: "Quam salve agit" inquit "Demeas noster? Quid uxor? Quid liberi? Quid vernaculi?" Narro singula. Percontatur accuratius causas etiam peregrinationis meae. Quas ubi probe protuli, iam et de patria nostra et eius primoribus ac denique de ipso praeside scrupulosissime explorans, ubi me post itineris tam saevi vexationem sensit fabularum quoque serie fatigatum in verba media somnolentum desinere ac nequicquam, defectum iam, incerta verborum salebra balbuttire, tandem patitur cubitum concederem. Evasi aliquando rancidi senis loquax et famelicum convivium somno non cibo gravatus, cenatus solis fabulis, et in cubiculum reversus optatae me quieti reddidi.

## LIBER II

I. Ut primum nocte discussa sol novus diem fecit, et somno simul emersus et lectulo, anxius alioquin et nimis cupidus cognoscendi quae rara miraque sunt, reputansque me media Thessaliae loca tenere qua artis magicae nativa cantamina totius orbis consono orbe celebrentur fabulamque illam optimi comitis Aristomenis de situ civitatis huius exortam, suspensus alioquin et voto simul et studio, curiose singula considerabam. Nec fuit in illa civitate quod aspiciens id esse crederem quod esset, sed omnia prorsus ferali murmure in aliam effigiem translata, ut et lapides quos offenderem de homine duratos et aves quas audirem indidem plumatas et arbores quae pomerium ambirent similiter foliatas et fontanos latices de corporibus humanis fluxos crederem; iam statuas et imagines incessuras, parietes locuturos, boves et id genus pecua dicturas praesagium, de ipso vero caelo et iubaris orbe subito venturum oraculum.

II. Sic attonitus, immo vero cruciabili desiderio stupidus, nullo quidem initio vel omnino vestigio cupidinis meae reperto cuncta circumibam tamen. Dum in luxum nepotalem similis ostiatim singula pererro, repente me nescius forum cupidinis intuli, et ecce mulierem quampiam frequenti stipatam famulitione ibidem gradientem adcelerato vestigio comprehendo; aurum in gemmis et in tunicis, ibi inflexum, hic intextum, matronam profecto confitebatur. Huius adhaerebat lateri senex iam gravis in annis, qui ut primum me conspexit: "Est," inquit "hercules, est Lucius", et offert osculum et statim incertum quidnam in aurem mulieris obganniit; "Quin" inquit "etiam ipse parentem tuam accedis et salutas?" "Vereor" inquam "ignotae mihi feminae" et statim rubore suffusus deiecto capite restiti. At illa optutum in me conversa: "En" inquit "sanctissimae Salvae matris generosa probitas, sed et cetera corporis exsecrabiliter ad [regulam qua diligenter aliquid adfingunt] <amus>sim congruentia: inenormis proceritas, suculenta gracilitas, rubor temperatus, flavum et inadfectatum capillitium, oculi caesii quidem, sed vigiles et in aspectu micantes, prorsus aquilini, os quoquoversum floridum, speciosus et immeditatus incessus."

III. Et adiecit: "Ego te, o Luci, meis istis manibus educavi, quidni? parentis tuae non modo sanguinis, verum alimoniarum etiam socia. Nam et familia Plutarchi ambae prognatae sumus et eandem nutricem simul bibimus et in nexu germanitatis una coalvimus. Nec aliud nos quam dignitas discernit, quod illa clarissimas ego privatas nuptias fecerimus. Ego sum Byrrhena illa, cuius forte saepicule nomen inter tuos educatores frequentatum retines. Accede itaque hospitium fiducia, immo vero iam tuum proprium larem." Ad haec ego, iam sermonis ipsius mora rubore digesto: "Absit," inquam parens, ut Milonem hospitem sine ulla querela deseram; sed plane, quod officiis integris potest effici, curabo sedulo. Quotiens itineris huius ratio nascetur, numquam erit ut non apud te devertar." Dum hunc et huius modi sermonem altercamur, paucis admodum confectis passibus ad domum Byrrhenae pervenimus.

IV. Atria longe pulcherrima columnis quadrifariam per singulos angulos stantibus attolerabant statuas, palmaris deae facies, quae pinnis explicitis sine gressu pilae volubilis instabile vestigium plantis roscidis delibantes nec ut maneant inhaerent et iam volare creduntur. Ecce lapis Parius in Dianam factus tenet libratam totius loci medietatem, signum perfecte luculentum, veste reflatum, procursu vegetum, introeuntibus obvium et maiestate numinis venerabile; canes utrimquesecus deae latera muniunt, qui canes et ipsi lapis erant; his oculi minantur, aures rigent, nares hiant, ora saeviunt, et sicunde de proximo latratus ingruerit, eum putabis de faucibus lapidis exire, et in quo summum specimen operae fabrilis egregius ille signifex prodidit, sublatis canibus in pectus arduis pedes imi resistunt, currunt priores. Pone tergum deae saxum insurgit in speluncae modum muscis et herbis et foliis et virgultis et sicubi pampinis et arbusculis alibi de lapide florentibus. Splendet intus umbra signi de nitore lapidis. Sub extrema saxi margine poma et uvae faberrime politae dependent, quas ars aemula naturae veritati similes explicuit. Putes ad cibum inde quaedam, cum mustulentus autumnus maturum colorem adflaverit, posse decerpi, et si fontem, qui deae vestigio discurrens in lenem vibratur undam, pronus aspexeris, credes illos ut rure pendentes racemos inter cetera veritatis nec agitationis officio carere. Inter medias frondes lapidis Actaeon simulacrum curioso optutu in deam [sum] proiectus iam in cervum ferinus et in saxo simul et in fronte loturam Dianam opperiens visitur.

V. Dum haec identidem rimabundus eximie delector, "Tua sunt" ait Byrrhena "cuncta quae vides", et cum dicto ceteros omnes sermone secreto decedere praecipit. Quibus dispulsis omnibus: "Per hanc" inquit, "deam, o Luci carissime, ut anxie tibi metuo et ut pote pignori meo longe provisum cupio, cave tibi, sed cave fortiter a malis artibus et facinorosis illecebris Pamphiles illius, quae cum Milone isto, quem dicis hospitem, nupta est. Maga primi nominis et omnis carminis sepulcralis magistra creditur, quae surculis et lapillis et id genus frivolis inhalatis omnem istam lucem mundi sideralis imis Tartari et in vetustum chaos submergere novit. Nam simul quemque conspexerit speciosae formae iuvenem, venustate eius sumitur et ilico in eum et oculum et animum detorquet. Serit blanditias, invadit spiritum, amoris profundi pedicis aeternis alligat. Tunc minus morigeros et vilis fastidio in saxa et in pecua et quodvis animal puncto reformat, alios vero prorsus extinguit. Haec tibi trepido et cavenda censeo. Nam et illa uritur perpetuum et tu per aetatem et pulchritudinem capax eius es." Haec mecum Byrrhena satis anxia.

VI. At ego curiosus alioquin, ut primum artis magicae semper optatum nomen audivi, tantum a cautela Pamphiles afui ut etiam ultro gestirem tali magisterio me volens ampla cum mercede tradere et prorsus in ipsum barathrum saltu concito praecipitare. Festinus denique et vecors animi manu eius velut catena quadam memet expedio et "Salve" propere addito ad

Milonis hospitium perniciter evolo. Ac dum amenti similis celero vestigium, "Age," inquam, "o Luci, evigila et tecum esto. Habes exoptatam occasionem, et voto diutino poteris fabulis miris explere pectus. Aufer formidines pueriles, comminus cum re ipsa naviter congredere, et a nexu quidem venerio hospitis tuae tempera et probi Milonis genialem torum religiosus suspice, verum enimvero Photis famula petatur enixe. Nam et forma scitula et moribus ludicra et prorsus argutula est. Vesperi quoque cum somno concederes, et in cubiculo te deduxit comiter et blande lectulo collocavit et satis amanter cooperuit et osculato tuo capite quam invita discederet vultu prodidit, denique saepe retrorsa respiciens substitit. Quod bonum felix et faustum itaque, licet salutare non erit, Photis illa temptetur."

VII. Haec mecum ipse disputans fores Milonis accedo et, quod aiunt, pedibus in sententiam meam vado. Nec tamen domi Milonem vel uxorem eius offendo, sed tantum caram meam Photidem: suis parabat isicium fartim concisum et pulpam frustatim consectam ambacupascuae iurulenta et quod naribus iam inde ariolabar, tuccetum perquam sapidissimum. Ipsa linea tunica mundule amicta et russea fasceola praenitente altiuscule sub ipsas papillas succinctula illud cibarium vasculum floridis palmulis rotabat in circulum, et in orbis flexibus crebra succutiens et simul membra sua leniter inlubricans, lumbis sensim vibrantibus, spinam mobilem quatiens placide decenter undabat. Isto aspectu defixus obstupui et mirabundus steti, steterunt et membra quae iacebant ante. Et tandem ad illam: "Quam pulchre quamque festive," inquam "Photis mea, ollulam istam cum natibus intorques! Quam mellitum pulmentum apparas! Felix et <certo> certius beatus cui permiseris illuc digitum intingere." Tunc illa lepida alioquin et dicacula puella: "Discede," inquit "miselle, quam procul a meo foculo, discede. Nam si te vel modice meus igniculus afflaverit, ureris intime nec ullus extinguet ardorem tuum nisi ego, quae dulce condiens et ollam et lectulum suave quatere novi."

VIII. Haec dicens in me respexit et risit. Nec tamen ego prius inde discessi quam diligenter omnem eius explorassem habitudinem. Vel quid ego de ceteris aio, cum semper mihi unica cura fuerit caput capillumque sedulo et puplice prius intueri et domi postea perfrui sitque iudicii huius apud me certa et statuta ratio, vel <quod..> vel quod praecipua pars ista corporis in aperto et in perspicuo posita prima nostris luminibus occurrit et quod in ceteris membris floridae vestis hilaris color, hoc in capite nitor nativus operatur; denique pleraeque indolem gratiamque suam probaturae lacinias omnes exuunt, amicula dimovent, nudam pulchritudinem suam praebere se gestiunt magis de cutis roseo rubore quam de vestis aureo colore placiturae. At vero ŸŸ quod nefas dicere, nec quod sit ullum huius rei tam dirum exemplum! ŸŸ si cuiuslibet eximiae pulcherrimaeque feminae caput capillo spoliaveris et faciem nativa specie nudaveris, licet illa caelo deiecta, mari edita, fluctibus educata, licet inquam ipsa Venus fuerit, licet omni Gratiarum choro stipata et toto Cupidinum populo comitata et balteo suo cincta, cinnama flagrans et balsama rorans, calva processerit, placere non poterit nec Vulcano suo.

IX. Quid cum capillis color gratus et nitor splendidus inlucet et contra solis aciem vegetus fulgurat vel placidus renitet aut in contrariam gratiam variat aspectum et nunc aurum coruscans in lenem mellis deprimitur umbram, nunc corvina nigredine caerulus columbarum colli flosculos aemulatur, vel cum guttis Arabicis obunctus et pectinis arguti dente tenui discriminatus et pone versum coactus amatoris oculis occurrens ad instar speculi reddit imaginem gratiorem? Quid cum frequenti subole spissus cumulat verticem vel prolixa serie porrectus dorsa permanat? Tanta denique est capillamenti dignitas ut quamvis auro veste gemmis omnique cetero mundo exornata mulier incedat, tamen, nisi capillum distinxerit, ornata non possit audire. Sed in mea Photide non operosus sed inordinatus ornatus addebat gratiam. Uberes enim crines leniter remissos et cervice dependulos ac dein per colla dispositos sensimque sinuatos patagio residentes paulisper ad finem conglobatos in summum verticem nodus adstrinxerat.

X. Nec diutius quivi tantum cruciatum voluptatis eximiae sustinere, sed pronus in eam, qua fine summum cacumen capillus ascendit, mellitissimum illum savium impressi. Tum illa cervicem intorsit et ad me conversa limis et morsicantibus oculis: "Heus ut, scolastice," ait "dulce et amarum gustulum carpis. Cave ne nimia mellis dulcedinem diutinam bilis amaritudinem contrahas." "Quid istic" inquam "est, mea festivitas, cum sim paratus vel uno saviolo interim recreatus super istum ignem porrectus assari" et cum dicto artius eam complexus coepi saviari. Iamque aemula libidine in amoris parilitatem congermanescenti mecum, iam patentis oris inhalatu cinnameo et occursantis linguae inlisu nectareo prona cupidine adlibescenti: "Pereo", inquam "immo iam dudum perii, nisi tu propitiaris". Ad haec illa rursum me deosculato: "Bono animo esto," inquit "nam ego tibi mutua voluntate mancipata sum, nec voluptas nostra differetur ulterius, sed prima face cubiculum tuum adero. Abi ergo ac te compara, tota enim nocte tecum fortiter et ex animo proeliabor."

XI. His et talibus obgannitis sermonibus inter nos discessum est. Commodum meridies accesserat et mittit mihi Byrrhena xeniola porcum opimum et quinque gallinulas et vini cadum in aetate pretiosi. Tunc ego vocata Photide: "Ecce" inquam "Veneris hortator et armiger Liber advenit ultro. Vinum istud hodie sorbamus omne, quod nobis restinguat pudoris ignaviam et alacrem vigorem libidinis incutiat. Hac enim sitarchia navigium Veneris indiget sola, ut in nocte pervigili et oleo lucerna et vino calix abundet." Diem ceterum lavacro ac dein cenae dedimus. Nam Milonis boni concinnaticiam mensulam rogatus adcubueram, quam pote tutus ab uxoris eius aspectu, Byrrhenae monitorum memor, et perinde in eius faciem oculos meos ac si in Avernum lacum formidans deieceram. Sed adsidue respiciens praeministrantem Photidem inibi recreabar animi, cum ecce iam vesperam lucernam intuens Pamphile: "Quam largus" inquit "imber aderit crastino" et percontanti marito qui comperisset istud respondit sibi lucernam praedicere. Quod dictum ipsius Milo risu secutus: "Grandem" inquit "istam lucernam Sibyllam pascimus, quae cuncta caeli negotia et solem ipsum de specula candelabri contuetur."

XII. Ad haec ego subiciens: "Sunt" aio "prima huiusce divinationis experimenta; nec mirum, licet modicum igniculum et manibus humanis laboratum, memorem tamen illius maioris et caelestis ignis velut sui parentis, quid is sit editurus in aetheris vertice divino praesagio et ipsum scire et nobis enuntiare. Nam et Corinthi nunc apud nos passim Chaldaeus quidam hospes miris totam civitatem responsis turbulentat et arcana fatorum stipibus emerendis edicit in vulgum, qui dies copulas nuptiarum adfirmet, qui fundamenta moenium perpetuet, qui negotiatori commodus, qui viatori celebris, qui navigiis opportunus. Mihi denique proventum huius peregrinationis inquirenti multa respondit et oppido mira et satis varia; nunc enim gloriam satis floridam, nunc historiam magnam et incredundam fabulam et libros me futurum."

XIII. Ad haec renidens Milo: "Qua" inquit "corporis habitudine praeditus quove nomine nuncupatus hic iste Chaldaeus est?" "Procerus" inquam "et suffusculus, Diophanes nomine." "Ipse est" ait "nec ullus alius. Nam et hic apud nos multa multis similiter effatus non parvas stipes, immo vero mercedes opimas iam consecutus fortunae scaevam an saevam verius dixerim miser incidit. Nam die quadam cum frequentis populi circulo conseptus coronae circumstantium fata donaret, Cerdo quidam nomine negotiator accessit eum, diem commodum peregrinationi cupiens. Quem cum electum destinasset ille, iam deposita crumina, iam profusis nummulis, iam dinumeratis centum denarium quos mercedem divinationis auferret, ecce quidam de nobilibus adulescentulus a tergo adrepens eum lacinia prehendit et conversum amplexus exosculatur artissime. At ille ubi primum consaviatus eum iuxtim se ut adsidat effecit, [attonitus] et repentinae visionis stupore <attonitus> et praesentis negotii quod gerebat oblitus infit ad eum: "Quam olim equidem exoptatus nobis advenis?". Respondit ad haec ille alius: "Commodum vespera oriente. Sed vicissim tu quoque, frater, mihi memora quem ad modum exinde ut de Euboea insula festinus enavigasti et maris et viae confeceris iter."

XIV. Ad haec Diophanes ille Chaldaeus egregius mente viduus necdum suus: "Hostes" inquit "et omnes inimici nostri tam diram, immo vero Ulixeam peregrinationem incidant. Nam et navis ipsa <qua> vehebamur variis turbinibus procellarum quassata utroque regimine amisso aegre ad ulterioris ripae marginem detrusa praeceps demersa est et nos omnibus amissis vix enatavimus. Quodcumque vel ignotorum miseratione vel amicorum benivolentia contraximus, id omne latrocinalis invasit manus, quorum audaciae repugnans etiam Arignotus unicus frater meus sub istis oculis miser iugulatus est." Haec eo adhuc narrante maesto Cerdo ille negotiator correptis nummulis suis, quod divinationis mercedi destinaverat, protinus aufugit. Ac dehinc tunc demum Diophanes expergitus sensit imprudentiae suae labem, cum etiam nos omnis circumsecus adstantes in clarum cachinnum videret effusos. Sed tibi plane, Luci domine, soli omnium Chaldaeus ille vera dixerit, sisque felix et iter dexterum porrigas."

XV. Haec Milone diutine sermocinante tacitus ingemescebam mihique non mediocriter suscensebam quod ultro inducta serie inopportunarum fabularum partem bonam vesperae eiusque gratissimum fructum amitterem. Et tandem denique devorato pudore ad Milonem aio: "Ferat suam Diophanes ille fortunam et spolia populorum rursum conferat mari pariter ac terrae; mihi vero fatigationis hesternae etiam nunc saucio da veniam maturius concedam cubitum"; et cum dicto facesso et cubiculum meum contendo atque illic deprehendo epularum dispositiones satis concinnas. Nam et pueris extra limen, credo ut arbitrio nocturni gannitus ablegarentur, humi quam procul distratum fuerat et grabattulum meum adstitit mensula cenae totius honestas reliquias tolerans et calices boni iam infuso latice semipleni solam temperiem sustinentes et lagoena iuxta orificio caesim deasceato patescens facilis hauritu, prorsus gladiatoriae Veneris antecenia.

XVI. Commodum cubueram, et ecce Photis mea, iam domina cubitum reddita, laeta proximat rosa serta et rosa soluta in sinu tuberante. Ac me pressim deosculato et corollis revincto ac flore persperso adripit poculum ac desuper aqua calida iniecta porrigit bibam, idque modico prius quam totum exsorberem clementer invadit ac relictum paullulatim labellis minuens meque respiciens sorbillat dulciter. Sequens et tertium inter nos vicissim et frequens alternat poculum, cum ego iam vino madens nec animo tantum verum etiam corpore ipso ad libidinem inquies alioquin et petulans et iam saucius, paulisper inguinum fine lacinia remota inpatientiam veneris Photidi meae monstrans: "Miserere" inquam "et subveni maturius. Nam, ut vides, proelio quod nobis sine fetiali officio indixeras iam proximante vehementer intentus, ubi primam sagittam saevi Cupidinis in ima praecordia mea delapsam excepi, arcum meum et ipse vigorate tetendi et oppido formido ne nervus rigoris nimietate rumpatur. Sed ut mihi morem plenius gesseris, in effusum laxa crinem et capillo fluente undanter ede complexus amabiles."

XVII. Nec mora, cum omnibus illis cibariis vasculis raptim remotis laciniis cunctis suis renudata crinibusque dissolutis ad hilarem lasciviam in speciem Veneris quae marinos fluctus subit pulchre reformata, paulisper etiam glabellum feminal rosea palmula potius obumbrans de industria quam tegens verecundia: "Proeliare" inquit "et fortiter proeliare, nec enim tibi cedam nec terga vortam; comminus in aspectum, si vir es, derige et grassare naviter et occide moriturus. Hodierna pugna non habet missionem." Haec simul dicens inscenso grabattulo super me sensim residens ac crebra subsiliens lubricisque gestibus mobilem spinam quatiens pendulae Veneris fructu me satiavit, usque dum lassis animis et marcidis artibus defetigati simul ambo corruimus inter mutuos amplexus animas anhelantes.His et huius modi conluctationibus ad confinia lucis usque pervigiles egimus poculis interdum lassitudinem refoventes et libidinem incitantes et voluptatem integrantes. Ad cuius noctis exemplar similes adstruximus alias plusculas.

XVIII. Forte quadam die de me magno opere Byrrhena contendit, apud eam cenulae interessem, et cum impendio excusarem, negavit veniam. Ergo igitur Photis erat adeunda deque nutu eius consilium velut auspicium petendum. Quae quamquam invita quod a se ungue latius digrederer, tamen comiter amatoriae militiae breve commeatum indulsit. Sed

"Heus tu," inquit "cave regrediare cena maturius. Nam vesana factio nobilissimorum iuvenum pacem publicam infestat; passim trucidatos per medias plateas videbis iacere, nec praesidis auxilia longinqua levare civitatem tanta clade possunt. Tibi vero fortunae splendor insidias, contemptus etiam peregrinationis poterit adferre." "Fac sine cura" inquam "sis, Photis mea. Nam praeter quod epulis alienis voluptates meas anteferrem, metum etiam istum tibi demam maturata regressione. Nec tamen incomitatus ibo. Nam gladiolo solito cinctus altrinsecus ipse salutis meae praesidia gestabo." Sic paratus cenae me committo.

XIX. Frequens ibi numerus epulonum et utpote apud primatem feminam flos ipse civitatis. <Mens>ae opipares citro et ebore nitentes, lecti aureis vestibus intecti, ampli calices variae quidem gratiae sed pretiositatis unius. Hic vitrum fabre sigillatum, ibi crustallum inpunctum, argentum alibi clarum et aurum fulgurans et sucinum mire cavatum et lapides ut binas et quicquid fieri non potest ibi est. Diribitores plusculi splendide amicti fercula copiosa scitule subministrare, pueri calamistrati pulchre indusiati gemmas formatas in pocula vini vetusti frequenter offerre. Iam inlatis luminibus epularis sermo percrebuit, iam risus adfluens et ioci liberales et cavillus hinc inde. Tum infit ad me Byrrhena: "Quam commode versaris in nostra patria? Quod sciam, templis et lavacris et ceteris operibus longe cunctas civitates antecellimus, utensilium praeterea pollemus adfatim. Certe libertas otiosa, et negotioso quidem advenae Romana frequentia, modesto vero hospiti quies villatica: omni denique provinciae voluptati secessus sumus."

XX. Ad haec ego subiciens: "Vera memoras nec usquam gentium magis me liberum quam hic fuisse credidi. Sed oppido formido caecas et inevitabiles latebras magicae disciplinae. Nam ne mortuorum quidem sepulchra tuta dicuntur sed ex bustis et rogis reliquiae quaedam et cadaverum praesegmina ad exitiabiles viventium fortunas petuntur, et cantatrices anus in ipso momento choragi funebris praepeti celeritate alienam sepulturam antevortunt." His meis addidit alius: "Immo vero istic nec viventibus quidem ullis parcitur. Et nescio qui simile passus ore undique omnifariam deformato truncatus est." Inter haec convivium totum in licentiosos cachinnos effunditur omniumque ora et optutus in unum quempiam angulo secubantem conferuntur. Qui cunctorum obstinatione confusus indigna murmurabundus cum vellet exsurgere, "Immo mi Thelyphron," Byrrhena inquit "et subsiste paulisper et more tuae urbanitatis fabulam illam tuam remetire, ut et filius meus iste Lucius lepidi sermonis tui perfruatur comitate." At ille: "Tu quidem, domina," ait "in officio manes sanctae tuae bonitatis, sed ferenda non est quorundam insolentia." Sic ille commotus. Sed instantia Byrrhenae, quae eum adiuratione suae salutis ingratis cogebant effari, perfecit ut vellet.

XXI. Ac sic aggeratis in cumulum stragulis et effultus in cubitum suberectusque [in torum] porrigit dexteram et ad instar oratorum conformat articulum duobusque infimis conclusis digitis ceteros eminens [porrigens] et infesto pollice clementer subrigens infit Thelyphron: "Pupillus ego Mileto profectus ad spectaculum Olympicum, cum haec etiam loca provinciae famigerabilis adire cuperem, peragrata cuncta Thessalia fuscis avibus Larissam accessi. Ac dum singula pererrans tenuato admodum viatico paupertati meae fomenta conquiro, conspicor medio foro procerum quendam senem. Insistebat lapidem claraque voce praedicabat, siqui mortuum servare vellet, de pretio liceretur. Et ad quempiam praetereuntium "Quid hoc" inquam "comperior? Hicine mortui solent aufugere?" "Tace," respondit ille "nam oppido puer et satis peregrinus es meritoque ignoras Thessaliae te consistere, ubi sagae mulieres ora mortuorum passim demorsicant, eaque sunt illis artis magicae supplementa."

XXII. Contra ego: "Et quae, tu" inquam "dic sodes, custodela ista feralis?" "Iam primum" respondit ille "perpetem noctem eximie vigilandum est exsertis et inconivis oculis semper in cadaver intentis nec acies usquam devertenda, immo ne obliquanda quidem, quippe cum deterrimae versipelles in quodvis animal ore converso latenter adrepant, ut ipsos etiam oculos Solis et Iustitiae facile frustrentur; nam et aves et rursum canes et mures immo vero etiam muscas induunt. Tunc diris cantaminibus somno custodes obruunt. Nec satis quisquam definire poterit quantas latebras nequissimae mulieres pro libidine sua comminiscuntur. Nec tamen huius tam exitiabilis operae merces amplior quam quaterni vel seni ferme offeruntur aurei. Ehem, et quod paene praeterieram, siqui non integrum corpus mane restituerit, quidquid inde decerptum deminutumque fuerit, id omne de facie sua desecto sarcire compellitur."

XXIII. His cognitis animum meum conmasculo et ilico accedens praeconem: "Clamare" inquam "iam deisne. Adest custos paratus, cedo praemium." "Mille" inquit "nummum deponentur tibi. Sed heus iuvenis, cave diligenter principum civitatis filii cadaver a malis Harpyiis probe custodias." "Ineptias" inquam "mihi narras et nugas meras. Vides hominem ferreum et insomnem, certe perspicaciorem ipso Lynceo vel Argo et oculeum totum." Vix finieram, et ilico me perducit ad domum quampiam, cuius ipsis foribus obseptis per quandam brevem posticulam intro vocat me et conclave quoddam obseratis luminibus umbrosum <intrans> demonstrat matronam flebilem fusca veste contectam, quam propter adsistens: "Hic" inquit "auctoratus ad custodiam mariti tui fidenter accessit." At illa crinibus antependulis hinc inde dimotis etiam in maerore luculentam proferens faciem meque respectans: "Vide oro" inquit "quam expergite munus obeas." "Sine cura sis", inquam "modo corollarium idoneum compara."

XXIV. Sic placito consurrexit et ad alium me cubiculum inducit. Ibi corpus splendentibus linteis coopertum introductis quibusdam septem testibus manu revelat et diutine insuper fleto obtestata fidem praesentium singula demonstrat anxie, verba concepta de industria quodam tabulis praenotante. "Ecce" inquit "nasus integer, incolumes oculi, salvae aures, inlibatae labiae, mentum solidum. Vos in hanc rem, boni Quirites, testimonium perhibetote", et cum dicto consignatis illis tabulis facessit. At ego: "Iube," inquam "domina, cuncta quae sunt usui necessaria nobis exhiberi." "At quae" inquit "ista sunt?" "Lucerna" aio "praegrandis et oleum ad lucem luci sufficiens et calida cum oenophoris et calice cenarumque reliquis discus ornatus." Tunc illa capite quassanti: "Abi," inquit "fatue, qui in domo funesta cenas et partes requiris, in qua totiugis iam diebus ne fumus quidem visus est ullus. An istic comissatum te venisse credis? Quin sumis potius loco congruentes luctus et lacrimas?" Haec simul dicens respexit ancillulam et: "Myrrhine," inquit "lucernam et oleum trade confestim et incluso custode cubiculo protinus facesse."

XXV. Sic desolatus ad cadaveris solacium perfrictis oculis et obarmatis ad vigilias animum meum permulcebam cantationibus, cum ecce crepusculum et nox provecta et nox altior et dein concubia altiora et iam nox intempesta. Mihique oppido formido cumulatior quidem cum repente introrepens mustela contra me constitit optutumque acerrimum in me destituit, ut tantillula animalis prae nimia sui fiducia mihi turbarit animum. Denique sic ad illam: "Quin abis," inquam "inpurata bestia, teque ad tui similes musculos recondis, antequam nostri vim praesentariam experiaris? Quin abis?" Terga vortit et cubiculo protinus exterminatur. Nec mora, cum me somnus profundus in imum barathrum repente demergit, ut ne deus quidem Delphicus ipse facile discerneret duobus nobis iacentibus quis esset magis mortuus. Sic inanimis et indigens alio custode paene ibi non eram.

XXVI. Commodum noctis indutias cantus perstrepebat cristatae cohortis. Tandem expergitus et nimio pavore perterritus cadaver accurro et admoto lumine revelataque eius facie rimabar singula, quae cuncta convenerant; ecce uxor misella flens cum hesternis testibus introrumpit anxia et statim corpori superruens multumque ac diu deosculata sub arbitrio luminis recognoscit omnia, et conversa Philodespotum requirit actorem. Ei praecipit bono custodi redderet sine mora praemium, et oblato statim: "Summas" inquit "tibi, iuvenis, gratias agimus et hercules ob sedulum istud ministerium inter ceteros familiares dehinc numerabimus." Ad haec ego insperato lucro diffusus in gaudium et in aureos refulgentes, quos identidem in manu mea ventilabam, attonitus: "Immo," inquam "domina, de famulis tuis unum putato, et quotiens operam nostram desiderabis, fidenter impera." Vix effatum me statim familiares omen nefarium exsecrati raptis cuiusque modi telis insecuntur; pugnis ille malas offendere, scapulas alius cubitis inpingere, palmis infestis hic latera suffodere, calcibus insultare, capillos distrahere, vestem discindere. Sic in modum superbi iuvenis Aoni vel Musici vatis Piplei laceratus atque discerptus domo proturbor.

XXVII. Ac dum in proxima platea refovens animum infausti atque inprovidi sermonis mei sero reminiscor dignumque me pluribus etiam verberibus fuisse merito consentio, ecce iam ultimum defletus atque conclamatus processerat mortuus rituque patrio, utpote unus de optimatibus, pompa funeris publici ductabatur per forum. Occurrit atratus quidam maestus in lacrimis genialem canitiem revellens senex et manibus ambabus invadens torum voce contenta quidem sed adsiduis singultibus impedita: "Per fidem vestram," inquit "Quirites, per pietatem publicam perempto civi subsistite et extremum facinus in nefariam scelestamque istam feminam severiter vindicate. Haec enim nec ullus alius miserum adulescentem, sororis meae filium, in adulteri gratiam et ob praedam hereditariam extinxit veneno." Sic ille senior lamentabiles questus singultim instrepebat. Saevire vulgus interdum et facti verisimilitudinem ad criminis credulitatem impelli. Conclamant ignem, requirunt saxa, famulos ad exitium mulieris hortantur. Emeditatis ad haec illa fletibus quamque sanctissime poterat adiurans cuncta numina tantum scelus abnuebat.

XXVIII. Ergo igitur senex ille: "Veritatis arbitrium in divinam providentiam reponamus. Zatchlas adest Aegyptius propheta primarius, qui mecum iam dudum grandi praemio pepigit reducere paulisper ab inferis spiritum corpusque istud postliminio mortis animare", et cum dicto iuvenem quempiam linteis amiculis iniectum pedesque palmeis baxeis inductum et adusque deraso capite producit in medium. Huius diu manus deosculatus et ipsa genua contingens: "Miserere," ait "sacerdos, miserere per caelestia sidera per inferna numina per naturalia elementa per nocturna silentia et adyta Coptica et per incrementa Nilotica et arcana Memphitica et sistra Phariaca. Da brevem solis usuram et in aeternum conditis oculis modicam lucem infunde. Non obnitimur <necessitati> nec terrae rem suam denegamus, sed ad ultionis solacium exiguum vitae spatium deprecamur." Propheta sic propitiatus herbulam quampiam ob os corporis et aliam pectori eius imponit. Tunc orientem obversus incrementa solis augusti tacitus imprecatus venerabilis scaenae facie studia praesentium ad miraculum tantum certatim adrexit.

XXIX. Immitto me turbae socium et pone ipsum lectulum editiorem quendam lapidem insistens cuncta curiosis oculis arbitrabar. Iam tumore pectus extolli, iam salebris vena pulsari, iam spiritu corpus impleri; et adsurgit cadaver et profatur adulescens: "Quid, oro, me post Lethea pocula iam Stygiis paludibus innatantem ad momentariae vitae reducitis officia? Desine iam, precor, desine ac me in meam quietem permitte." Haec audita vox de corpore, sed aliquanto propheta commotior: "Quin refers" ait "populo singula tuaeque mortis illuminas arcana? An non putas devotionibus meis posse Diras invocari, posse tibi membra lassa torqueri?" Suscipit ille de lectulo et imo cum gemitu populum sic adorat: "Malis novae nuptae peremptus artibus et addictus noxio poculo torum tepentem adultero mancipavi." Tunc uxor egregia capit praesentem audaciam et mente sacrilega coarguenti marito resistens altercat. Populus aestuat diversa tendentes, hi pessimam feminam viventem statim cum corpore mariti sepeliendam, alii mendacio cadaveris fidem non habendam.

XXX. Sed hanc cunctationem sequens adulescentis sermo distinxit; nam rursus altius ingemescens: "Dabo," inquit "dabo vobis intemeratae veritatis documenta perlucida et quod prorsus alius nemo cognoverit indicabo." Tunc digito me demonstrans: "Nam cum corporis mei custos hic sagacissimus exsertam mihi teneret vigiliam, cantatrices anus exuviis meis inminentes atque ob id reformatae frustra saepius cum industriam eius fallere nequivissent, postremum iniecta somni nebula eoque in profundam quietem sepulto me nomine ciere non prius desierunt quam dum hebetes artus et membra frigida pigris conatibus ad artis magicae nituntur obsequia. <At> hic utpote vivus quidem sed tantum sopore mortuus, quod eodem mecum vocabulo nuncupatur, ad suum nomen ignarus exsurgit, et in inanimis umbrae modum ultroneus gradiens, quamquam foribus cubiculi diligenter obclusis, per quoddam foramen prosectis naso prius ac mox auribus vicariam pro me lanienam sustinuit. Utque fallaciae reliqua convenirent, ceram in modum prosectarum formatam aurium ei adplicant examussim nasoque ipsius similem comparant. Et nunc adsistit miser hic praemium non industriae sed debilitationis consecutus." His dictis perterritus temptare formam adgredior. Iniecta manu nasum prehendo: sequitur; aures pertracto: deruunt. Ac dum directis digitis et detortis nutibus praesentium denotor, dum risus ebullit, inter pedes circumstantium frigido sudore defluens evado. Nec postea debilis ac sic ridiculus Lari me patrio reddere potui, sed capillis hinc inde laterum deiectis aurium vulnera celavi, nasi vero dedecus linteolo isto pressim adglutinato decenter obtexi."

XXXI. Cum primum Thelyphron hanc fabulam posuit, conpotores vino madidi rursum cachinnum integrant. Dumque bibere solita Risui postulant, sic ad me Byrrhena: "Sollemnis" inquit "dies a primis cunabulis huius urbis conditus crastinus advenit, quo die soli mortalium sanctissimum deum Risum hilaro atque gaudiali ritu propitiamus. Hunc tua praesentia nobis efficies gratiorem. Atque utinam aliquid de proprio lepore laetificum honorando deo comminiscaris, quo magis pleniusque tanto numini litemus." "Bene" inquam "et fiet ut iubes. Et vellem hercules materiam reperire aliquam quam deus tantus affluenter indueret." Post haec monitu famuli mei, qui noctis admonebat, iam et ipse crapula distentus protinus exsurgo et appellata propere Byrrhena titubante vestigio domuitionem capesso.

XXXII. Sed cum primam plateam vadimus, vento repentino lumen quo nitebamur extinguitur, ut vix inprovidae noctis caligine liberati digitis pedum detunsis ob lapides hospitium defessi rediremus. Dumque iam iunctim proximamus, ecce tres quidam vegetes et vastulis corporibus fores nostras ex summis viribus inruentes ac ne praesentia quidem nostra tantillum conterriti sed magis cum aemulatione virium crebrius insultantes, ut nobis ac mihi potissimum non immerito latrones esse et quidem saevissimi viderentur. Statim denique gladium, quem veste mea contectum ad hos usus extuleram, sinu liberatum adripio. Nec cunctatus medios latrones involo ac singulis, ut quemque conluctantem offenderam, altissime demergo, quoad tandem ante ipsa vestigia mea vastis et crebris perforati vulneribus spiritus efflaverint. Sic proeliatus, iam tumultu eo Photide suscitata, patefactis aedibus anhelans et sudore perlutus inrepo meque statim utpote pugna trium latronum in vicem Geryoneae caedis fatigatum lecto simul et somno tradidi.

## LIBER III

I. Commodum poenicantibus phaleris Aurora roseum quatiens lacertum caelum inequitabat, et me securae quieti revulsum nox diei reddidit. Aestus invadit animum vespertini recordatione facinoris; complicitis denique pedibus ac palmulis in alternas digitorum vicissitudines super genua conexis sic grabattum cossim insidens ubertim flebam, iam forum et iudicia, iam sententiam, ipsum denique carnificem imaginabundus. "An mihi quisquam tam mitis tamque benivolus iudex obtinget, qui me trinae caedis cruore perlitum et tot civium sanguine delibutum innocentem pronuntiare poterit? Hanc illam mihi gloriosam peregrinationem fore Chaldaeus Diophanes obstinate praedicabat." Haec identidem mecum replicans fortunas meas heiulabam. Quati fores interdum et frequenti clamore ianuae nostrae perstrepi.

II. Nec mora, cum magna inruptione patefactis aedibus magistratibus eorumque ministris et turbae miscellaneae cuncta completa statimque lictores duo de iussu magistratuum immissa manu trahere me sane non renitentem occipiunt. Ac dum primum angiportum insistimus, statim civitas omnis in publicum effusa mira densitate nos insequitur. Et quamquam capite in terram immo ad ipsos inferos iam deiecto maestus incederem, obliquato tamen aspectu rem admirationis maximae conspicio: nam inter tot milia populi circum fluentis nemo prorsum qui non risu dirumperetur aderat. Tandem pererratis plateis omnibus et in modum eorum quibus lustralibus piamentis minas portentorum hostiis circumforaneis expiant circumductus angulatim forum eiusque tribunal adstituo. Iamque sublimo suggestu magistratibus residentibus, iam praecone publico silentium clamante, repente cuncti consona voce flagitant propter coetus multitudinem, quae pressurae nimia densitate periclitaretur, iudicium tantum theatro redderetur. Nec mora, cum passim populus procurrens caveae conseptum mira celeritate complevit; aditus etiam et tectum omne fartim stipaverant, plerique columnis implexi, alii statuis dependuli, nonnulli per fenestras et lacunaria semiconspicui, miro tamen omnes studio visendi pericula salutis neclegebant. Tunc me per proscaenium medium velut quandam victimam publica ministeria producunt et orchestrae mediae sistunt.

III. Sic rursum praeconis amplo boatu citatus accusator quidam senior exsurgit et ad dicendi spatium vasculo quoidam in vicem coli graciliter fistulato ac per hoc guttatim defluo infusa aqua populum sic adorat: "Neque parva res ac praecipue pacem civitatis cunctae respiciens et exemplo serio profutura tractatur, Quirites sanctissimi. Quare magis congruit sedulo singulos atque universos vos pro dignitate publica providere ne nefarius homicida tot caedium lanienam, quam cruenter exercuit, inpune commiserit. Nec me putetis privatis simultatibus instinctum odio proprio saevire. Sum namque custodiae nocturnae praefectus nec in hodiernum credo quemquam pervigilem diligentiam meam culpare posse. Rem denique ipsam et quae nocte gesta sunt cum fide proferam. Nam cum fere iam tertia vigilia scrupulosa diligentia cunctae civitatis ostiatim singula considerans circumirem, conspicio istum crudelissimum iuvenem mucrone destricto passim caedibus operantem iamque tris numero saevitia eius interemptos ante pedes ipsius spirantibus adhuc corporibus in multo sanguine palpitantes. Et ipse quidem conscientia tanti facinoris merito permotus statim profugit et in domum quandam praesidio tenebrarum elapsus perpetem noctem delituit. Sed providentia deum, quae nihil impunitum nocentibus permittit, priusquam iste clandestinis itineribus elaberetur, mane praestolatus ad gravissimum iudicii vestri sacramentum eum curavi perducere. Constanter itaque in hominem alienum ferte sententias de eo crimine quod etiam in vestrum civem severiter vindicaretis."

IV. Sic profatus accusatos acerrimus immanem vocem repressit. Ac me statim praeco, si quid ad ea respondere vellem, iubebat incipere. At ego nihil tunc temporis amplius quam flere poteram, non tam hercules truculentam accusationem intuens quam meam miseram conscientiam. Sed tandem oborta divinitus audacia sic ad illa: "Nec ipse ignoro quam sit arduum trinis civium corporibus expositis eum qui caedis arguatur, quamvis vera dicat et de facto confiteatur ultro, tamen tantae multitudini quod sit innocens persuadere. Sed si paulisper audientiam publica mihi tribuerit humanitas, facile vos edocebo me discrimen capitis non meo merito sed rationabilis indignationis eventu fortuito tantam criminis frustra sustinere.

V. Nam cum a cena me serius aliquanto reciperem, potulentus alioquin, quod plane verum crimen meum non diffitebor, ante ipsas fores hospitii ad bonum autem Milonem civem vestrum devorto video quosdam saevissimos latrones aditum temptantes et domus ianuas cardinibus obtortis evellere gestientes claustrisque omnibus, quae accuratissime adfixa fuerant, violenter evulsis secum iam de inhabitantium exitio deliberantes. Unus denique et manu promptior et corpore vastior his adfatibus et ceteros incitabat: "Heus pueri, quam maribus animis et viribus alacribus dormientes adgrediamur. Omnis cunctatio ignavia omnis facessat e pectore; stricto mucrone per totam domum caedes ambulet. Qui sopitus iacebit, trucidetur; qui repugnare temptaverit, feriatur. Sic salvi recedemus, si salvum in domo neminem reliquerimus." Fateor, Quirites, extremos latrones boni civis officium arbitratus, simul et eximie metuens et hospitibus meis et mihi gladiolo, qui me propter huius modi pericula comitabatur, armatus fugare atque proterrere eos adgressus sum. At illi barbari prorsus et immanes homines neque fugam capessunt et, cum me vident in ferro, tamen audaciter resistunt.

VI. Dirigitur proeliaris acies. Ipse denique dux et signifer ceterorum validis me viribus adgressus ilico manibus ambabus capillo adreptum ac retro reflexum effligere lapide gestit. Quem dum sibi porrigi flagitat, certa manu percussum feliciter prosterno. Ac mox alium pedibus meis mordicus inhaerentem per scapulas ictu temperato tertiumque inprovide occurrentem pectore offenso peremo. Sic pace vindicata domoque hospitum ac salute communi protecta non tam impunem me verun etiam laudabilem publice credebam fore, qui ne tantillo quidem umquam crimine postulatus sed probe spectatus apud meos semper innocentiam commodis cunctis anteculeram. Nec possum reperire cur iustae ultionis qua contra latrones deterrimos commotus sum nunc istum reatum sustineam, cum nemo possit monstrare vel proprias inter nos inimicitias praecessisse ac ne omnino mihi notos illos latrones usquam fuisse, vel certe ulla praeda monstretur cuius cupidine tantum flagitium credatur admissum."

VII. Haec profatus rursum lacrimis obortis porrectisque in preces manibus per publicam misericordiam per pignorum caritate maestus tunc hos tunc illos deprecabar. Cumque iam humanitate commotos misericordia fletuum adfectos omnis satis crederem, Solis et Iustitiae testatus oculos casumque praesentem meum commendans deum providentiae paulo altius aspectu relato conspicio prorsum totum populum risu cachinnabili diffluebant nec secus illum bonum hospitem parentemque meum Milonem risu maximo dissolutum. At tunc sic tacitus mecum: "En fides," inquam "en conscientia! Ego quidem pro hospitis salute et homicida sum et reus capitis inducor, at ille, non contentus quod mihi nec adsistendi solacium perhibuit, insuper exitium meum cachinnat."

VIII. Inter haec quaedam mulier per medium theatrum lacrimosa et flebilis atra veste contecta parvulum quendam sinu tolerans decurrit ac pone eam anus alia pannis horridis obsita paribusque maesta fletibus, ramos oleagineos utraeque quatientes, quae circumfusae lectulum, quo peremptorum cadavera contecta fuerant, plangore sublato se lugubriter eiulantes: "Per publicam misericordiam per commune ius humanitatis" aiunt "miseremini indigne caesorum iuvenum nostraeque viduitati ac solitudini de vindicta solacium date. Certe parvuli huius in primis annis destituti fortunis succurrite et de latronis huius sanguine legibus vestris et disciplinae publicae litate." Post haec magistratus qui nutu maior adsurgit et ad populum talia: "De scelere quidem, quod serio vindicandum est, nec ipse qui commisit potest diffiteri; sed una tantum subsiciva sollicitudo nobis relicta est, ut ceteros socios tanti facinoris requiramus. Nec enim veri simile est hominem solitarium tres tam validos evitasse iuvenes. Prohinc tormentis veritas eruenda. Nam et qui comitabatur eum puer clanculo profugit et res ad hoc deducta est ut per quaestionem sceleris sui participes indicet, ut tam dirae factionis funditus formido perematur."

IX. Nec mora, cum ritu Graeciensi ignis et rota, tum omne flagrorum genus inferuntur. Augetur oppido immo duplicatur mihi maestitia, quod integro saltim mori non licuerit. Sed anus illa quae fletibus cuncta turbaverat: "Prius," inquit "optimi cives, quam latronem istum miserorum pignorum meorum peremptorem cruci affigatis, permittite corpora necatorum revelari, ut et formae simul et aetatis contemplatione magis magisque ad iustam indignationem arrecti pro modo facinoris saeviatis." His dictis adplauditur et ilico me magistratus ipsum iubet corpora, quae lectulo fuerant posita, mea manu detegere. Reluctantem me ac diu rennuentem praecedens facinus instaurare nova ostensione lictores iussu magistratuum quam instantissime compellunt, manum denique ipsam de regione lateris trudentes in exitium suum super ipsa cadavera porrigunt. Evictus tandem necessitate succumbo, et ingratis licet abrepto pallio retexi corpora. Dii boni, quae facies rei? Quod monstrum? Quae fortunarum mearum repentina mutatio? Quamquam enim iam in peculio Proserpinae et Orci familia numeratus, subito in contrariam faciem obstupefactus haesi, nec possum novae illius imaginis rationem idoneis verbis expedire. Nam cadavera illa iugulatorum hominum erant tres utres inflati variisque secti foraminibus et, ut vespertinum proelium meum recordabar, his locis hiantes quibus latrones illos vulneraveram.

X. Tunc ille quorundam astu paulisper cohibitus risus libere iam exarsit in plebem. Hi gaudii nimietate graculari, illi dolorem ventris manuum compressione sedare. Et certe laetitia delibuti meque respectantes cuncti theatro facessunt. At ego, ut primum illam laciniam prenderam, fixus in lapidem steti gelidus nihil secus quam una de ceteris theatri statuis vel columnis. Nec prius ab inferis demersi quam Milon hospes accessit et iniecta manu me renitentem lacrimisque rursum promicantibus crebra singultientem clementi violentia secum adtraxit, et observatis viae solitudinibus per quosdam amfractus domum suam perduxit, maestumque me atque etiam tunc trepidum variis solatur affatibus. Nec tamen indignationem iniuriae, quae inhaeserat altius meo pectori, ullo modo permulcere quivit.

XI. Ecce ilico etiam ipsi magistratus cum suis insignibus domum nostram ingressi talibus me monitis delenire gestiunt: "Neque tuae dignitatis vel etiam prosapiae tuorum ignari sumus, Luci domine; nam et provinciam totam inclitae vestrae familiae nobilitas conplectitur. Ac ne istud quod vehementer ingemescis contumeliae causa perpessus es. Omnem itaque de tuo pectore praesentem tristitudinem mitte et angorem animi depelle. Nam lusus iste, quem publice gratissimo deo Risui per annua reverticula sollemniter celebramus, semper commenti novitate florescit. Iste deus auctorem et actorem suum propitius ubique comitabitur amanter nec umquam patietur ut ex animo doleas sed frontem tuam serena venustate laetabit adsidue. At tibi civitas omnis pro ista gratia honores egregios obtulit; nam et patronum scripsit et ut in aere staret imago tua decrevit." Ad haec dicta sermonis refero: "Tibi quidem," inquam "splendidissima et unica Thessaliae civitas, honorum talium parem gratiam memini, verum statuas et imagines dignioribus meique maioribus reservare suadeo."

XII. Sic pudenter allocutus et paulisper hilaro vultu renidens quantumque poteram laetiorem me refingens comiter abeuntes magistratus appello. Et ecce quidam intro currens famulus: "Rogat te" ait "tua parens Byrrhena et convivii, cui te sero desponderas, iam adpropinquantis admonet." Ad haec ego formidans et procul perhorrescens etiam ipsam domum eius: "Quam vellem" inquam "parens, iussis tuis obsequium commodare, si per fidem liceret id facere. Hospes enim meus Milon per hodierni diei praesentissimum numen adiurans effecit ut eius hodiernae cenae pignerarer, nec ipse discedit nec me digredi patitur. Prohinc epulare vadimonium differamus." Haec adhuc me loquente manu firmiter iniecta Milon iussis balnearibus adsequi producit ad lavacrum proximum. At ego vitans oculos omnium et quem ipse fabricaveram risum obviorum declinans lateri eius adambulabam obtectus. Nec qui laverim, qui terserim, qui domum rursum reverterim, prae rubore memini; sic omnium oculis nutibus ac denique manibus denotatus inpos animi stupebam.

XIII. Raptim denique paupertina Milonis cenula perfunctus, causatusque capitis acrem dolorem quem mihi lacrimarum adsiduitas incusserat, concedo venia facile tributa cubitum et abiectus in lectulo meo quae gesta fuerant singula maestus recordabar, quoad tandem Photis mea dominae meae cubito procurato sui longe dissimilis advenit; non enim laeta facie nec sermone dicaculo, sed vultuosam frontem rugis insurgentibus adseverabat. Cunctanter ac timide denique sermone prolato: "Ego" inquit "ipsa, confiteor ultro, ego <origo> tibi huius molestiae fui", et cum dicto lorum quempiam sinu suo depromit mihique porrigens: "Cape," inquit "oro te, et <de> perfidia mulieri vindictam immo vero licet maius quodvis supplicium sume. Nec tamen me putes, oro, sponte angorem istum tibi concinnasse. Dii mihi melius, quam ut mei causa vel tantillum scrupulum patiare. Ac si quid adversi tuum caput respicit, id omne protinus meo luatur sanguine. Sed quod alterius rei causa facere iussa sum mala quadam mea sorte in tuam reccidit iniuriam."

XIV. Tunc ego familiaris curiositatis admonitus factique causam delitiscentem nudari gestiens suscipio: "Omnium quidem nequissimus audacissimusque lorus iste, quem tibi verberandae destinasti, prius a me concisus atque laceratus interibit ipse quam tuam plumeam lacteamque contingat cutem. Sed mihi cum fide memora: quod tuum fatum <fortunae> scaevitas consecuta in meum convertit exitium? Adiuro enim tuum mihi carissimum caput nulli me prorsus ac ne tibi quidem ipsi adseveranti posse credere quod tu quicquam in meam cogitaveris perniciem. Porro meditatus innoxios casus incertus vel etiam adversus culpae non potest addicere." Cum isto fine sermonis oculos Photidis meae udos ac tremulos et prona libidine marcidos iamiamque semiadopertulos adnixis et sorbillantibus saviis sitienter hauriebam.

XV. Sic illa laetitia recreata: "Patere," inquit "oro, prius fores cubiculi diligenter obcludam, ne sermonis elapsi profana petulantia committam grande flagitium", et cum dicto pessulis iniectis et uncino firmiter immisso sic ad me reversa colloque meo manibus ambabus inplexa voce tenui et admodum minuta: "Paveo" inquit "et formido solide domus huius operta detegere et arcana dominae meae revelare secreta. Sed melius de te doctrinaque tua praesumo, qui praeter generosam natalium dignitatem praeter sublime ingenium sacris pluribus initiatus profecto nosti sanctam silentii fidem. Quaecumque itaque commisero huius religiosi pectoris tui penetralibus, semper haec intra conseptum clausa custodias oro, et simplicitatem relationis meae tenacitate taciturnitatis tuae remunerare. Nam me, quae sola mortalium novi, amor is quo tibi teneor indicare compellit. Iam scies omnem domus nostrae statum, iam scies erae meae miranda secreta, quibus obaudiunt manes, turbantur sidera, coguntur numina, serviunt elementa. Nec umquam magis artis huius violentia nititur quam cum scitulae formulae iuvenem quempiam libenter aspexit, quod quidem ei solet crebriter evenire.

XVI. Nunc etiam adulescentem quendam Boeotium summe decorum efflictim deperit totasque artis manus machinas omnes ardenter exercet. Audivi vesperi, meis his, inquam, auribus audivi, quod non celerius sol caelo ruisset noctique ad exercendas inlecebras magiae maturius cessisset, ipsi soli nubilam caliginem et perpetuas tenebras comminantem. Hunc iuvenem, cum e balneis rediret ipsa, tonstrinae residentem hesterna die forte conspexit ac me capillos eius, qui iam caede cultorum desecti humi iacebant, clanculo praecipit auferre. Quos me sedulo furtimque colligentem tonsor invenit, et quod alioquin publicitus maleficae disciplinae perinfames sumus, adreptam inclementer increpat: "Tune, ultima, non cessas subinde lectorum iuvenum capillamenta surripere? Quod scelus nisi tandem desines, magistratibus te constanter obiciam." Et verbum facto secutus immissa manu scrutatus e mediis papillis meis iam capillos absconditos iratus abripit. Quo gesto graviter adfecta mecumque reputans dominae meae mores, quod huius modi repulsa satis acriter commoveri meque verberare saevissime consuevit, iam de fuga consilium tenebam, sed istud quidem tui contemplatione abieci statim.

XVII. Verum cum tristis inde discederem ne prorsus vacuis manibus redirem, conspicor quendam forficulis attondentem caprinos utres; quos cum probe constrictos inflatosque et iam pendentis cernerem, capillos eorum humi iacentes flavos ac per hoc illi Boeotio iuveni consimiles plusculos aufero eosque dominae meae dissimulata veritate trado. Sic noctis initio, priusquam cena te reciperes, Pamphile mea iam vecors animi tectum scandulare conscendit, quod altrinsecus aedium patore perflabili nudatum, ad omnes orientales ceterosque <plerosque> aspectus pervium, maxime his artibus suis commodatum secreto colit. Priusque apparatu solito instruit feralem officinam, omne genus aromatis et ignorabiliter lamminis litteratis et infelicium navium durantibus damnis <repletam>, defletorum, sepultorum etiam, cadaverum expositis multis admodum membris; hic nares et digiti, illic carnosi clavi pendentium, alibi trucidatorum servatus cruor et extorta dentibus ferarum trunca calvaria.

XVIII. Tunc decantatis spirantibus fibris libat vario latice, nunc rore fontano, nunc lacte vaccino, nunc melle montano, libat et mulsa. Sic illos capillos in mutuos nexus obditos atque nodatos cum multis odoribus dat vivis carbonibus adolendos. Tunc protinus inexpugnabili magicae disciplinae potestate et caeca numinum coactorum violentia illa corpora, quorum fumabant stridentes capilli, spiritum mutuantur humanum et sentiunt et audiunt et ambulant et, qua nidor suarum ducebat exuviarum, veniunt et pro illo iuvene Boeotio aditum gestientes fores insiliunt: cum ecce crapula madens et improvidae noctis deceptus caligine audacter mucrone destricto in insani modum Aiacis armatus, non ut ille vivis pecoribus infestus tota laniavit armenta, sed longe <tu> fortius qui tres inflatos caprinos utres exanimasti, ut ego te prostratis hostibus sine macula sanguinis non homicidam nunc sed utricidam amplecterer."

XIX. Adrisi lepido sermoni Photidis et in vicem cavillatus: "Ergo igitur iam et ipse possum" inquam "mihi primam virtutis adoriam ad exemplum duodeni laboris Herculei numerare vel trigemino corpori Geryonis vel triplici formae Cerberi totidem peremptos utres coaequando. Sed ut ex animo tibi volens omne delictum quo me tantis angoribus inplicasti remittam, praesta quod summis votis expostulo, et dominam tuam, cum aliquid huius divinae disciplinae molitur, ostende. Cum deos invocat, <vel> certe cum reformatur, videam; sum namque coram magicae noscendae ardentissimus cupitor. Quamquam mihi nec ipsa tu videare rerum <istarum> rudis vel expers. Scio istud et plane sentio, cum semper alioquin spretorem matronalium amplexuum sic tuis istis micantibus oculis et rubentibus bucculis et renidentibus crinibus et hiantibus osculis et flagrantibus papillis in servilem modum addictum atque mancipatum teneas volentem. Iam denique nec larem requiro nec domuitionem paro et nocte ista nihil antepono."

XX. "Quam vellem" [inquit] respondit illa "praestare tibi, Luci, quod cupis, sed praeter invidos mores in solitudinem semper abstrusa et omnium praesentia viduata solet huius modi secreta perficere. Sed tuum postulatum praeponam periculo meo idque observatis opportunis temporibus sedulo perficiam, modo, ut initio praefata sum, rei tantae fidem silentiumque tribue." Sic nobis garrientibus libido mutua et animos simul et membra suscitat. Omnibus abiectis amiculis hactenus denique intecti atque nudati bacchamur in Venerem, cum quidem mihi iam fatigato de propria liberalitate Photis puerile obtulit corollarium; iamque luminibus nostris vigilia marcidis infusus sopor etiam in altum diem nos attinuit.

XXI. Ad hunc modum transactis voluptarie paucis noctibus quadam die percita Photis ac satis trepida me accurrit indicatque dominam suam, quod nihil etiam tunc in suos amores ceteris artibus promoveret, nocte proxima in avem sese plumaturam atque ad suum cupitum sic devolaturam; proin memet ad rei tantae speculam caute praepararem. Iamque circa primam noctis vigiliam ad illud superius cubiculum suspenso et insono vestigio me perducit ipsa perque rimam ostiorum quampiam iubet arbitrari, quae sic gesta sunt. Iam primum omnibus laciniis se devestit Pamphile et arcula quadam reclusa pyxides plusculas inde depromit, de quis unius operculo remoto atque indidem egesta unguedine diuque palmulis suis adfricta ab imis unguibus sese totam adusque summos capillos perlinit multumque cum lucerna secreto conlocuta membra tremulo succussu quatit. Quis leniter fluctuantibus promicant molles plumulae, crescunt et fortes pinnulae, duratur nasus incurvus, coguntur ungues adunci. Fit bubo Pamphile. Sic edito stridore querulo iam sui periclitabunda paulatim terra resultat, mox in altum sublimata forinsecus totis alis evolat.

XXII. Et illa quidem magicis suis artibus volens reformatur, at ego nullo decantatus carmine praesentis tantum facti stupore defixus quidvis aliud magis videbar esse quam Lucius: sic exterminatus animi attonitus in amentiam vigilans somniabar; defrictis adeo diu pupulis an vigilarem scire quaerebam. Tandem denique reversus ad sensum praesentium adrepta manu Photidis et admota meis luminibus: "Patere, oro te," inquam "dum dictat occasio, magno et singulari me adfectionis tuae fructu perfrui et impertire nobis unctulum indidem per istas tuas pupillas, mea mellitula, tuumque mancipium inremunerabili beneficio sic tibi perpetuo pignera ac iam perfice ut meae Veneri Cupido pinnatus adsistam tibi." "Ain?" inquit "Vulpinaris, amasio, meque sponte asceam cruribus meis inlidere compellis? Sic inermem vix a lupulis conservo Thessalis; hunc alitem factum ubi quaeram, videbo quando?"

XXIII. "At mihi scelus istud depellant caelites" inquam "ut ego, quamvis ipsius aquilae sublimis volatibus toto caelo pervius et supremi Iovis nuntius vel laetus armiger, tamen non ad meum nidulum post illam pinnarum dignitatem subinde devolem. Adiuro per dulcem istum capilli tui nodulum, quo meum vinxisti spiritum, me nullam aliam meae Photidi malle. Tunc etiam istud meis cogitationibus occurrit, cum semel avem talem perunctus induero, domus omnis procul me vitare debere. Quam pulchro enim quamque festivo matronae perfruentur amatore bubone. Quid quod istas nocturnas aves, cum penetraverint larem quempiam, solliciter prehensas foribus videmus adfigi, ut, quod infaustis volatibus familiae minantur exitium, suis luant cruciatibus? Sed, quod sciscitari praene praeterivi, quo dicto factove rursum exutis pinnulis illis ad meum redibo Lucium?" "Bono animo es, quod ad huius rei curam pertinet" ait. "Nam mihi domina singula monstravit, quae possunt rursus in facies hominum tales figuras reformare. Nec istud factum putes ulla benivolentia, sed ut ei redeunti medela salubri possem subsistere. Specta denique quam parvis quamque futtilibus tanta res procuretur herbusculis; anethi modicum cum lauri foliis immissum rori fontano datur lavacrum et poculum."

XXIV. Haec identidem adseverans summa cum trepidatione inrepit cubiculum et pyxidem depromit arcula. Quam ego amplexus ac deosculatus prius utque mihi prosperis faveret volatibus deprecatus abiectis propere laciniis totis avide manus immersi et haurito plusculo uncto corporis mei membra perfricui. Iamque alternis conatibus libratis brachiis in avem similis gestiebam; nec ullae plumulae nec usquam pinnulae, sed plane pili mei crassantur in setas et cutis tenella duratur in corium et in extimis palmulis perdito numero toti digiti coguntur in singulas ungulas et de spinae meae termino grandis cauda procedit. Iam facies enormis et os prolixum et nares hiantes et labiae pendulae; sic et aures inmodicis horripilant auctibus. Nec ullum miserae reformationis video solacium, nisi quod mihi iam nequeunti tenere Photidem natura crescebat.

XXV. Ac dum salutis inopia cuncta corporis mei considerans non avem me sed asinum video, querens de facto Photidis sed iam humano gestu simul et voce privatus, quod solum poteram, postrema deiecta labia umidis tamen oculis oblicum respiciens ad illam tacitus expostulabam. Quae ubi primum me talem aspexit, percussit faciem suam manibus infestis et: "Occisa sum misera:" clamavit "me trepidatio simul et festinatio fefellit et pyxidum similitudo decepit. Sed bene, quod facilior reformationis huius medela suppeditat. Nam rosis tantum demorsicatis exibis asinum statimque in meum Lucium postliminio redibis. Atque utinam vesperi de more nobis parassem corollas aliquas, ne moram talem patereris vel noctis unius. Sed primo diluculo remedium festinabitur tibi."

XXVI. Sic illa maerebat, ego vero quamquam perfectus asinus et pro Lucio iumentum sensum tamen retinebam humanum. Diu denique ac multum mecum ipse deliberavi, an nequissimam facinerosissimamque illam feminam spissis calcibus feriens et mordicus adpetens necare deberem. Sed ab incepto temerario melior me sententia revocavit, ne morte multata Photide salutares mihi suppetias rursus extinguerem. Deiecto itaque et quassanti capite ac demussata temporali contumelia durissimo casui meo serviens ad equum illum vectorem meum probissimum in stabulum concedo, ubi alium etiam Milonis quondam hospitis mei asinum stabulantem inveni. Atque ego rebar, si quod inesset mutis animalibus tacitum ac naturale sacramentum, agnitione ac miseratione quadam inductum equum illum meum hospitium ac loca lautia mihi praebiturum. Sed pro Iuppiter hospitalis et Fidei secreta numina! Praeclarus ille vector meus cum asino capita conferunt in meamque perniciem ilico consentiunt et verentes scilicet cibariis suis vix me praesepio videre proximantem: deiectis auribus iam furentes infestis calcibus insecuntur. Et abigor quam procul ab <h>ordeo, quod adposueram vesperi meis manibus illi gratissimo famulo.

XXVII. Sic adfectus atque in solitudinem relegatus angulo stabuli concesseram. Dumque de insolentia collegarum meorum mecum cogito atque in alterum diem auxilio rosario Lucius denuo futurus equi perfidi vindictam meditor, respicio pilae mediae, quae stabuli trabes sustinebat, in ipso fere meditullio Eponae deae simulacrum residens aediculae, quod accurate corollis roseis equidem recentibus fuerat ornatum. Denique adgnito salutari praesidio pronus spei, quantum extensis prioribus pedibus adniti poteram, insurgo valide et cervice prolixa nimiumque porrectis labiis, quanto maxime nisu poteram, corollas adpetebam. Quod me pessima scilicet sorte conantem servulus meus, cui semper equi cura mandata fuerat, repente conspiciens indignatus exsurgit et: "Quo usque tandem" inquit "cantherium patiemur istum paulo ante cibariis iumentorum,nunc etiam simulacris deorum infestum? Quin iam ego istum sacrilegum debilem claudumque reddam"; et statim telum aliquod quaeritans temere fascem lignorum positum offendit, rimatusque frondosum fustem cunctis vastiorem non prius miserum me tundere desiit quam sonitu vehementi et largo strepitu percussis ianuis trepido etiam rumore viciniae conclamatis latronibus profugit territus.

XXVIII. Nec mora, cum vi patefactis aedibus globus latronum invadit omnia et singula domus membra cingit armata factio et auxiliis hinc inde convolantibus obsistit discursus hostilis. Cuncti gladiis et facibus instructi noctem illuminant, coruscat in modum ortivi solis ignis et mucro. Tunc horreum quoddam satis validis claustris obsaeptum obseratumque, quod mediis aedibus constitutum gazis Milonis fuerat refertus, securibus validis adgressi diffindunt. Quo passim recluso totas opes vehunt raptimque constrictis sarcinis singuli partiuntur. Tunc opulentiae nimiae nimio ad extremas incitas deducti nos duos asinos et equum meum productos e stabulo, quantum potest, gravioribus sarcinis onerant et domo iam vacua minantes baculis exigunt unoque de sociis ad spectaculum, qui de facinoris inquisitione nuntiaret, relicto nos crebra tundentes per avia montium ducunt concitos.

XXIX. Iamque rerum tantarum pondere et montis ardui vertice et prolixo satis itinere nihil a mortuo differebam. Sed mihi sero quidem serio tamen subvenit ad auxilium civile decurrere et interposito venerabili principis nomine tot aerumnis me liberare. Cum denique iam luce clarissima vicum quempiam frequentem et nundinis celebrem praeteriremus, inter ipsas turbelas Graecorum [Romanorum] genuino sermone nomen augustum Caesaris invocare temptavi; et "O" quidem tantum disertum ac validum clamitavi, reliquum autem Caesaris nomen enuntiare non potui. Aspernati latrones clamorem absonum meum caedentes hinc inde miserum corium nec cribris iam idoneum relinquunt. Sed tandem mihi inopinatam salutem Iuppiter ille tribuit. Nam cum multas villulas et casas amplas praeterimus, hortulum quendam prospexi satis amoenum, in quo praeter ceteras gratas herbulas rosae virgines matutino rore florebant. His inhians et spe salutis alacer ac laetus propius accessi, dumque iam labiis undantibus adfecto, consilium me subit longe salubrius, ne, si rursum asino remoto prodirem in Lucium, evidens exitium inter manus latronum offenderem vel artis magicae suspectione vel indicii futuri criminatione. Tunc igitur a rosis et quidem necessario temperavi et casum praesentem tolerans in asini faciem faena rodebam.

## LIBER IV

I. Diem ferme circa medium, cum iam flagrantia solis caleretur, in pago quodam apud notos ac familiares latronibus senes devertimus. Sic enim primus aditus et sermo prolixus et oscula mutua quamvis asino sentire praestabant. Nam et rebus eos quibusdam dorso meo depromptis munerabantur et secretis gannitibus quod essent latrocinio partae videbantur indicare. Iamque nos omni sarcina levatos in pratum proximum passim libero pastui tradidere. Nec me cum asino vel equo meo conpascuus coetus attinere potuit adhuc insolitum alioquin prandere faenum, sed plane pone stabulum prospectum hortulum iam fame perditus fidenter invado, et quamvis crudis holeribus adfatim tamen ventrem sagino, deosque comprecatus omnes cuncta prospectabam loca, sicubi forte conterminis in hortulis candens reperirem rosarium. Nam et ipsa solitudo iam mihi bonam fiduciam tribuebat, si devius et frutectis absconditus sumpto remedio de iumenti quadripedis incurvo gradu rursum erectus in hominem inspectante nullo resurgerem.

II. Ergo igitur cum in isto cogitationis salo fluctuarem aliquanto longius frondosi nemoris convallem umbrosam, cuius inter varias herbulas et laetissima virecta fungentium rosarum mineus color renidebat. Iamque apud mea usquequaque ferina praecordia Veneris et Gratiarum lucum illum arbitrabar, cuius inter opaca secreta floris genialis regius nitor relucebat. Tunc invocato hilaro atque prospero Eventu cursu me concito proripio, ut hercule ipse sentirem non asinum me verum etiam equum currulem nimio velocitatis effectum. Sed agilis atque praeclarus ille conatus fortunae meae scaevitatem anteire non potuit. Iam enim loco proximus non illas rosas teneras et amoenas, madidas divini roris et nectaris, quas rubi felices beatae spinae generant, ac ne convallem quidem usquam nisi tantum ripae fluvialis marginem densis arboribus septam video. Hae arbores in lauri faciem prolixe foliatae pariunt in odor) modum floris [inodori] porrectos caliculos modice punicantes, quos equidem flagrantis minime rurestri vocabulo vulgus indoctum rosas laureas appellant quarumque cuncto pecori cibus letalis est.

III. Talibus fatis implicitus etiam ipsam salutem recusans sponte illud venenum rosarium sumere gestiebam. Sed dum cunctanter accedo decerpere, iuvenis quidam, ut mihi videbatur, hortulanus, cuius omni prorsus holera vastaveram, tanto damno cognito cum grandi baculo furens decurrit adreptumque me totum plagis obtundit adusque vitae ipsius periculum, nisi tandem sapienter alioquin ipse mihi tulissem auxilium. Nam lumbis elevatis in altum, pedum posteriorum calcibus iactatis in eum crebriter, iam mulcato graviter atque iacente contra proclive montis attigui fuga me liberavi. Sed ilico mulier quaepiam, uxor eius scilicet, simul eum prostratum et semianimem ex edito despexit, ululabili cum plangore ad eum statim prosilit, ut sui videlicet miseratione mihi praesens crearet exitium. Cuncti enim pagani fletibus eius exciti statim conclamant canes atque ad me laniandum rabie perciti ferrent impetum passim cohortatur. Tunc igitur procul dubio iam morti proximus, cum viderem canes et modo magnos et numero multos et ursis ac leonibus ad compugnandum idoneos in me convocatos exasperari, e re nata capto consilio fugam desino ac me retrorsus celeri gradu rursum in stabulum quo deverteramus recipio. At illi canibus iam aegre cohibitis adreptum me loro quam valido ad ansulam quandam destinatum rursum caedendo confecissent profecto, nisi dolore plagarum alvus artata crudisque illis oleribus abundans et lubrico fluxu saucia fimo fistulatim excusso quosdam extremi liquoris aspergine alios putore nidoris faetidi a meis iam quassis scapulis abegisset.

IV. Nec mora, cum iam in meridiem prono iubare rursum nos ac praecipue me longe gravius onustum producunt illi latrones stabulo. Iamque confecta bona parte itineris et viae spatio defectus et sarcinae pondere depressus ictibusque fustium fatigatus atque etiam ungulis extritis iam claudus et titubans rivulum quendam serpentis leniter aquae propter insistens subtilem occasionem feliciter nactus cogitabam totum memet flexis scite cruribus pronum abicere, certus atque obstinatus nullis verberibus ad ingrediundum exsurgere, immo etiam paratus non fusti tantum (percussus) sed machaera perfossus occumbere. Rebar enim iam me prorsus exanimatum ac debilem mereri causariam missionem, certe latrones partim inpatientia morae partim studio festinatae fugae dorsi mei sarcinam duobus ceteris iumentis distributuros meque in altioris vindictae vicem lupis et vulturiis praedam relicturos.

V. Sed tam bellum consilium meum praevertit sors deterrima. Namque ille alius asinus divinato et antecapto meo cogitatu statim se mentita lassitudine cum rebus totis offudit, iacensque in modum mortui non fustibus non stimulis ac ne cauda et auribus cruribusque undique versum elevatis temptavit exurgere, quoad tandem postumae spei fatigati secumque conlocuti, ne tam diu mortuo immo vero lapideo asino servientes fugam morarentur, sarcinis eius mihi equoque distributis destricto gladio poplites eius totos amputant, ac paululum a via retractum per altissimum praeceps in vallem proximam etiam nunc spirantem praecipitant. Tunc ego miseri commilitonis fortunam cogitans statui iam dolis abiectis et fraudibus asinum me bonae frugi dominis exhibere. Nam et secum eos animadverteram conloquentes quod in proximo nobis esset habenda mansio et totius viae finis quieta eorumque esset sedes illa et habitatio. Clementi denique transmisso clivulo pervenimus ad locum destinatum, ubi rebus totis exsolutis atque intus conditis iam pondere liberatus lassitudinem vice lavacri pulvereis volutatibus digerebam.

VI. Res ac tempus ipsum locorum speluncaeque quam illi latrones inhabitabant descriptionem exponere flagitat. Nam et meum simul periclitabor ingenium, et faxo vos quoque an mente etiam sensuque fuerim asinus sedulo sentiatis. Mons horridus silvestribusque frondibus umbrosus et in primis altus fuit. Huius per obliqua devexa, qua saxis asperrimis et ob id inaccessis cingitur, convalles lacunosae cavaeque nimium spinetis aggeratae et quaquaversus repositae naturalem tutelam praebentes ambiebant. De summo vertice fons affluens bullis ingentibus scaturribat perque prona delapsus evomebat undas argenteas iamque rivulis pluribus dispersus ac valles illas agminibus stagnantibus inrigans in mondum stipati maris vel ignavi fluminis cuncta cohibebat. Insurgit speluncae, qua margines montanae desinunt, turris ardua; caulae firmae solidis cratibus, ovili stabulationi commodae, porrectis undique lateribus ante fores exigui tramitis vice structis parietis attenduntur. Ea tu bono certe meo periculo latronum dixeris atria. Nec iuxta quicquam quam parva casula cannulis temere contecta, qua speculatores e numero latronum, ut postea comperi, sorte ducti noctibus excubabant.

VII. Ibi cum singuli derepsissent stipatis artubus, nobis ante ipsas fores loro valido destinatis anum quandam curvatam gravi senio, cui soli salus atque tutela tot numero iuvenum commissa videbatur, sic infesti compellant: "Etiamne tu, busti cadaver extremum et vitae dedecus primum et Orci fastidium solum, sic nobis otiosa domi residens lusitabis nec nostris tam magnis tamque periculosis laboribus solacium de tam sera refectione tribues? Quae diebus ac noctibus nil quicquam rei quam merum saevienti ventri tuo soles aviditer ingurgitare."

Tremens ad haec et stridenti vocula pavida sic anus: "At vobis, fortissimi fidelissimeque mei sospitatores iuvenes, adfatim cuncta suavi sapore percocta pulmenta praesto sunt, panis numerosus vinum probe calicibus ecfricatis affluenter immissum et ex more calida tumultuario lavacro vestro praeparata." In fine sermonis huius statim sese devestiunt nudatique et flammae largissimae vapore recreati calidaque perfusi et oleo peruncti mensas dapibus largiter instructas accumbunt.

VIII. Commodum cubuerant et ecce quidam longe plures numero iuvenes adveniunt alii, quos incunctanter adaeque latrones arbitrarere. Nam et ipsi praedas aureorum argentariorumque nummorum ac vasculorum vestisque sericae et intextae filis aureis invehebant. Hi simili lavacro refoti inter toros sociorum sese reponunt, tunc sorte ducti ministerium faciunt. Estur ac potatur incondite, pulmentis acervatim, panibus aggeratim, poculis agminatim ingestis. Clamore ludunt, strepitu cantilant, conviciis iocantur, ac iam cetera semiferis Lapithis [tebcinibus] Centaurisque semihominibus similia. Tunc inter eos unus, qui robore ceteros antistabat: "Nos quidem," inquit "qui Milonis Hypatini domum fortiter expugnavimus, praeter tantam fortunae copiam, quam nostra virtute nacti sumus, et incolumi numero castra nostra petivimus et, si quid ad rem facit, octo pedibus auctiores remeavimus. At vos, qui Boeotias urbes adpetistis, ipso duce vestro fortissimo Lamacho deminuti debilem numerum reduxistis, cuius salutem merito sarcinis istis quas advexistis omnibus antetulerim. Sed illum quidem utcumque nimia virtus sua peremit; inter inclitos reges ac duces proeliorum tanti viri memoria celebrabitur. Enim vos bonae frugi latrones inter furta parva atque servilia timidule per balneas et aniles cellulas reptantes scrutariam facitis."

IX. Suscipit unus ex illo posteriore numero: "Tune solus ignoras longe faciliores ad expugnandum domus esse maiores? Quippe quod, licet numerosa familia latis deversetur aedibus, tamen quisque magis suae saluti quam domini consulat opibus. Frugi autem et solitarii homines fortunam parvam vel certe satis amplam dissimulanter obtectam protegunt acrius et sanguinis sui periculo muniunt. Res ipsa denique fidem sermoni meo dabit. Vix enim Thebas heptapylos accessimus: quod est huic disciplinae primarium studium, [sed dum] sedulo fortunas inquirebamus popularium; nec nos denique latuit Chryseros quidam nummularius copiosae pecuniae dominus, qui metu officiorum ac munerum publicorum magnis artibus magnam dissimulabat opulentiam. Denique solus ac solitarius parva sed satis munita domuncula contentus, pannosus alioquin ac sordidus, aureos folles incubabat. Ergo placuit ad hunc primum ferremus aditum, ut contempta pugna manus unicae nullo negotio cunctis opibus otione potiremur.

X. Nec mora, cum noctis initio foribus eius praestolamur, quas neque sublevare neque dimovere ac ne perfringere quidem nobis videbatur, ne valvarum sonus cunctam viciniam nostro suscitaret exitio. Tunc itaque sublimis ille vexillarius noster

Lamachus spectatae virtutis suae fiducia, qua clavis immittendae foramen patebat, sensim inmissa manu claustrum evellere gestiebat. Sed dudum scilicet omnium bipedum nequissimus Chryseros vigilans et singula rerum sentiens lenem gradum et obnixum silentium tolerans paulatim adrepit, grandique clavo manum ducis nostri repente nisu fortissimo ad ostii tabulam officit et exitiabili nexu patibulatum relinquens gurgustioli sui tectum ascendit, atque inde contentissima voce clamitans rogansque vicinos et unum quemque proprio nomine ciens et salutis communis admonens diffamat incendio repentino domum suam possideri. Sic unus quisque proximi periculi confinio territus suppetiatum decurrunt anxii.

XI. Tunc nos in ancipiti periculo constituti vel opprimendi nostri vel deserendi socii remedium e re nata validum eo volente comminiscimus. Antesignani nostri partem, qua manus umerum subit, ictu per articulum medium temperato prorsus abscidimus, atque ibi brachio relicto, multis laciniis offulto vulnere ne stillae sanguinis vestigium proderent, ceterum Lamachum raptim reportamus. Ac dum trepidi religionis urguemur gravi tumultu et instantis periculi metu terremur ad fugam nec vel sequi propere vel remanere tuto potest vir sublimis animi virtutisque praecipuus, multis nos adfantibus multique precibus querens adhortatur per dexteram Martis per fidem sacramenti bonum commilitonem cruciatu simul et captivitate liberaremus. Cur enim manui, quae rapere et iugulare sola posset, fortem latronem supervivere? Sat se beatum qui manu socia volens occumberet. Cumque nulli nostrum spontale parricidium suadens persuadere posset, manu reliqua sumptum gladium suum diuque deosculatum per medium pectus ictu fortissimo transadigit. Tunc nos magnanimi ducis vigore venerato corpus reliquum veste lintea diligenter convolutum mari celandum commisimus. Et nunc iacet noster Lamachus elemento toto sepultus.

XII. Et ille quidem dignum virtutibus suis vitae terminum posuit. Enim vero Alcimus sollertibus coeptis eo saevum Fortunae nutum non potuit adducere. Qui cum dormientis anus perfracto tuguriolo conscendisset cubiculum superius iamque protinus oblisis faucibus interstinguere eam debuisset, prius maluit rerum singula per latiorem fenestram forinsecus nobis scilicet rapienda dispergere. Cumque iam cuncta rerum naviter emolitus nec toro quidem aniculae quiescentis parcere vellet eaque lectulo suo devoluta vestem stragulam subductam scilicet iactare similiter destinaret, genibus eius profusa sic nequissima illa deprecatur: "Quid, oro, fili, paupertinas pannosasque resculas miserrimae anus donas vicinis divitibus, quorum haec fenestra domum prospicit?" Quo sermone callido deceptus astu et vera quae dicta sunt credens Alcimus, verens scilicet ne et ea quae prius miserat quaeque postea missurus foret non sociis suis sed in alienos lares iam certus erroris abiceret, suspendit se fenestra sagaciter perspecturus omnia, praesertim domus attiguae, quam dixerat illa, fortunas arbitraturus. Quod eum strenue quidem set satis inprovide conantem senile illud facinus quamquam invalido repentino tamen et inopinato pulsu nutantem ac pendulum et in prospectu alioquin attonitum praeceps inegit. Qui praeter altitudinem miniam super quendam etiam vastissimum lapidem propter iacentem decidens perfracta diffisaque crate costarum rivos sanguinis vomens imitus narratisque nobis quae gesta sunt non diu cruciatus vitam evasit. Quem prioris exemplo sepulturae traditum bonum secutorem Lamacho dedimus.

XIII. Tunc orbitatis duplici plaga petiti iamque Thebanis conatibus abnuentes Plataeas proximan conscendimus civitatem. Ibi famam celebrem super quodam Demochare munus edituro gladiatorium deprehendimus. Nam vir et genere primarius et opibus plurimus et liberalitate praecipuus digno fortunae suae splendore publicas voluptates instruebat. Quis tantus ingenii, quis facundiae, qui singulas species apparatus multiiugi verbis idoneis posset explicare? Gladiatores isti famosae manus, venatores illi probatae pernicitatis, alibi noxii perdita securitate suis epulis bestiarum saginas instruentes; confixilis machinae sublicae, turres structae tabularum nexibus ad instar circumforaneae domus, florida pictura decora futurae venationis receptacula. Qui praeterea numerus, quae facies ferarum! Nam praecipuo studio foris etiam advexerat generosa illa damnatorum capitum funera. Sed praeter ceteram speciosi muneris supellectilem totis utcumque patrimonii viribus immanis ursae comparabat numerum copiosum. Nam praeter domesticis venationibus captas, praeter largis emptionibus partas, amicorum etiam donationibus variis certatim oblatas tutela sumptuosa sollicite nutriebat.

XIV. Nec ille tam clarus tamque splendidus publicae voluptatis apparatus Invidiae noxios effugit oculos. Nam diutina captivitate fatigatae simul et aestiva flagrantia maceratae, pigra etiam sessione languidae, repentina correptae pestilentia paene ad nullum redivere numerum. Passim per plateas plurimas cerneres iacere semivivorum corporum ferina naufragia. Tunc vulgus ignobile, quos inculta pauperies sine dilectu ciborum tenuato ventri cogit sordentia supplementa et dapes gratuitas conquirere, passim iacentes epulas accurrunt. Tunc e re nata suptile consilium ego et iste Eubulus tale comminiscimur. Vnam, quae ceteris sarcina corporis praevalebat, quasi cibo parandam portamus ad nostrum receptaculum, eiusque probe nudatum carnibus corium servatis sollerter totis unguibus, ipso etiam bestiae capite adusque confinium cervicis solido relicto, tergus omne rasura studiosa tenuamus et minuto cinere perspersum soli siccandum tradimus. Ac dum caelestis vaporis flammis examurgatur, nos interdum pulpis eius valenter sanguinantes sic instanti militiae disponimus sacramentum, ut unus e numero nostro, non qui corporis adeo sed animi robore ceteris antistaret, atque si in primis voluntarius, pelle illa contectus ursae subiret effigiem domumque Democharis inlatus per opportuna noctis silentia nobis ianuae faciles praestaret aditus.

XV. Nec paucos fortissimi collegii sollers species ad munus obeundum adrexerat. Quorum prae ceteris Thrasyleon factionis optione delectus ancipitis machinae subivit aleam, iamque habili corio et mollitie tractabili vultu sereno sese recondit. Tunc tenui sarcimine summas, oras eius adaequamus et iuncturae rimam, licet gracilem, setae circumfluentis densitate saepimus. Ad ipsum confinium gulae, qua cervix bestiae fuerat exsecta, Thrasyleonis caput subire cogimus, parvisque respiratui et obtutui circa nares et oculos datis foraminibus fortissimum socium nostrum prorsus bestiam factum inmittimus caveae modico praestinatae pretio, quam constanti vigore festinus inrepsit ipse. Ad hunc modum prioribus inchoatis sic ad reliqua fallaciae pergimus.

XVI. Sciscitati nomen cuiusdam Nicanoris, qui genere Thracio proditur ius amicitiae summum cum illo Demochare colebat, litteras adfingimus, ut venationis suae primitias bonus amicus videretur ornando muneri dedicasse. Iamque provecta vespera abusi praesidio tenebrarum Thrasyleonis caveam Demochari cum litteris illis adulterinis offerimus; qui miratus bestiae magnitudinem suique contubernalis opportuna liberalitate laetatus iubet nobis protinus gaudii sui ut ipse habebat gerulis decem aureos [ut ipse habebat] e suis loculis adnumerari. Tunc, ut novitas consuevit ad repentinas visiones animos hominum pellicere, multi numero mirabundi bestiam confluebant, quorum satis callenter curiosos aspectus Thrasyleon noster impetu minaci frequenter inhibebat; consonaque civium voce satis felix ac beatus Demochares ille saepe celebratus, quod post tantam cladem ferarum novo proventu quoquo modo fortunae resisteret, iubet novalibus suis confestim bestiam [iret iubet] summa cum diligentia reportari. Sed suscipiens ego:

XVII. "Caveas," inquam "domine, fraglantia solis et itineris spatio fatigatam coetui multarum et, ut audio, non recte valentium committere ferarum. Quin potius domus tuae patulum ac perflabilem locum immo et lacu aliquoi conterminum refrigerantemque prospicis? An ignoras hoc genus bestiae lucos consitos et specus roridos et fontes amoenos semper incubare?" Talibus monitis Demochares perterritus numerumque perditarum secum recenses non difficulter adsensus ut ex arbitrio nostro caveam locaremus facile permisit. "Sed et nos" inquam "ipsi parati sumus hic ibidem pro cavea ista excubare noctes, ut aestus et vexationis incommodo bestiae fatigatae et cibum tempestivum et potum solitum accuratius offeramus." "Nihil indigemus labore isto vestro," respondit ille "iam paene tota familia per diutinam consuetudinem nutriendis ursis exercitata est."

XVIII. Post haec valefacto discessimus et portam civitatis egressi monumentum quoddam conspicamur procul a via remoto et abdito loco positum. Ibi capulos carie et vetustate semitectos, quis inhabitabant puluerei et iam cinerosi mortui, passim ad futurae praedae receptacula reseramus, et ex disciplina sectae servato noctis inlunio tempore, quo somnus obvius impetu primo corda mortalium validius invadit ac premit, cohortem nostram gladiis armatam ante ipsas fores Democharis velut expilationis vadimonium sistimus. Nec setius Thrasyleon examussim capto noctis latrocinali momento prorepit cavea statimque custodes, qui propter sopiti quiescebant, omnes ad unum mox etiam ianitorem ipsum gladio conficit, clavique subtracta fores ianuae repandit nobisque prompte convolantibus et domus alveo receptis demonstrat horreum, ubi vespera sagaciter argentum copiosum recondi viderat. Quo protinus perfracto confertae manus violentia, iubeo singulos commilitonum asportare quantum quisque poterat auri vel agenti et in illis aedibus fidelissimorum mortuorum occultare propere rursumque concito gradu recurrentis sarcinas iterare; quod enim ex usu foret omnium, me solum resistentem pro domus limine cuncta rerum exploraturum sollicite, dum redirent. Nam et facies ursae mediis aedibus discurrentis ad proterrendos, siqui de familia forte evigilassent, videbatur opportuna. Quis enim, quamvis fortis et intrepidus, immani forma tantae bestiae noctu praesertim visitata non se ad fugam statim concitaret, non obdito cellae pessulo pavens et trepidus sese cohiberet?

XIX. His omnibus salubri consilio recte dispositis occurrit scaevus eventus. Namque dum reduces socios nostros suspensus opperior, quidam servulus strepitu scilicet vel certe divinitus inquietus proserpit leniter visaque bestia, quae libere discurrens totis aedibus commeabat, premens obnixum silentium vestigium suum replicat et utcumque cunctis in domo visa pronuntiat. Nec mora, cum numerosae familiae frequentia domus tota completur. Taedis lucernis cereis sebaciis et ceteris nocturni luminis instrumentis clarescunt tenebrae. Nec inermis quisquam de tanta copia processit, sed singuli fustibus lanceis destrictis denique gladiis armati muniunt aditus. Nec secum canes etiam venaticos auritos illos et horricomes ad comprimendam bestiam cohortantur.

XX. Tunc ego sensim gliscente adhuc illo tumultu retrogradi fuga domo facesso, sed plane Thrasyleonem mire canibus repugnantem latens pone ianuam ipse prospicio. Quamquam enim vitae metas ultimas obiret, non tamen sui nostrique vel pristinae virtutis oblitus iam faucibus ipsis hiantis Cerberi reluctabat. Scaenam denique quam sponte sumpserat cum anima retinens, nunc fugiens, nunc resistens variis corporis sui schemis ac motibus tandem domo prolapsus est. Nec tamen, quamvis publica potitus libertate, salutem fuga quaerere potuit. Quippe cuncti canes de proximo angiportu satis feri satisque copiosi venaticis illis, qui commodum domo similiter insequentes processerant, se commiscent agminatim. Miserum funestumque spectamen aspexi, Thrasyleonem nostrum catervis canum saevientium cinctum atque obsessum multisque numero morsibus laniatum. Denique tanti doloris impatiens populi circumfluentis turbelis immisceor et, in quo solo poteram celatum auxilium bono ferre commilitoni, sic indaginis principes dehortabar: "O grande" inquam "et extremum flagitium, magnam et vere pretiosam perdimus bestiam."

XXI. Nec tamen nostri sermonis artes infelicissimo profuerunt iuveni; quippe quidam procurrens e domo procerus et validus incunctanter lanceam mediis iniecit ursae praecordiis nec secus alius et ecce plurimi, iam timore discusso, certatim gladios etiam de proximo congerunt. Enimuero Thrasyleon egregium decus nostrae factionis tandem immortalitate digno illo spiritu expugnato magis quam patientia neque clamore ac ne ululatu quidem fidem sacramenti prodidit, sed iam morsibus laceratus ferroque laniatus obnixo mugitu et ferino fremitu praesentem casum generoso vigore tolerans gloriam sibi reservavit, vitam fato reddidit. Tanto tamen terrore tantaque formidine coetum illum turbaverat, ut usque diluculum immo et in multum diem nemo quisquam fuerit ausus quamvis iacentem bestiam vel digito contigere, nisi tandem pigre ac timide quidam lanius paulo fidentior utero bestiae resecto ursae magnificum despoliavit latronem. Sic etiam Thrasyleon nobis perivit, sed a gloria non peribit. Confestim itaque constrictis sarcinis illis, quas nobis servaverant fideles mortui, Plataeae terminos concito gradu deserentes istud apud nostros animos identidem reputabamus merito nullam fidem in vita nostra reperiri, quod ad manis iam et mortuos odio perfidiae nostrae demigrarit. Sic onere vecturae simul et asperitate viae toti fatigati tribus comitum desideratis istas quas videtis praedas adveximus."

XXII. Post istum sermonis terminum poculis aureis memoriae defunctorum commilitonum vino mero libant, dehinc canticis quibusdam Marti deo blanditi paululum conquiescunt. Enim nobis anus illa recens ordeum adfatim et sine ulla mensura largita est, ut equus quidem meus tanta copia solus potitus saliares se cenas cenare crederet. Ego vero, numquam alias hordeum crudum sed tunsum minutatim et diutina coquitatione iurulentum semper solitus esse, [rim] rimatus angulum, quo panes reliquiae totius multitudinis congestae fuerant, fauces diutina fame saucias et araneantes valenter exerceo. Et ecce nocte promota latrones expergiti castra commovent instructique varie, partim gladiis armati, partim in Lemures reformati, concito se gradu proripiunt. Nec me tamen instanter fortiter manducantem vel somnus imminens impedire potuit. Et quamquam prius, cum essem Lucius, unico vel secundo pane contentus mensa decederem, tunc ventri tam profundo serviens iam ferme tertium qualum rumigabam. Huic me operi attonitum clara lux oppressit.

XXIII. Tandem itaque asinali verecundia ductus, aegerrime tamen digrediens rivulo proximo sitim lenio. Nec mora, cum latrones ultra modum anxii atque solliciti remeant, nullam quidem prorsus sarcinam vel omnino licet vilem laciniam ferentes, sed tantum gladiis totis totis manibus immo factionis suae cunctis viribus munitam unicam virginem filo liberalem et, ut matronatus eius indicabat, summatem regionis, puellam mehercules et asino tali concupiscendam, maerentem et crines cum veste sua lacerantem advehebant. Eam simul intra speluncam ducunt verbisque quae dolebat minora facientes sic adloquuntur: "Tu quidem salutis et pudicitiae secura brevem patientiam nostro compendio tribue, quos ad istam sectam paupertatis necessitas adegit. Parentes autem tui de tanto suarum divitiarum cumulo, quamquam satis cupidi, tamen sine mora parabunt scilicet idoneam sui sanguinis redemptionem."

XXIV. His et his similibus blateratis necquicquam dolor sedatur puellae. Quidni? quae inter genua sua deposito capite sine modo flebat. At illi intro vocatae anui praecipiunt adsidens eam blando quantum posset solaretur alloquio, seque ad sectae sueta conferunt. Nec tamen puella quivit ullis aniculae sermonibus ab inceptis fletibus avocari, sed altius eiulans sese et assiduis singultibus illa quatiens mihi etiam lacrimas excussit. Ac sic: "A ego" inquit "misera tali domo tanta familia tam caris vernulis tam sanctis parentibus desolata et infelicis rapinae praeda et mancipium effecta inque isto saxeo carcere et carnificinae laniena serviliter clausa et omnibus deliciis, quis innata atque innutrita sum, privata sub incerta salutis spe et carnificinae laniena inter tot ac tales latrones et horrendum gladiatorum populum vel fletum desinere vel omnino vivere potero?

Lamentata sic et animi dolore et faucium tendore et corporis lassitudine iam fatigata marcentes oculos demisit ad soporem.

XXV. At commodum coniverat nec diu, cum repente lymphatico ritu somno recussa longe longeque vehementius adflictare sese et pectus etiam palmis infestis tundere et faciem illam luculentam verberare incipit et aniculae, quamquam instantissime causas novi et instaurati maeroris requirenti, sic adsuspirans altius infit: "Em nunc certe nunc maxime funditus perii, nunc spei salutiferae renuntiavi. Laqueus aut gladius aut certe praecipitium procul dubio capessendum est.

Ad haec anus iratior dicere eam saeviore iam vultu iubebat quid, malum, fleret vel quid repente postliminio pressae quietis lamentationes licentiosas refricaret. "Nimirum" inquit "tanto compendio tuae redemptionis defraudare iuvenes meos destinas? Quod si pergis ulterius, iam faxo lacrimis istis, quas parvi pendere latrones consuerunt, insuper habitis viva exurare."

XXVI. Tali puella sermone deterrita manusque eius exosculata: "Parce," inquit "mi parens, et durissimo casui meo pietatis humanae memor subsiste paululum. Nec enim, ut reor, aevo longiore maturae tibi in ista sancta canitie miseratio prorsus exarvit. Specta denique scaenam meae calamitatis. Speciosus adulescens inter suos principalis, quem filium publicum omnis sibi civitas cooptavit, meus alioquin consobrinus, tantulo triennio maior in aetate, qui mecum primis ab annis nutritus et adultus individuo contubernio domusculae immo vero cubiculi torique sanctae caritatis adfectione mutua mihi pigneratus votisque nuptialibus pacto iugali pridem destinatus, consensu parentum tabulis etiam maritus nuncupatus, ad nuptias officio frequenti cognatorum et adfinium stipatus templis et aedibus publicis victimas immolabat; domus tota lauris obsita taedis lucida constrepebat hymenaeum; tunc me gremio suo mater infelix tolerans mundo nuptiali decenter ornabat mellitisque saviis crebiter ingestis iam spem futuram liberorum votis anxiis propagabat, cum irruptionis subitae gladiatorum fit impetus ad belli faciem saeviens, nudis et infestis mucronibus coruscans: non caedi non rapinae manus adferunt, sed denso conglobatoque cuneo cubiculum nostrum invadunt protinus. Nec ullo de familiaribus nostris repugnante ac ne tantillum quidem resistente misera formidine exanimem, saevo pavore trepidam, de medio matris gremio rapuere. Sic ad instar Attidis vel Protesilai dispectae disturbataeque nuptiae.

XXVII. Sed ecce saevissimo somnio mihi nunc etiam redintegratur immo vero cumulatur infortunium meum; nam visa sum mihi de domo de thalamo de cubiculo de toro denique ipso violenter extracta per solitudines avias infortunatissimi mariti nomen invocare, eumque, ut primum meis amplexibus viduatus est, adhuc ungentis madidum coronis floridum consequi vestigio me pedibus fugientem alienis. Vtque clamore percito formonsae raptum uxoris conquerens populi testatur auxilium, quidam de latronibus importunae persecutionis indignatione permotus saxo grandi pro pedibus adrepto misellum iuvenem maritum meum percussum interemit. Talis aspectus atrocitate perterrita somno funesto pavens excussa sum."

Tunc fletibus eius adsuspirans anus sic incipit: "Bono animo esto, mi erilis, nec vanis somniorum figmentis terreare. Nam praeter quod diurnae quietis imagines falsae perhibentur, tunc etiam nocturnae visiones contrarios eventus nonnumquam pronuntiant. Denique flere et vapulare et nonnumquam iugulari lucrosum prosperumque proventum nuntiant, contra ridere et mellitis dulciolis ventrem saginare vel in voluptatem veneriam convenire tristitie animi languore corporis damnisque ceteris vexatum iri praedicabunt. Sed ego te narrationibus lepidis anilibusque fabulis protinus avocabo", et incipit:

XXVIII. Erant in quadam civitate rex et regina. Hi tres numero filias forma conspicuas habuere, sed maiores quidem natu, quamvis gratissima specie, idonee tamen celebrari posse laudibus humanis credebantur, at vero puellae iunioris tam praecipua tam praeclara pulchritudo nec exprimi ac ne sufficienter quidem laudari sermonis humani penuria poterat. Multi denique civium et advenae copiosi, quos eximii spectaculi rumor studiosa celebritate congregabat, inaccessae formonsitatis admiratione stupidi et admoventes oribus suis dexteram primore digito in erectum pollicem residente ut ipsam prorsus deam Venerem religiosis <venerabantur> adorationibus. Iamque proximas civitates et attiguas regiones fama pervaserat deam quam caerulum profundum pelagi peperit et ros spumantium fluctuum educavit iam numinis sui passim tributa venia in mediis conversari populi coetibus, vel certe rursum novo caelestium stillarum germine non maria sed terras Venerem aliam virginali flore praeditam pullulasse.

XXIX. Sic immensum procedit in dies opinio, sic insulas iam proxumas et terrae plusculum provinciasque plurimas fama porrecta pervagatur. Iam multi mortalium longis itineribus atque altissimis maris meatibus ad saeculi specimen gloriosum confluebant. Paphon nemo Cnidon nemo ac ne ipsa quidem Cythera ad conspectum deae Veneris navigabant; sacra differuntur, templa deformantur, pulvinaria proteruntur, caerimoniae negleguntur; incoronata simulacra et arae viduae frigido cinere foedatae. Puellae supplicatur et in humanis vultibus deae tantae numina placantur, et in matutino progressu virginis, victimis et epulis Veneris absentis nomen propitiatur, iamque per plateas commeantem populi frequentes floribus sertis et solutis adprecantur.

Haec honorum caelestium ad puellae mortalis cultum inmodica translatio verae Veneris vehementer incendit animos, et impatiens indignationis capite quassanti fremens altius sic secum disserit:

XXX. "En rerum naturae prisca parens, en elementorum origo initialis, en orbis totius alma Venus, quae cum mortali puella partiario maiestatis honore tractor et nomen meum caelo conditum terrenis sordibus profanatur! Nimirum communi nominis piamento vicariae venerationis incertum sustinebo et imaginem meam circumferet puella moritura. Frustra me pastor ille cuius iustitiam fidemque magnus comprobavit Iuppiter ob eximiam speciem tantis praetulit deabus. Sed non adeo gaudens ista, quaecumque est, meos honores usurpaverit: iam faxo eam huius etiam ipsius inlicitae formonsitatis paeniteat."

Et vocat confestim puerum suum pinnatum illum et satis temerarium, qui malis suis moribus contempta disciplina publica flammis et sagittis armatus per alienas domos nocte discurrens et omnium matrimonia corrumpens impune committit tanta flagitia et nihil prorsus boni facit. Hunc, quamquam genuina licentia procacem, verbis quoque insuper stimulat et perducit ad illam civitatem et Psychen — hoc enim nomine puella nuncupabatur — coram ostendit,

XXXI. et tota illa perlata de formonsitatis aemulatione fabula gemens ac fremens indignatione: "Per ego te" inquit "maternae caritatis foedere deprecor per tuae sagittae dulcia vulnera per flammae istius mellitas uredines vindictam tuae parenti sed plenam tribue et in pulchritudinem contumacem severiter vindica idque unum et pro omnibus unicum volens effice: virgo ista amore fraglantissimo teneatur hominis extremi, quem et dignitatis et patrimonii simul et incolumitatis ipsius Fortuna damnavit, tamque infimi ut per totum orbem non inveniat miseriae suae comparem."

Sic effata et osculis hiantibus filium diu ac pressule saviata proximas oras reflui litoris petit, plantisque roseis vibrantium fluctuum summo rore calcato ecce iam profundi maris sudo resedit vertice, et ipsum quod incipit velle, set statim, quasi pridem praeceperit, non moratur marinum obsequium: adsunt Nerei filiae chorum canentes et Portunus caerulis barbis hispidus et gravis piscoso sinu Salacia et auriga parvulus delphinis Palaemon; iam passim maria persultantes Tritonum catervae hic concha sonaci leniter bucinat, ille serico tegmine flagrantiae solis obsistit inimici, alius sub oculis dominae speculum progerit, curru biiuges alii subnatant. Talis ad Oceanum pergentem Venerem comitatus exercitus.

XXXII. Interea Psyche cum sua sibi perspicua pulchritudine nullum decoris sui fructum percipit. Spectatur ab omnibus, laudatur ad omnibus, nec quisquam, non rex non regius nec de plebe saltem cupiens eius nuptiarum petitor accedit. Mirantur quidem divinam speciem, sed ut simulacrum fabre politum mirantur omnes. Olim duae maiores sorores, quarum temperatam formositatem nulli diffamarant populi, procis regibus desponsae iam beatas nuptias adeptae, sed Psyche virgo vidua domi residens deflet desertam suam solitudinem aegra corporis animi saucia, et quamvis gentibus totis complacitam odit in se suam formositatem. Sic infortunatissimae filiae miserrimus pater suspectatis caelestibus odiis et irae superum metuens dei Milesii vetustissimum percontatur oraculum, et a tanto numine precibus et victimis ingratae virgini petit nuptias et maritum. Sed Apollo, quamquam Graecus et Ionicus, propter Milesiae conditorem sic Latina sorte respondit:

XXXIII. "Montis in excelsi scopulo, rex siste puellam ornatam mundo funerei thalami. Nec speres generum mortali stirpe creatum, sed saevum atque ferum vipereumque malum, quod pinnis volitans super aethera cuncta fatigat flammaque et ferro singula debilitat, quod tremit ipse Iovis quo numina terrificantur, fluminaque horrescunt et Stygiae tenebrae."

Rex olim beatus affatus sanctae vaticinationis accepto pigens tristisque retro domum pergit suaeque coniugi praecepta soris enodat infaustae. Maeretur, fletur, lamentatur diebus plusculis. Sed dirae sortis iam urget taeter effectus. Iam feralium nuptiarum miserrimae virgini choragium struitur, iam taede lumen atrae fuliginis cinere marcescit, et sonus tibiae zygiae mutatur in querulum Ludii modum cantusque laetus hymenaei lugubri finitur ululatu et puella nuptura deterget lacrimas ipso suo flammeo. Sic adfectae domus triste fatum cuncta etiam civitas congemebat luctuque publico confestim congruens edicitur iustitium.

XXXIV. Sed monitis caelestibus parendi necessitas misellam Psychen ad destinatam poenam efflagitabat. Perfectis igitur feralis thalami cum summo maerore sollemnibus toto prosequente populo vivum producitur funus, et lacrimosa Psyche comitatur non nuptias sed exsequias suas. Ac dum maesti parentes et tanto malo perciti nefarium facinus perficere cunctatur, ipsa illa filia talibus eos adhortatur vocibus: "Quid infelicem senectam fletu diutino cruciatis? Quid spiritum vestrum, qui magis meus est, crebris eiulatibus fatigatis? Quid lacrimis inefficacibus ora mihi veneranda foedatis? Quid laceratis in vestris oculis mea lumina? Quid canities scinditis? Quid pectora, quid ubera sancta tunditis? Haec erunt vobis egregiae formonsitatis meae praeclara praemia. Invidiae nefariae letali plaga percussi sero sentitis. Cum gentes et populi celebrarent nos divinis honoribus, cum novam me Venerem ore consono nuncuparent, tunc dolere, tunc flere, tunc me iam quasi peremptam lugere debuistis. Iam sentio iam video solo me nomine Veneris perisse. Ducite me et cui sors addixit scopulo sistite. Festino felices istas nuptias obire, festino generosum illum maritum meum videre. Quid differo quid detrecto venientem, qui totius orbis exitio natus est?"

XXXV. Sic profata virgo conticuit ingressuque iam valido pompae populi prosequentis sese miscuit. Itur ad constitutum scopulum montis ardui, cuius in summo cacumine statutam puellam cuncti deserunt, taedasque nuptiales, quibus praeluxerant, ibidem lacrimis suis extinctas relinquentes deiectis capitibus domuitionem parant. Et miseri quidem parentes eius tanta clade defessi, clausae domus abstrusi tenebris, perpetuae nocti sese dedidere. Psychen autem paventem ac trepidam et in ipso scopuli vertice deflentem mitis aura molliter spirantis Zephyri vibratis hinc inde laciniis et reflato sinu sensim levatam suo tranquillo spiritu vehens paulatim per devexa rupis excelsae vallis subditae florentis cespitis gremio leniter delapsam reclinat.

## LIBER V

I. Psyche teneris et herbosis locis in ipso toro roscidi graminis suave recubans, tanta mentis perturbatione sedata, dulce conquievit. Iamque sufficienti recreata somno placido resurgit animo. Videt lucum proceris et vastis arboribus consitum, videt fontem vitreo latice perlucidum; medio luci meditullio prope fontis adlapsum domus regia est aedificata non humanis manibus sed divinis artibus. Iam scies ab introitu primo dei cuiuspiam luculentum et amoenum videre te diversorium. Nam summa laquearia citro et ebore curiose cavata subeunt aureae columnae, parietes omnes argenteo caelamine conteguntur bestiis et id genus pecudibus occurrentibus ob os introeuntium. Mirus prorsum [magnae artis] homo immo semideus vel certe deus, qui magnae artis suptilitate tantum efferavit argentum.

Enimuero pavimenta ipsa lapide pretioso caesim deminuto in varia picturae genera discriminantur: vehementer iterum ac saepius beatos illos qui super gemmas et monilia calcant! Iam ceterae partes longe lateque dispositae domus sine pretio pretiosae totique parietes solidati massis averis splendore proprio coruscant, ut diem suum sibi domi faciant licet sole nolente: sic cubicula sic porticus sic ipsae valvae fulgurant. Nec setius opes ceterae maiestati domus respondent, ut equidem illud recte videatur ad conversationem humanam magno Iovi fabricatum caeleste palatium.

II. Invitata Psyche talium locorum oblectatione propius accessit et paulo fidentior intra limen sese facit, mox prolectante studio pulcherrimae visionis rimatur singula et altrinsecus aedium horrea sublimi fabrica perfecta magnisque congesta gazis conspicit. Nec est quicquam quod ibi non est.

Sed praeter ceteram tantarum divitiarum admirationem hoc erat praecipue mirificum, quod nullo vinculo nullo claustro nullo custode totius orbis thensaurus ille muniebatur. Haec ei summa cum voluptate visenti offert sese vox quaedam corporis sui nuda et: "Quid," inquit "domina, tantis obstupescis opibus? Tua sunt haec omnia. Prohinc cubiculo te refer et lectulo lassitudinem refove et ex arbitrio lavacrum pete. Nos, quarum voces accipis, tuae famulae sedulo tibi praeministrabimus nec corporis curatae tibi regales epulae morabuntur."

III. Sensit Psyche divinae providentiae beatitudinem, monitusque vocis informis audiens et prius somno et mox lavacro fatigationem sui diluit, visoque statim proximo semirotundo suggestu, propter instrumentum cenatorium rata refectui suo commodum libens accumbit. Et ilico vini nectarei eduliumque variorum fercula copiosa nullo serviente sed tantum spiritu quodam impulsa subministrantur. Nec quemquam tamen illa videre poterat, sed verba tantum audiebat excidentia et solas voces famulas habebat. Post opimas dapes quidam introcessit et cantavit invisus et alius citharam pulsavit, quae videbatur nec ipsa. Tunc modulatae multitudinis conserta vox aures eius affertur, ut, quamvis hominum nemo pareret, chorus tamen esse pateret.

IV. Finitis voluptatibus vespera suadente concedit Psyche cubitum. Iamque provecta nocte clemens quidam sonus aures eius accedit. Tunc virginitati suae pro tanta solitudine metuens et pavet et horrescit et quovis malo plus timet quod ignorat. Iamque aderat ignobilis maritus et torum inscenderat et uxorem sibi Psychen fecerat et ante lucis exortum propere discesserat. Statim voces cubiculo praestolatae novam nuptam interfectae virginitatis curant. Haec diutino tempore sic agebantur. Atque ut est natura redditum, novitas per assiduam consuetudinem delectationem ei commendarat et sonus vocis incertae solitudinis erat solacium.

Interea parentes eius indefesso luctu atque maerore consenescebant, latiusque porrecta fama sorores illae maiores cuncta cognorant propereque maestae atque lugubres deserto lare certatim ad parentum suorum conspectum adfatumque perrexerant.

V. Ea nocte ad suam Psychen sic infit maritus — namque praeter oculos et manibus et auribus ut praesentius nihil sentiebatur: "Psyche dulcissima et cara uxor, exitiabile tibi periculum minatur fortuna saevior, quod observandum pressiore cautela censeo. Sorores iam tuae mortis opinione turbatae tuumque vestigium requirentes scopulum istum protinus aderunt, quarum si quas forte lamentationes acceperis, neque respondeas immo nec prospicias omnino; ceterum mihi quidem gravissimum dolorem tibi vero summum creabis exitium."

Annuit et ex arbitrio mariti se facturam spopondit, sed eo simul cum nocte dilapso diem totum lacrimis ac plangoribus misella consumit, se nunc maxime prorsus perisse iterans, quae beati carceris custodia septa et humanae conversationis colloquio viduata nec sororibus quidem suis de se maerentibus opem salutarem ferre ac ne videre eas quidem omnino posset. Nec lavacro nec cibo nec ulla denique refectione recreata flens ubertim decessit ad somnum.

VI. Nec mora, cum paulo maturius lectum maritus accubans eamque etiam nunc lacrimantem complexus sic expostulat: "Haecine mihi pollicebare, Psyche mea? Quid iam de te tuus maritus exspecto, quid spero? Et perdia et pernox nec inter amplexus coniugales desinis cruciatum. Age iam nunc ut voles, et animo tuo damnosa poscenti pareto! Tantum memineris meae seriae monitionis, cum coeperis sero paenitere."

Tunc illa precibus et dum se morituram comminatur extorquet a marito cupitis adnuat, ut sorores videat, luctus mulceat, ora conferat. Sic ille novae nuptae precibus veniam tribuit et insuper quibuscumque vellet eas auri vel monilium donare concessit, sed identidem monuit ac saepe terruit ne quando sororum pernicioso consilio suasa de forma mariti quaerat neve se sacrilega curiositate de tanto fortunarum suggestu pessum deiciat nec suum postea contingat amplexum. Gratias egit marito iamque laetior animo: "Sed prius" inquit "centies moriar quam tuo isto dulcissimo conubio caream. Amo enim et efflictim te, quicumque es, diligo aeque ut meum spiritum, nec ipsi Cupidini comparo. Sed istud etiam meis precibus, oro, largire et illi tuo famulo Zephyro praecipe simili vectura sorores hic mihi sistat", et imprimens oscula suasoria et ingerens verba mulcentia et inserens membra cohibentia haec etiam blanditiis astruit: "Mi mellite, mi marite, tuae Psychae dulcis anima." Vi ac potestate Venerii susurrus invitus succubuit maritus et cuncta se facturum spopondit atque etiam luce proxumante de manibus uxoris evanuit.

VII. At illae sorores percontatae scopulum locumque illum quo fuerat Psyche deserta festinanter adveniunt ibique difflebant oculos et plangebant ubera, quoad crebris earum heiulatibus saxa cautesque parilem sonum resultarent. Iamque nomine proprio sororem miseram ciebant, quoad sono penetrabili vocis ululabilis per prona delapso amens et trepida Psyche procurrit e domo et: "Quid" inquit "vos miseris lamentationibus necquicquam effligitis? Quam lugetis, adsum. Lugubres voces desinite et diutinis lacrimis madentes genas siccate tandem, quippe cum iam possitis quam plangebatis amplecti."

Tunc vocatum Zephyrum praecepti maritalis admonet. Nec mora, cum ille parens imperio statim clementissimis flatibus innoxia vectura deportat illas. Iam mutuis amplexibus et festinantibus saviis sese perfruuntur et illae sedatae lacrimae postliminio redeunt prolectante gaudio. "Sed et tectum" inquit "et larem nostrum laetae succedite et afflictas animas cum Psyche vestra recreate."

VIII. Sic allocuta summas opes domus aureae vocumque servientium populosam familiam demonstrat auribus earum lavacroque pulcherrimo et inhumanae mensae lautitiis eas opipare reficit, ut illarum prorsus caelestium divitiarum copiis affluentibus satiatae iam praecordiis penitus nutrirent invidam. Denique altera earum satis scrupulose curioseque percontari non desinit, quis illarum caelestium rerum dominus, quisve vel qualis ipsius sit maritus. Nec tamen Psyche coniugale illud praeceptum ullo pacto temerat vel pectoris arcanis exigit, sed e re nata confingit esse iuvenem quendam et speciosum, commodum lanoso barbitio genas inumbrantem, plerumque rurestribus ac montanis venatibus occupatum, et ne qua sermonis procedentis labe consilium tacitum proderetur, auro facto gemmosisque monilibus onustas eas statim vocato Zephyro tradit reportandas.

IX. Quo protenus perpetrato sorores egregiae domum redeuntes iamque gliscentis invidiae felle fraglantes multa secum sermonibus mutuis perstrepebant. Sic denique infit altera: "En orba et saeva et iniqua Fortuna! Hocine tibi complacuit, ut utroque parente prognatae germanae diversam sortem sustineremus? Et nos quidem quae natu maiore sumus maritis advenis ancillae deditae extorres et lare et ipsa patria degamus longe parentum velut exulantes, haec autem novissima, quam fetu satiante postremus partus effudit, tantis opibus et deo marito potita sit, quae nec uti recte tanta bonorum copia novit? Vidisti, soror, quanta in domo iacent et qualia monilia, quae praenitent vestes, quae splendicant gemmae, quantum praeterea passim calcatur aurum. Quodsi maritum etiam tam formonsum tenet ut affirmat, nulla nunc in orbe toto felicior vivit. Fortassis tamen procedente consuetudine et adfectione roborata deam quoque illam deus maritus efficiet. Sic est hercules, sic se gerebat ferebatque. Iam iam sursum respicit et deam spirat mulier, quae voces ancillas habet et ventis ipsis imperat. At ego misera primum patre meo seniorem maritum sortita sum, dein cucurbita calviorem et quovis puero pusilliorem, cunctam domum seris et catenis obditam custodientem."

X. Suscipit alia: "Ego vero maritum articulari etiam morbo complicatum curvatumque ac per hoc rarissimo venerem meam recolente sustineo, plerumque detortos et duratos in lapidem digitos eius perfricans, fomentis olidis et pannis sordidis et faetidis cataplasmatibus manus tam delicatas istas adurens, nec uxoris officiosam faciem sed medicae laboriosam personam sustinens. Et tu quidem soror videris quam patienti vel potius servili — dicam enim libere quod sentio — haec perferas animo: enimuero ego nequeo sustinere ulterius tam beatam fortunam allapsam indignae. Recordare enim quam superbe quam adroganter nobiscum egerit et ipsa iactatione immodicae ostentationis tumentem suum prodiderit animum deque tantis divitiis exigua nobis invita proiecerit confestimque praesentiam nostram gravata propelli et efflari exsibilarique nos iusserit. Nec sum mulier nec omnino spiro, nisi eam pessum de tantis opibus deiecero. Ac si tibi etiam, ut par est, inacuit nostra contumelia, consilium validum requiramus ambae. Iamque ista quae ferimus non parentibus nostris ac nec ulli monstremus alii, immo nec omnino quicquam de eius salute norimus. Sat est quod ipsae vidimus quae vidisse paenitet, nedum ut genitoribus et omnibus populis tam beatum eius differamus praeconium. Nec sunt enim beati quorum divitias nemo novit. Sciet se non ancillas sed sorores habere maiores. Et nunc quidem concedamus ad maritos, et lares pauperes nostros sed plane sobrios revisamus, diuque cogitationibus pressioribus instructae ad superbiam poeniendam firmiores redeamus."

XI. Placet pro bono duabus malis malum consilium totisque illis tam pretiosis muneribus absconditis comam trahentes et proinde ut merebantur ora lacerantes simulatos redintegrant fletus. Ac sic parentes quoque redulcerato prorsum dolore raptim deterrentes vesania turgidae domus suas contendunt dolum scelestum immo vero parricidium struentes contra sororem insontem.

Interea Psychen maritus ille quem nescit rursum suis illis nocturnis sermonibus sic commonet: "Videsne quantum tibi periculum? Velitatur Fortuna eminus, ac nisi longe firmiter praecaves mox comminus congredietur. Perfidae lupulae magnis conatibus nefarias insidias tibi comparant, quarum summa est ut te suadeant meos explorare vultus, quos, ut tibi saepe praedixi, non videbis si videris. Ergo igitur si posthac pessimae illae lamiae noxiis animis armatae venerint — venient autem, scio — neque omnino sermonem conferas, et si id tolerare pro genuina simplicitate proque animi tui teneritudine non potueris, certe de marito nil quicquam vel audias vel respondeas. Nam et familiam nostram iam propagabimus et hic adhuc infantilis uterus gestat nobis infantem alium, si texeris nostra secreta silentio, divinum, si profanaveris, mortalem."

XII. Nuntio Psyche laeta florebat et divinae subolis solacio plaudebat et futuri pignoris gloria gestiebat et materni nominis dignitate gaudebat. Crescentes dies et menses exeuntes anxia numerat et sarcinae nesciae rudimento miratur de brevi punctulo tantum incrementulum locupletis uteri. Sed iam pestes illae taeterrimaeque Furiae anhelantes vipereum virus et festinantes impia celeritate navigabant. Tunc sic iterum momentarius maritus suam Psychen admonet: "En dies ultima et casus extremus et! Sexus infestus et sanguis inimicus iam sumpsit arma et castra commovit et aciem direxit et classicum personavit; iam mucrone destricto iugulum tuum nefariae tuae sorores petunt. Heu quantis urguemur cladibus, Psyche dulcissima! Tui nostrique misere religiosaque continentia domum maritum teque et istum parvulum nostrum imminentis ruinae infortunio libera. Nec illas scelestas feminas, quas tibi post internecivum odium et calcata sanguinis foedera sorores appellare non licet, vel videas vel audias, cum in morem Sirenum scopulo prominentes funestis vocibus saxa personabunt."

XIII. Suscipit Psyche singultu lacrimoso sermonem incertans: "Iam dudum, quod sciam, fidei atque parciloquio meo perpendisti documenta, nec eo setius adprobabitur tibi nunc etiam firmitas animi mei. Tu modo Zephyro nostro rursum praecipe fungatur obsequio, et in vicem denegatae sacrosanctae imaginis tuae redde saltem conspectum sororum. Per istos cinnameos et undique pendulos crines tuos per teneras et teretis et mei similes genas per pectus nescio quo calore fervidum sic in hoc saltem parvulo cognoscam faciem tuam: supplicis anxiae piis precibus erogatus germani complexus indulge fructum et tibi devotae dicataeque Psychae animam gaudio recrea. Nec quicquam amplius in tuo vultu requiro, iam nil officiunt mihi nec ipsae nocturnae tenebrae: teneo te, meum lumen."

His verbis et amplexibus mollibus decantatus maritus lacrimasque eius suis crinibus detergens facturum spopondit et praevertit statim lumen nascentis diei.

XIV. Iugum sororium consponsae factionis ne parentibus quidem visis recta de navibus scopulum petunt illum praecipiti cum velocitate nec venti ferentis oppertae praesentiam licentiosa cum temeritate prosiliunt in altum. Nec immemor Zephyrus regalis edicti, quamvis invitus, susceptas eas gremio spirantis aurae solo reddidit. At illae incunctatae statim conferto vestigio domum penetrant complexaeque praedam suam sorores nomine mentientes thensaurumque penitus abditae fraudis vultu laeto tegentes sic adulant: "Psyche, non ita ut pridem parvula, et ipsa iam mater es. Quantum, putas, boni nobis in ista geris perula! Quantis gaudiis totam domum nostram hilarabis! O nos beatas quas infantis aurei nutrimenta laetabunt! Qui si parentum, ut oportet, pulchritudini responderit, prorsus Cupido nascetur."

XV. Sic adfectione simulata paulatim sororis invadunt animum. Statimque eas lassitudinem viae sedilibus refotas et balnearum vaporosis fontibus curatas pulcherrime triclinio mirisque illis et beatis edulibus atque tuccetis oblectat. Iubet citharam loqui: psallitur; tibias agere: sonatur; choros canere: cantatur. Quae cuncta nullo praesente dulcissimis modulis animos audientium remulcebant. Nec tamen scelestarum feminarum nequitia vel illa mellita cantus dulcedine mollita conquievit, sed ad destinatam fraudium pedicam sermonem conferentes dissimulanter occipiunt sciscitari qualis ei maritus et unde natalium secta cuia proveniret. Tunc illa simplicitate nimia pristini sermonis oblita novum commentum instruit atque maritum suum de provincia proxima magnis pecuniis negotiantem iam medium cursum aetatis agere interspersum rara canitie. Nec in sermone isto tantillum morata rursum opiparis muneribus eas onustas ventoso vehiculo reddidit.

XVI. Sed dum Zephyri tranquillo spiritu sublimatae domum redeunt, sic secum altercantes: "Quid, soror, dicimus de tam monstruoso fatuae illis mendacio? Tunc adolescens modo florenti lanugine barbam instruens, nunc aetate media candenti canitie lucidus. Quis ille quem temporis modici spatium repentina senecta reformavit? Nil aliud reperies, mi soror, quam vel mendacia istam pessimam feminam confingere vel formam mariti sui nescire; quorum utrum verum est, opibus istis quam primum exterminanda est. Quodsi viri sui faciem ignorat, deo profecto denupsit et deum nobis praegnatione ista gerit. Certe si divini puelli — quod absit — haec mater audierit, statim me laqueo nexili suspendam. Ergo interim ad parentes nostros redeamus et exordio sermonis huius quam concolores fallacias adtexamus."

XVII. Sic inflammatae, parentibus fastidienter appellatis et nocte turbata vigiliis, perditae matutino scopulum pervolant et inde solito venti praesidio vehementer devolant lacrimisque pressura palpebrarum coactis hoc astu puellam appellant: "Tu quidem felix et ipsa tanti mali ignorantia beata sedes incuriosa periculi tui, nos autem, quae pervigili cura rebus tuis excubamus, cladibus tuis misere cruciamur. Pro vero namque comperimus nec te, sociae scilicet doloris casusque tui, celare possumus immanem colubrum multinodis voluminibus serpentem, veneno noxio colla sanguinantem hiantemque ingluvie profunda, tecum noctibus latenter adquiescere. Nunc recordare sortis Pythicae, quae te trucis bestiae nuptiis destinatam esse clamavit. Et multi coloni quique circumsecus venantur et accolae plurimi viderunt eum vespera redeuntem e pastu proximique fluminis vadis innatantem.

XVIII. Nec diu blandis alimoniarum obsequiis te saginaturum omnes adfirmant, sed cum primum praegnationem tuam plenus maturaverit uterus, opimiore fructu praeditam devoraturum. Ad haec iam tua est existimatio, utrum sororibus pro tua cara salute sollicitis adsentiri velis et declinata morte nobiscum secura periculi vivere an saevissimae bestiae sepeliri visceribus. Quodsi te ruris huius vocalis solitudo vel clandestinae veneris faetidi periculosique concubitus et venenati serpentis amplexus delectant, certe piae sorores nostrum fecerimus."

Tunc Psyche misella, utpote simplex et animi tenella, rapitur verborum tam tristium formidine: extra terminum mentis suae posita prorsus omnium mariti monitionum suarumque promissionum memoriam effudit et in profundum calamitatis sese praecipitavit tremensque et exsangui colore lurida tertiata verba semihianti voce substrepens sic ad illas ait:

XIX. "Vos quidem, carissimae sorores, ut par erat, in officio vestrae pietatis permanetis, verum et illi qui talia vobis adfirmant non videntur mihi mendacium fingere. Nec enim umquam viri mei vidi faciem vel omnino cuiatis sit novi, sed tantum nocturnis subaudiens vocibus maritum incerti status et prorsus lucifugam tolero, bestiamque aliquam recte dicentibus vobis merito consentio. Meque magnopere semper a suis terret aspectibus malumque grande de vultus curiositate praeminatur. Nunc si quam salutarem opem periclitanti sorori vestrae potestis adferre, iam nunc subsistite; ceterum incuria sequens prioris providentiae beneficia conrumpet." Tunc nanctae iam portis patentibus nudatum sororis animum facinerosae mulieres, omissis tectae machinae latibulis, destrictis gladiis fraudium simplicis puellae paventes cogitationes invadunt.

XX. Sic denique altera: "Quoniam nos originis nexus pro tua incolumitate ne periculum quidem ullum ante oculos habere compellit, viam quae sola deducit iter ad salutem diu diuque cogitatam monstrabimus tibi. Novaculam praeacutam adpulsu etiam palmulae lenientis exasperatam tori qua parte cubare consuesti latenter absconde, lucernamque concinnem completam oleo claro lumine praemicantem subde aliquo claudentis aululae tegmine, omnique isto apparatu tenacissime dissimulato, postquam sulcatum trahens gressum cubile solitum conscenderit iamque porrectus et exordio somni prementis implicitus altum soporem flare coeperit, toro delapsa nudoque vestigio pensilem gradum paullulatim minuens, caecae tenebrae custodia liberata lucerna, praeclari tui facinoris opportunitatem de luminis consilio mutuare, et ancipiti telo illo audaciter, prius dextera sursum elata, nisu quam valido noxii serpentis nodum cervicis et capitis abscide. Nec nostrum tibi deerit subsidium; sed cum primum illius morte salutem tibi feceris, anxie praestolatae advolabimus cunctisque istis ocius tecum relatis votivis nuptiis hominem te iungemus homini."

XXI. Tali verborum incendio flammata viscera sororis prorsus ardentis deserentes ipsae protinus tanti mali confinium sibi etiam eximie metuentes flatus alitis impulsu solito porrectae super scopulum ilico pernici se fuga proripiunt statimque conscensis navibus abeunt.

At Psyche relicta sola, nisi quod infestis Furiis agitata sola non est aestu pelagi simile maerendo fluctuat, et quamvis statuto consilio et obstinato animo iam tamen facinori manus admovens adhuc incerta consilii titubat multisque calamitatis suae distrahitur affectibus. Festinat differt, audet trepidat, diffidit irascitur et, quod est ultimum, in eodem corpore odit bestiam, diligit maritum. Vespera tamen iam noctem trahente praecipiti festinatione nefarii sceleris instruit apparatum. Nox aderat et maritus aderat primisque Veneris proeliis velitatus in altum soporem descenderat.

XXII. Tunc Psyche et corporis et animi alioquin infirma fati tamen saevitia subministrante viribus roboratur, et prolata lucerna et adrepta novacula sexum audacia mutatur.

Sed cum primum luminis oblatione tori secreta claruerunt, videt omnium ferarum mitissimam dulcissimamque bestiam, ipsum illum Cupidinem formonsum deum formonse cubantem, cuius aspectu lucernae quoque lumen hilaratum increbruit et acuminis sacrilegi novaculam paenitebat. At vero Psyche tanto aspectu deterrita et impos animi marcido pallore defecta tremensque desedit in imos poplites et ferrum quaerit abscondere, sed in suo pectore; quod profecto fecisset, nisi ferrum timore tanti flagitii manibus temerariis delapsum evolasset. Iamque lassa, salute defecta, dum saepius divini vultus intuetur pulchritudinem, recreatur animi. Videt capitis aurei genialem caesariem ambrosia temulentam, cervices lacteas genasque purpureas pererrantes crinium globos decoriter impeditos, alios antependulos, alios retropendulos, quorum splendore nimio fulgurante iam et ipsum lumen lucernae vacillabat; per umeros volatilis dei pinnae roscidae micanti flore candicant et quamvis alis quiescentibus extimae plumulae tenellae ac delicatae tremule resultantes inquieta lasciviunt; ceterum corpus glabellum atque luculentum et quale peperisse Venerem non paeniteret. Ante lectuli pedes iacebat arcus et pharetra et sagittae, magni dei propitia tela.

XXIII. Quae dum insatiabili animo Psyche, satis et curiosa, rimatur atque pertrectat et mariti sui miratur arma, depromit unam de pharetra sagittam et punctu pollicis extremam aciem periclitabunda trementis etiam nunc articuli nisu fortiore pupugit altius, ut per summam cutem roraverint parvulae sanguinis rosei guttae. Sic ignara Psyche sponte in Amoris incidit amorem. Tunc magis magisque cupidine fraglans Cupidinis prona in eum efflictim inhians patulis ac petulantibus saviis festinanter ingestis de somni mensura metuebat. Sed dum bono tanto percita saucia mente fluctuat, lucerna illa, sive perfidia pessima sive invidia noxia sive quod tale corpus contingere et quasi basiare et ipsa gestiebat, evomuit de summa luminis sui stillam ferventis olei super umerum dei dexterum. Hem audax et temeraria lucerna et amoris vile ministerium, ipsum ignis totius deum aduris, cum te scilicet amator aliquis, ut diutius cupitis etiam nocte potiretur, primus invenerit. Sic inustus exiluit deus visaque detectae fidei colluvie prorsus ex osculis et manibus infelicissimae coniugis tacitus avolavit.

XXIV. At Psyche statim resurgentis eius crure dextero manibus ambabus adrepto sublimis evectionis adpendix miseranda et per nubilas plagas penduli comitatus extrema consequia tandem fessa delabitur solo. Nec deus amator humi iacentem deserens involavit proximam cupressum deque eius alto cacumine sic eam graviter commotus adfatur:

"Ego quidem, simplicissima Psyche, parentis meae Veneris praeceptorum immemor, quae te miseri extremique hominis devinctam cupidine infimo matrimonio addici iusserat, ipse potius amator advolavi tibi. Sed hoc feci leviter, scio, et praeclarus ille sagittarius ipse me telo meo percussi teque coniugem meam feci, ut bestia scilicet tibi viderer et ferro caput excideres meum quod istos amatores tuos oculos gerit. Haec tibi identidem semper cavenda censebam, haec benivole remonebam. Sed illae quidem consiliatrices egregiae tuae tam perniciosi magisterii dabunt actutum mihi poenas, te vero tantum fuga mea punivero." Et cum termino sermonis pinnis in altum se proripuit.

XXV. Psyche vero humi prostrata et, quantum visi poterat, volatus mariti prospiciens extremis affligebat lamentationibus animum. Sed ubi remigio plumae raptum maritum proceritas spatii fecerat alienum, per proximi fluminis marginem praecipitem sese dedit. Sed mitis fluvius in honorem dei scilicet qui et ipsas aquas urere consuevit metuens sibi confestim eam innoxio volumine super ripam florentem herbis exposuit. Tunc forte Pan deus rusticus iuxta supercilium amnis sedebat complexus Echo montanam deam eamque voculas omnimodas edocens recinere; proxime ripam vago pastu lasciviunt comam fluvii tondentes capellae. Hircuosus deus sauciam Psychen atque defectam, utcumque casus eius non inscius, clementer ad se vocatam sic permulcet verbis lenientibus: "Puella scitula, sum quidem rusticans et upilio sed senectutis prolixae beneficio multis experimentis instructus. Verum si recte coniecto, quod profecto prudentes viri divinationem autumant, ab isto titubante et saepius vaccillante vestigio deque minio pallore corporis et assiduo suspiritu immo et ipsis marcentibus oculis tuis amore minio laboras. Ergo mihi ausculta nec te rursus praecipitio vel ullo mortis accersitae genere perimas. Luctum desine et pone maerorem precibusque potius Cupidinem deorum maximum percole et utpote adolescentem delicatum luxuriosumque blandis obsequiis promerere."

XXVI. Sic locuto deo pastore nulloque sermone reddito sed adorato tantum numine salutari Psyche pergit ire. Sed cum aliquam multum viae laboranti vestigio pererrasset, inscia quodam tramite iam die labente accedit quandam civitatem, in qua regnum maritus unius sororis eius optinebat. Qua re cognita Psyche nuntiari praesentiam suam sorori desiderat; mox inducta mutuis amplexibus alternae salutationis expletis percontanti causas adventus sui sic incipit:

"Meministi consilium vestrum, scilicet quo mihi suasistis ut bestiam, quae mariti mentito nomine mecum quiescebat, prius quam ingluvie voraci me misellam hauriret, ancipiti novacula peremerem. Set cum primum, ut aeque placuerat, conscio lumine vultus eius aspexi, video mirum divinumque prorsus spectaculum, ipsum illum deae Veneris filium, ipsum inquam

Cupidinem, leni quiete sopitum. Ac dum tanti boni spectaculo percita et nimia voluptatis copia turbata fruendi laborarem inopia, casu scilicet pessumo lucerna fervens oleum rebullivit in eius umerum. Quo dolore statim somno recussus, ubi me ferro et igni conspexit armatam, "Tu quidem" inquit "ob istud tam dirum facinus confestim toro meo divorte tibique res tuas habeto, ego vero sororem tuam" — et nomen quo tu censeris aiebat — "iam mihi confarreatis nuptis coniugabo" et statim Zephyro praecipit ultra terminos me domus eius efflaret."

XXVII. Necdum sermonem Psyche finierat, et illa vesanae libidinis et invidiae noxiae stimulis agitata, e re concinnato mendacio fallens maritum, quasi de morte parentum aliquid comperisset, statim navem ascendit et ad illum scopulum protinus pergit et quamvis alio flante vento caeca spe tamen inhians, "Accipe me," dicens "Cupido, dignam te coniugem et tu, Zephyre, suscipe dominam" saltu se maximo praecipitem dedit. Nec tamen ad illum locum vel satem mortua pervenire potuit. Nam per saxa cautium membris iactatis atque dissipatis et proinde ut merebatur laceratis visceribus suis alitibus bestiisque obvium ferens pabulum interiit.

Nec vindictae sequentis poena tardavit. Nam Psyche rursus errabundo gradu pervenit ad civitatem aliam, in qua pari modo soror morabatur alia. Nec setius et ipsa fallacie germanitatis inducta et in sororis sceleratas nuptias aemula festinavit ad scopulum inque simile mortis exitium cecidit.

XXVIII. Interim, dum Psyche quaestioni Cupidinis intenta populos circumibat, at ille vulnere lucernae dolens in ipso thalamo matris iacens ingemebat. Tunc avis peralba illa gavia quae super fluctus marinos pinnis natat demergit sese propere ad Oceani profundum gremium. Ibi commodum Venerem lavantem natantemque propter assistens indicat adustum filium eius gravi vulneris dolore maerentem dubium salutis iacere, iamque per cunctorum ora populorum rumoribus conviciisque variis omnem Veneris familiam male audire, quod ille quidem montano scortatu tu vero marino natatu secesseritis, ac per hoc non voluptas ulla non gratia non lepos, sed incompta et agrestia et horrida cuncta sint, non nuptiae coniugales non amicitiae sociales non liberum caritates, sed enormis colluvies et squalentium foederum insuave fastidium.

Haec illa verbosa et satis curiosa avis in auribus Veneris fili lacerans existimationem ganniebat. At Venus irata solidum exclamat repente: "Ergo iam ille bonus filius meus habet amicam aliquam? Prome agedum, quae sola mihi servis amanter, nomen eius quae puerum ingenuum et investem sollicitavit, sive illa de Nympharum populo seu de Horarum numero seu de Musarum choro vel de mearum Gratiarum ministerio."

Nec loquax illa conticuit avis, sed: "Nescio," inquit "domina: puto puellam, si probe memini, Psyches nomine dici: illam dicitur efflicte cupere."

Tunc indignata Venus exclamavit vel maxime: "Psychen ille meae formae succubam mei nominis aemulam vere diligit? Nimirum illud incrementum lenam me putavit cuius monstratu puellam illam cognosceret."

XXIX. Haec quiritans properiter emergit e mari suumque protinus aureum thalamum petit et reperto, sicut audierat, aegroto puero iam inde a foribus quam maxime boans: "Honesta" inquit "haec et natalibus nostris bonaeque tuae frugi congruentia, ut primum quidem tuae parentis immo dominae praecepta calcares, nec sordidis amoribus inimicam meam cruciares, verum etiam hoc aetatis puer tuis licentiosis et immaturis iungeres amplexibus, ut ego nurum scilicet tolerarem inimicam. Sed utique praesumis nugo et corruptor et inamabilis te solum generosum nec me iam per aetatem posse concipere. Velim ergo scias multo te meliorem filium alium genituram, immo ut contumeliam magis sentias aliquem de meis adoptaturam vernulis, eique donaturam istas pinnas et flammas et arcum et ipsas sagittas et omnem meam supellectilem, quam tibi non ad hos usus dederam: nec enim de patris tui bonis ad instructionem istam quicquam concessum est.

XXX. Sed male prima a pueritia inductus es et acutas manus habes et maiores tuos irreverenter pulsasti totiens et ipsa matrem tuam, me inquam ipsam, parricida denudas cotidie et percussisti saepius et quasi viduam utique contemnis nec vitricum tuum fortissimum illum maximumque bellatorem metuis. Quidni? cui saepius in angorem mei paelicatus puellas propinare consuesti. Sed iam faxo te lusus huius paeniteat et sentias acidas et amaras istas nuptias. — Sed nunc inrisui habita quid agam? Quo me conferam? Quibus modis stelionem istum cohibeam? Petamne auxilium ab inimica mea Sobrietate, quam propter huius ipsius luxuriam offendis saepius? At rusticae squalentisque feminae conloquium prorsus [adhibendum est] horresco. Nec tamen vindictae solacium undeunde spernendum est. Illa mihi prorsus adhibenda est nec ulla alia, quae castiget asperrime nugonem istum, pharetram explicet et sagittas dearmet, arcum enodet, taedam deflammet, immo et ipsum corpus eius acrioribus remediis coerceat. Tunc iniuriae meae litatum crediderim cum eius comas quas istis manibus meis subinde aureo nitore perstrinxi deraserit, pinnas quas meo gremio nectarei fontis infeci praetotonderit."

XXXI. Sic effata foras sese proripit infesta et stomachata biles Venerias. Sed eam protinus Ceres et Iuno continantur visamque vultu tumido quaesiere cur truci supercilio tantam venustatem micantium oculorum coerceret. At illa: "Opportune" inquit " ardenti prorsus isto meo pectori volentiam scilicet perpetraturae venitis. Sed totis, oro, vestris viribus Psychen illam fugitivam volaticam mihi requirite. Nec enim vos utique domus meae famosa fabula et non dicendi filii mei facta latuerunt."

Tunc illae non ignarae quae gesta sunt palpare Veneris iram saevientem sic adortae: "Quid tale, domina, deliquit tuus filius ut animo pervicaci voluptate illius impugnes et, quam ille diligit, tu quoque perdere gestias? Quod autem, oramus, isti crimen si puellae lepidae libenter adrisit? An ignoras eum masculum et iuvenem esse vel certe iam quot sit annorum oblita es? An, quod aetatem portat bellule, puer tibi semper videtur? Mater autem tu et praeterea cordata mulier filii tui lusus semper explorabis curiose et in eo luxuriem culpabis et amores revinces et tuas artes tuasque delicias in formonso filio reprehendes? Quid autem te deum, qui hominum patietur passim cupidines populis disseminantem, cum tuae domus amores amare coerceas et vitiorum muliebrium publicam praecludas officinam?" Sic illae metu sagittarum patrocinio gratioso Cupidini quamvis absenti blandiebantur. Sed Venus indignata ridicule tractari suas iniurias praeversis illis altrorsus concito gradu pelago viam capessit.

# LIBER VI

I. Interea Psyche variis iactabatur discursibus, dies noctesque mariti vestigationibus inquieta animi, tanto cupidior iratum licet si non uxoriis blanditiis lenire certe servilibus precibus propitiare. Et prospecto templo quodam in ardui montis vertice: "Vnde autem" inquit "scio an istic meus degat dominus?" Et ilico dirigit citatum gradum, quem defectum prorsus adsiduis laboribus spes incitabat et votum. Iamque naviter emensis celsioribus iugis pulvinaribus sese proximam intulit. Videt spicas frumentarias in acervo et alias flexiles in corona et spicas hordei videt. Erant et falces et operae messoriae mundus omnis, sed cuncta passim iacentia et incuria confusa et, ut solet aestu, laborantium manibus proiecta. Haec singula Psyche curiose dividit et discretim semota rite componit, rata scilicet nullius dei fana caerimoniasve neglegere se debere sed omnium benivolam misericordiam corrogare.

II. Haec eam sollicite seduloque curantem Ceres alma deprehendit et longum exclamat protinus: "Ain, Psyche miseranda? Totum per orbem Venus anxia disquisitione tuum vestigium furens animi requirit teque ad extremum supplicium expetit et totis numinis sui viribus ultionem flagitat: tu vero rerum mearum tutelam nunc geris et aliud quicquam cogitas nisi de tua salute?"

Tunc Psyche pedes eius advoluta et uberi fletu rigans deae vestigia humumque verrens crinibus suis multiiugis precibus editis veniam postulabat: "Per ego te frugiferam tuam dexteram istam deprecor per laetificas messium caerimonias per tacita secreta cistarum et per famulorum tuorum draconum pinnata curricula et glebae Siculae sulcamina et currum rapacem et terram tenacem et inluminarum Proserpinae nuptiarum demeacula et luminosarum filiae inventionum remeacula et cetera quae silentio tegit Eleusinis Atticae sacrarium, miserandae Psyches animae supplicis tuae subsiste. Inter istam spicarum congeriem patere vel pauculos dies delitescam, quoad deae tantae saeviens ira spatio temporis mitigetur vel certe meae vires diutino labore fessae quietis intervallo leniantur."

III. Suscipit Ceres: "Tuis quidem lacrimosis precibus et commoveor et opitulari cupio, sed cognatae meae, cum qua etiam foedus antiquum amicitiae colo, bonae praeterea feminae, malam gratiam subire nequeo. Decede itaque istis aedibus protinus et quod a me retenta custoditaque non fueris optimi consule."

Contra spem suam repulsa Psyche et afflicta duplici maestitia iter retrorsum porrigens inter subsitae convallis sublucidum lucum prospicit fanum sollerti fabrica structum, nec ullam vel dubiam spei melioris viam volens omittere sed adire cuiscumque dei veniam sacratis foribus proximat. Videt dona pretiosa et lacinias auro litteratas ramis arborum postibusque suffixas, quae cum gratia facti nomen deae cui fuerant dicata testabantur. Tunc genu nixa et manibus aram tepentem amplexa detersis ante lacrimis sic adprecatur:

IV. "Magni Iovis germana et coniuga, sive tu Sami, quae sola partu vagituque et alimonia tua gloriatur, tenes vetusta delubra, sive celsae Carthaginis, quae te virginem vectura leonis caelo commeantem percolit, beatas sedes frequentas, seu prope ripas Inachi, qui te iam nuptam Tonantis et reginam deorum memorat, inclitis Argivorum praesides moenibus, quam cunctus oriens Zygiam veneratur et omnis occidens Lucinam appellat, sis mei extremis casibus Iuno Sospita meque in tantis exanclatis laboribus defessam imminentis periculi metu libera. Quod sciam, soles praegnatibus periclitantibus ultro subvenire."

Ad istum modum supplicanti statim sese Iuno cum totius sui numinis angusta dignitate praesentat et protinus: "Quam vellem" inquit "per fidem nutum meum precibus tuis accommodare. Sed contra voluntatem Veneris nurus meae, quam filiae semper dilexi loco, praestare me pudor non sinit. Tunc etiam legibus quae servos alienos profugos invitis dominis vetant suscipi prohibeor."

V. Isto quoque fortunae naufragio Psyche perterrita nec indipisci iam maritum volatilem quiens, tota spe salutis deposita, sic ipsa suas cogitationes consuluit: "Iam quae possunt alia meis aerumnis temptari vel adhiberi subsidia, cui nec dearum quidem quanquam volentium potuerunt prodesse suffragia? Quo rursum itaque tantis laqueis inclusa vestigium porrigam quibusque tectis vel etiam tenebris abscondita magnae Veneris inevitabiles oculos effugiam? Quin igitur masculum tandem sumis animum et cassae speculae renuntias fortiter et ultroneam te dominae tuae reddis et vel sera modestia saevientes impetus eius mitigas? Qui scias an etiam quem diu quaeritas illic in domo matris reperias?" Sic ad dubium obsequium immo ad certum exitium praeparata principium futurae secum meditabatur obsecrationis.

VI. At Venus terrenis remediis inquisitionis abnuens caelum petit. Iubet instrui currum quem ei Vulcanus aurifex subtili fabrica studiose poliverat et ante thalami rudimentum nuptiale munus obtulerat limae tenuantis detrimento conspicuum et ipsius auri damno pretiosum. De multis quae circa cubiculum dominae stabulant procedunt quattuor candidae columbae et hilaris incessibus picta colla torquentes iugum gemmeum subeunt susceptaque domina laetae subvolant. Currum deae prosequentes gannitu constrepenti lasciviunt passeres et ceterae quae dulce cantitant aves melleis modulis suave resonantes adventum deae pronuntiant. Cedunt nubes et Caelum filiae panditur et summus aether cum gaudio suscipit deam, nec obvias aquilas vel accipitres rapaces pertimescit magnae Veneris canora familia.

VII. Tunc se protinus ad Iovis regias arces dirigit et petitu superbo Mercuri dei vocalis operae necessariam usuram postulat. Nec rennuit Iovis caerulum supercilium. Tunc ovans ilico, comitante etiam Mercurio, Venus caelo demeat eique sollicite serit verba: "Frater Arcadi, scis nempe sororem tuam

Venerem sine Mercuri praesentia nil unquam fecisse nec te praeterit utique quanto iam tempore delitescentem ancillam nequiverim reperire. Nil ergo superest quam tuo praeconio praemium investigationis publicitus edicere. Fac ergo mandatum matures meum et indicia qui possit agnosci manifeste designes, ne si quis occultationis illicitae crimen subierit, ignorantiae se possit excusatione defendere"; et simul dicens libellum ei porrigit ubi Psyches nomen continebatur et cetera. Quo facto protinus domum secessit.

VIII. Nec Mercurius omisit obsequium. Nam per omnium ora populorum passim discurrens sic mandatae praedicationis munus exsequebatur: "Sic quis a fuga retrahere vel occultam demonstrare poterit fugitivam regis filiam, Veneris ancillam, nomine Psychen, conveniat retro metas Murtias Mercurium praedicatorem, accepturus indicivae nomine ab ipsa Venere septem savia suavia et unum blandientis adpulsu linguae longe mellitum."

Ad hunc modum pronuntiante Mercurio tanti praemii cupido certatim omnium mortalium studium adrexerat. Quae res nunc vel maxime sustulit Psyches omnem cunctationem. Iamque fores ei dominae proximanti occurrit una de famulitione Veneris nomine Consuetudo statimque quantum maxime potuit exclamat: "Tandem, ancilla nequissima, dominam habere te scire coepisti? An pro cetera morum, tuorum temeritate istud quoque nescire te fingis quantos labores circa tuas inquisitiones sustinuerimus? Sed bene, quod meas potissimum manus incidisti et inter Orci cancros iam ipso haesisti datura scilicet actutum tantae contumaciae poenas",

IX. et audaciter in capillos eius inmissa manu trahebat eam nequaquam renitentem. Quam ubi primum inductam oblatamque sibi conspexit Venus, latissimum cachinnum extollit et qualem solent furenter irati, caputque quatiens et ascalpens aurem dexteram: "Tandem" inquit "dignata es socrum tuam salutare? An potius maritum, qui tuo vulnere periclitatur, intervisere venisti? Sed esto secura, iam enim excipiam te ut bonam nurum condecet"; et: "Vbi sunt" inquit "Sollicitudo atque Tristities ancillae meae?" Quibus intro vocatis torquendam tradidit eam. At illae sequentes erile praeceptum Psychen misellam flagellis afflictam et ceteris tormentis excruciatam iterum dominae conspectui reddunt. Tunc rursus sublato risu Venus: "Et ecce" inquit "nobis turgidi ventris sui lenocinio commovet miserationem, unde me praeclara subole aviam beatam scilicet faciat. Felix velo ego quae ipso aetatis meae flore vocabor avia et vilis ancillae filius nepos Veneris audiet. Quanquam inepta ego quae frustra filium dicam; impares enim nuptiae et praeterea in villa sine testibus et patre non consentiente factae legitimae non possunt videri ac per hoc spurius iste nascetur, si tamen partum omnino perferre te patiemur."

X. His editis involat eam vestemque plurifariam diloricat capilloque discisso et capite conquassato graviter affligit, et accepto frumento et hordeo et milio et papavere et cicere et lente et faba commixtisque acervatim confusisque in unum grumulum sic ad illam: "Videris enim mihi tam deformis ancilla nullo alio sed tantum sedulo ministerio amatores tuos promereri: iam ergo et ipsa frugem tuam periclitabor. Discerne seminum istorum passivam congeriem singulisque granis rite dispositis atque seiugatis ante istam vesperam opus expeditum approbato mihi." Sic assignato tantorum seminum cumulo ipsa cenae nuptiali concessit. Nec Psyche manus admolitur inconditae illi et inextricabili moli, sed immanitate praecepti consternata silens obstupescit. Tunc formicula illa parvula atque ruricola certa difficultatis tantae laborisque miserta contubernalis magni dei socrusque saevitiam exsecrata discurrens naviter convocat corrogatque cunctam formicarum accolarum classem: "Miseremini terrae omniparentis agiles alumnae, miseremini et Amoris uxori puellae lepidae periclitanti prompta velocitate succurrite." Ruunt aliae superque aliae sepedum populorum undae summoque studio singulae granatim totum digerunt acervum separatimque distributis dissitisque generibus e conspectu perniciter abeunt.

XI. Sed initio noctis e convivio nuptiali vino madens et fraglans balsama Venus remeat totumque revincta corpus rosis micantibus, visaque diligentia miri laboris: "Non tuum," inquit "nequissima, nec tuarum manuum istud opus, sed illius cui tuo immo et ipsius malo placuisti", et frustro cibarii panis ei proiecto cubitum facessit. Interim Cupido solus interioris domus unici cubiculi custodia clausus coercebatur acriter, partim ne petulanti luxurie vulnus gravaret, partim ne cum sua cupita conveniret. Sic ergo distentis et sub uno tecto separatis amatoribus tetra nox exanclata.

Sed Aurora commodum inequitante vocatae Psychae Venus infit talia: "Videsne illud nemus, quod fluvio praeterluenti ripisque longis attenditur, cuius imi frutices vicinum fontem despiciunt? Oves ibi nitentis auri vero decore florentes incustodito pastu vagantur. Inde de coma pretiosi velleris floccum mihi confestim quoquo modo quaesitum afferas censeo."

XII. Perrexit Psyche volenter non obsequium quidem illa functura sed requiem malorum praecipitio fluvialis rupis habitura. Sed inde de fluvio musicae suavis nutricula leni crepitu dulcis aurae divinitus inspirata sic vaticinatur harundo viridis: "Psyche tantis aerumnis exercita, neque tua miserrima morte meas sanctas aquas polluas nec vero istud horae contra formidabiles oves feras aditum, quoad de solis fraglantia mutuatae calorem truci rabie solent efferri cornuque acuto et fronte saxea et non nunquam venenatis morsibus in exitium saevire mortalium; se dum meridies solis sedaverit vaporem et pecua spiritus fluvialis serenitate conquieverint, poteris sub illa procerissima platano, quae mecum simul unum fluentum bibit, latenter abscondere. Et cum primum mitigata furia laxaverint oves animum, percussis frondibus attigui nemoris lanosum aurum reperies, quod passim stirpibus conexis obhaerescit."

XIII. Sic harundo simplex et humana Psychen aegerrimam salutem suam docebat. Nec auscultatu paenitendo indiligenter instructa illa cessavit, sed observatis omnibus furatrina facili flaventis auri mollitie congestum gremium Veneri reportat. Nec tamen apud dominam saltem secundi laboris periculum secundum testimonium meruit, sed contortis superciliis subridens amarum sic inquit: "Nec me praeterit huius quoque facti auctor adulterinus. Sed iam nunc ego sedulo periclitabor an oppido forti animo singularique prudentia sis praedita. Videsne insistentem celsissimae illi rupi montis ardui verticem, de quo fontis atri fuscae defluunt undae proxumaeque conceptaculo vallis inclusae Stygias inrigant paludes et rauca Cocyti fluenta nutriunt? Indidem mihi de summi fontis penita scaturrigine rorem rigentem hauritum ista confestim defer urnula." Sic aiens crustallo dedolatum vasculum insuper ei graviora comminata tradidit.

XIV. At illa studiose gradum celerans montis extremum petit cumulum certe vel illic inventura vitae pessimae finem. Sed cum primum praedicti iugi conterminos locos appulit, videt rei vastae letalem difficultatem. Namque saxum immani magnitudine procerum et inaccessa salebritate lubricum mediis e faucibus lapidis fontes horridos evomebat, qui statim proni foraminis lacunis editi perque proclive delapsi et angusti canalis exarato contecti tramite proxumam convallem latenter incidebant. Dextra laevaque cautibus cavatis proserpunt ecce longa colla porrecti saevi dracones inconivae vigiliae luminibus addictis et in perpetuam lucem pupulis excubantibus. Iamque et ipsae semet muniebant vocales aquae. Nam et "Discede" et "Quid facis? Vide" et "Quid agis? Cave" et "Fuge" et "Peribis" subinde clamant. Sic impossibilitate ipsa mutata in lapidem Psyche, quamvis praesenti corpore, sensibus tamen aberat et inextricabilis periculi mole prorsus obruta lacrumarum etiam extremo solacio carebat.

XV. Nec Providentiae bonae graves oculos innocentis animae latuit aerumna. Nam supremi Iovis regalis ales illa repente propansis utrimque pinnis affuit rapax aquila memorque veteris obsequii, quo ductu Cupidinis Iovi pocillatorem Phrygium sustulerat, opportunam ferens opem deique numen in uxoris laboribus percolens alti culminis diales vias deserit et ob os puellae praevolans incipit: "At tu, simplex alioquin et expers rerum talium, sperasne te sanctissimi nec minus truculenti fontis vel unam stillam posse furari vel omnino contingere? Diis etiam ipsique Iovi formidabiles aquas istas Stygias vel fando comperisti, quodque vos deieratis per numina deorum deos per Stygis maiestatem solere? Sed cedo istam urnulam", et protinus adrepta complexaque festinat libratisque pinnarum nutantium molibus inter genas saevientium dentium et trisulca vibramina draconum remigium dextra laevaque porrigens nolentes aquas et ut abiret innoxius praeminantes excipit, commentus ob iussum Veneris petere eique se praeministrare, quare paulo facilior adeundi fuit copia.

XVI. Sic acceptam cum gaudio plenam urnulam Psyche Veneri citata rettulit. Nec tamen nutum deae saevientis vel tunc expiare potuit. Nam sic eam maiora atque peiora flagitia comminans appellat renidens exitiabile: "Iam tu quidem magna videris quaedam mihi et alta prorsus malefica, quae talibus praeceptis meis obtemperasti naviter. Sed adhuc istud, mea pupula ministrare debebis. Sume istam pyxidem", et dedit; "protinus usque ad inferos et ipsius Orci ferales penates te derige. Tunc conferens pyxidem Proserpinae: "Petit de te Venus" dicito "modicum de tua mittas ei formonsitate vel ad unam saltem dieculam sufficiens. Nam quod habuit, dum filium curat aegrotum, consumpsit atque contrivit omne". Sed haud immaturius redito, quia me necesse est indidem delitam theatrum deorum frequentare."

XVII. Tunc Psyche vel maxime sensit ultimas fortunas suas et velamento reiecto ad promptum exitium sese compelli manifeste comperit. Quidni? quae suis pedibus ultro ad Tartarum manesque commeare cogeretur. Nec cunctata divitius pergit ad quampiam turrim praealtam, indidem sese datura praecipitem: sic enim rebatur ad inferos recte atque pulcherrime se posse descendere. Sed turris prorumpit in vocem subitam et: "Quid te" inquit "praecipitio, misella, quaeris extinguere? Quidque iam novissimo periculo laborique isto temere succumbis? Nam si spiritus corpore tuo semel fuerit seiugatus, ibis quidem profecto ad imum Tartarum, sed inde nullo pacto redire poteris. Mihi ausculta.

XVIII. Lacedaemo Achaiae nobilis civitas non longe sita est: huius conterminam deviis abditam locis quaere Taenarum.

Inibi spiraculum Ditis et per portas hiantes monstratur iter invium, cui te limine transmeato simul commiseris iam canale directo perges ad ipsam Orci regiam. Sed non hactenus vacua debebis per illas tenebras incedere, sed offas polentae mulso concretas ambabus gestare manibus at in ipso ore duas ferre stipes. Iamque confecta bona parte mortiferae viae continaberis claudum asinum lignorum gerulum cum agasone simili, qui te rogabit decidentis sarcinae fusticulos aliquos porrigas ei, sed tu nulla voce deprompta tacita praeterito. Nec mora, cum ad flumen mortuum venies, cui praefectus Charon protenus expetens portorium sic ad ripam ulteriorem sutili cumba deducit commeantes. Ergo et inter mortuos avaritia vivit nec Charon ille Ditis exactor tantus deus quicquam gratuito facit: set moriens pauper viaticum debet quaerere, et aes si forte prae manu non fuerit, nemo eum exspirare patietur. Huic squalido seni dabis nauli nomine de stipibus quas feres alteram, sic tamen ut ipse sua manu de tuo sumat ore. Nec setius tibi pigrum fluentum transmeanti quidam supernatans senex mortuus putris adtollens manus orabit ut eum intra navigium trahas, nec tu tamen inclita adflectare pietate.

XIX. Transito fluvio modicum te progressam textrices orabunt anus telam struentes manus paulisper accommodes, nec id tamen tibi contingere fas est. Nam haec omnia tibi et multa alia de Veneris insidiis orientur, ut vel unam de manibus omittas offulam. Nec putes futile istud polentacium damnum leve; altera enim perdita lux haec tibi prorsus denegabitur. Canis namque praegrandis teriugo et satis amplo capite praeditus immanis et formidabilis tonantibus oblatrans faucibus mortuos, quibus iam nil mali potest facere, frustra territando ante ipsum limen et atra atria Proserpinae semper excubans servat vacuam Ditis domum. Hunc offrenatum unius offulae praeda facile praeteribis ad ipsamque protinus Proserpinam introibis, quae te comiter excipiet ac benigne, ut et molliter assidere et prandium opipare suadeat sumere. Sed tu et humi reside et panem sordidum petitum esto, deinde nuntiato quid adveneris susceptoque quod offeretur rursus remeans canis saevitiam offula reliqua redime ac deinde avaro navitae data quam reservaveris stipe transitoque eius fluvio recalcans priora vestigia ad istum caelestium siderum redies chorum. Sed inter omnia hoc observandum praecipue tibi censeo, ne velis aperire vel inspicere illam quam feres pyxidem vel omnino divinae formonsitatis abditum curiosius temptare thensaurum."

XX. Sic turris illa prospicua vaticinationis munus explicuit. Nec morata Psyche pergit Taenarum sumptisque rite stipibus illis et offulis infernum decurrit meatum transitoque per silentium asinario debili et amnica stipe vectori data neglecto supernatantis mortui desiderio et spretis textricum subdolis precibus et offulae cibo sopita canis horrenda rabie domum Proserpinae penetrat. Nec offerentis hospitae sedile delicatum vel cibum beatum amplexa sed ante pedes eius residens humilis cibario pane contenta Veneriam pertulit legationem. Statimque secreto repletam conclusamque pyxidem suscipit et offulae sequentis fraude caninis latratibus obseratis residuaque navitae reddita stipe longe vegetior ab inferis recurrit. Et repetita atque adorata candida ista luce, quanquam festinans obsequium terminare, mentem capitur temeraria curiositate et: "Ecce" inquit "inepta ego divinae formonsitatis gerula, quae nec tantillum quidem indidem mihi delibo vel sic illi amatori meo formonso placitura",

XXI. et cum dicto reserat pyxidem. Nec quicquam ibi rerum nec formonsitas ulla, sed infernus somnus ac vere Stygius, qui statim coperculo relevatus invadit eam crassaque soporis nebula cunctis eius membris perfunditur et in ipso vestigio ipsaque semita conlapsam possidet. Et iacebat immobilis et nihil aliud quam dormiens cadaver.

Sed Cupido iam cicatrice solida revalescens nec diutinam suae Psyches absentiam tolerans per altissimam cubiculi quo cohibebatur elapsus fenestram refectisque pinnis aliquanta quiete longe velocius provolans Psychen accurrit suam detersoque somno curiose et rursum in pristinam pyxidis sedem recondito Psychen innoxio punctulo sagittae suae suscitat et: "Ecce" inquit "rursum perieras, misella, simili curiositate. Sed interim quidem tu provinciam quae tibi matris meae praecepto mandata est exsequere naviter, cetera egomet videro." His dictis amator levis in pinnas se dedit, Psyche vero confestim Veneri munus reportat Proserpinae.

XXII. Interea Cupido amore nimio peresus et aegra facie matris suae repentinam sobrietatem pertimescens ad armillum redit alisque pernicibus caeli penetrato vertice magno Iovi supplicat suamque causam probat. Tunc Iuppiter prehensa Cupidinis buccula manuque ad os suum relata consaviat atque sic ad illum: "Licet tu," inquit "domine fili, numquam mihi concessu deum decretum servaris honorem, sed istud pectus meum quo leges elementorum et vices siderum disponuntur convulneraris assiduis ictibus crebrisque terrenae libidinis foedaveris casibus contraque leges et ipsam Iuliam disciplinamque publicam turpibus adulteriis existimationem famamque meam laeseris in serpentes in ignes in feras in aves et gregalia pecua serenos vultus meos sordide reformando, at tamen modestiae mea memor quodque inter istas meas manus creveris cuncta perficiam, dum tamen scias aemulos tuos cavere, ac si qua nunc in terris puella praepollet pulcritudine, praesentis beneficii vicem per eam mihi repensare te debere."

XXIII. Sic fatus iubet Mercurium deos omnes ad contionem protinus convocare, ac si qui coetu caelestium defuisset, in poenam decem milium nummum conventum iri pronuntiare. Quo metu statim completo caelesti theatro pro sede sublimi sedens procerus Iuppiter sic enuntiat:

"Dei conscripti Musarum albo, adolescentem istum quod manibus meis alumnatus sim profecto scitis omnes. Cuius primae iuventutis caloratos impetus freno quodam coercendos existimavi; sat est cotidianis eum fabulis ob adulteria cunctasque corruptelas infamatum. Tollenda est omnis occasio et luxuria puerilis nuptialibus pedicis alliganda. Puellam elegit et virginitate privavit: teneat, possideat, amplexus Psychen semper suis amoribus perfruatur." Et ad Venerem conlata facie: "Nec tu," inquit "filia, quicquam contristere nec prosapiae tantae tuae statuque de matrimonio mortali metuas. Iam faxo nuptias non impares sed legitimas et iure civili congruas", et ilico per Mercurium arripi Psychen et in caelum perduci iubet. Porrecto ambrosiae poculo: "Sume," inquit "Psyche, et immortalis esto, nec umquam digredietur a tuo nexu Cupido sed istae vobis erunt perpetuae nuptiae."

XXIV. Nec mora, cum cena nuptialis affluens exhibetur. Accumbebat summum torum maritus Psychen gremio suo complexus. Sic et cum sua Iunone Iuppiter ac deinde per ordinem toti dei. Tunc poculum nectaris, quod vinum deorum est, Iovi quidem suus pocillator ille rusticus puer, ceteris vero Liber ministrabat, Vulcanus cenam coquebat; Horae rosis et ceteris floribus purpurabant omnia, Gratiae spargebant balsama, Musae quoque canora personabant. Tunc Apollo cantavit ad citharam, Venus suavi musicae superingressa formonsa saltavit, scaena sibi sic concinnata, ut Musae quidem chorum canerent, tibias inflaret Saturus, et Paniscus ad fistulam diceret. Sic rite Psyche convenit in manum Cupidinis et nascitur illis maturo partu filia, quam Voluptatem nominamus".

XXV. Sic captivae puellae delira et temulenta illa narrabat anicula; sed astans ego non procul dolebam mehercules quod pugillares et stilum non habebam qui tam bellam fabellam praenotarem. Ecce confecto nescio quo gravi proelio latrones adveniunt onusti, non nulli tamen immo promptiores vulneratis domi relictis et plagas recurantibus ipsi ad reliquas occultatas in quadam spelunca sarcinas, ut aiebant, proficisci gestiunt. Prandioque raptim tuburcinato me et equum vectores rerum illarum futuros fustibus exinde tundentes producunt in viam multisque clivis et anfractibus fatigatos prope ipsam vesperam perducunt ad quampiam speluncam, unde multis onustos rebus rursum ne breviculo quidem tempore refectos ociter reducunt. Tantaque trepidatione festinabat ut me plagis multis obtundentes propellentesque super lapidem propter viam positum deicerent, unde crebris aeque ingestis ictibus crure dextero et ungula sinistra me debilitatum aegre ad exurgendum compellunt.

XXVI. Et unus: "Quo usque" inquit "ruptum istum asellum, nunc etiam claudum, frustra pascemus?" Et alius: "Quid quod et pessumo pede domum nostram accessit nec quicquam idonei lucri exinde cepimus sed vulnera et fortissimorum occisiones?" Alius iterum: "Certe ego, cum primum sarcinas istas quanquam invitus pertulerit, protinus eum vulturiis gratissimum pabulum futurum praecipitabo."

Dum secum mitissimi homines altercant de mea nece, iam et domum perveneramus. Nam timor ungulas mihi alas fecerat. Tunc quae ferebamus amoliti properiter nulla salutis nostrae cura ac ne meae quidem necis habita comitibus adscitis, qui vulnerati remanserant dudum, recurrunt reliqua ipsi laturi taedio, ut aiebant, nostrae tarditatis. Nec me tamen mediocris carpebat scrupulus contemplatione comminatae mihi mortis; et ipse mecum: "Quid stas, Luci, vel quid iam novissimum exspectas? Mors et haec acerbissima decreto latronum tibi comparata est. Nec magno conatu res indiget; vides istas rupinas proximas et praeacutas in his prominentes silices, quae te penetrantes antequam decideris membratim dissipabunt. Nam et illa ipsa praeclara magia tua vultum laboresque tibi tantum asini, verum corium non asini crassum sed hirudinis tenue membranulum circumdedit. Quin igitur masculum tandem sumis animum tuaeque saluti, dum licet, consulis? Habes summam opportunitatem fugae, dum latrones absunt. An custodiam anus semimortuae formidabis, quam licet claudi pedis tui calce unica finire poteris? — Sed quo gentium capessetur fuga vel hospitium quis dabit? Haec quidem inepta et prorsus asinina cogitatio; quis enim viantium vectorem suum non libenter auferat secum?"

XXVII. Et alacri statim nisu lorum quo fueram destinatus abrumpo meque quadripedi cursu proripio. Nec tamen astutulae anus milvinos oculos effugere potui. Nam ubi me conspexit absolutum, capta super sexum et aetatem audacia lorum prehendit ac me deducere ac revocare contendit. Nec tamen ego, memor exitiabilis propositi latronum, pietate ulla commoveor, sed incussis in eam posteriorum pedum calcibus protinus adplodo terrae. At illa quamvis humi prostrata loro tamen tenaciter inhaerebat, ut me procurrentem aliquantisper tractu sui sequeretur. Et occipit statim clamosis ululatibus auxilium validioris manus implorare. Sed frustra fletibus cassum tumultum commovebat, quippe cum nullus adforet qui suppetias ei ferre posset nisi sola illa virgo captiva, quae vocis excitu procurrens videt hercules memorandi spectaculi scaenam, non tauro sed asino dependentem Dircen aniculam, sumptaque constantia virili facinus audet pulcherrimum. Extorto etenim loro manibus eius me placidis gannitibus ab impetu revocatum naviter inscendit et sic ad cursum rursum incitat.

XXVIII. Ego simul voluntariae fugae voto et liberandae virginis studio, sed et plagarum suasu quae me saepicule commonebant, equestri celeritate quadripedi cursu solum replaudens virgini delicatas voculas adhinnire temptabam. Sed et scabendi dorsi mei simulatione nonnumquam obliquata cervice pedes decoros puellae basiabam. Tunc illa spirans altius caelumque sollicito vultu petens:

"Vos", inquit "Superi, tamen meis supremis periculis opem facite, et tu, Fortuna durior, iam saevire desiste. Sat tibi miseris istis cruciatibus meis litatum est. Tuque, praesidium meae libertatis meaeque salutis, si me domum pervexeris incolumem parentibusque et formonso proco reddideris, quas tibi gratias perhibebo, quos honores habebo, quos cibos exhibebo! Iam primum iubam istam tuam probe pectinatam meis virginalibus monilibus adornabo, frontem vero crispatam prius decoriter discriminabo caudaeque setas incuria lavacri congestas et horridas prompta diligentia perpolibo bullisque te multis aureis inoculatum veluti stellis sidereis relucentem et gaudiis popularium pomparum ovantem, sinu serico progestans nucleos et edulia mitiora, te meum sospitatorem cotidie saginabo.

XXIX. Sed nec inter cibos delicatos et otium profundum vitaeque totius beatitudinem deerit tibi dignitas gloriosa. Nam memoriam praesentis fortunae meae divinaeque providentiae perpetua testatione signabo et depictam in tabula fugae praesentis imaginem meae domus atrio dedicabo. Visetur et in fabulis audietur doctorumque stilis rudis perpetuabitur historia "Asino vectore virgo regia fugiens captivitatem". Accedes antiquis et ipse miraculis, et iam credemus exemplo tuae veritatis et Phrixum arieti supernatasse et Arionem delphinum gubernasse et Europam tauro supercubasse.

Quodsi vere Iupiter mugivit in bove, potest in asino meo latere aliqui vel vultus hominis vel facies deorum."

Dum haec identidem puella replicat votisque crebros intermiscet suspiratus, ad quoddam pervenimus trivium, unde me adrepto capistro dirigere dextrorsum magnopere gestiebat, quod ad parentes eius ea scilicet iretur via. Sed ego gnarus latrones illac ad reliquas commeasse praedas renitebar firmiter atque sic in animo meo tacitus expostulabam: "Quid facis, infelix puella? Quid agis? Cur festinas ad Orcum? Quid meis pedibus facere contendis? Non enim te tantum verum etiam me perditum ibis." Sic nos diversa tendentes et in causa finali de proprietate soli immo viae herciscundae contendentes rapinis suis onusti coram deprehendunt ipsi latrones et ad lunae splendorem iam inde longius cognitos risu maligno salutant.

XXX. Et unus e numero sic appellat: "Quorsum istam festinanti vestigio lucubratis viam nec noctis intempestae Manes Larvasque formidatis? An tu, probissima puella, parentes tuos intervisere properas? Sed nos et solitudini tuae praesidium praebebimus et compendiosum ad tuos iter monstrabimus." Et verbum manu secutus prehenso loro retrorsum me circumtorquet nec baculi nodosi quod gerebat suetis ictibus temperat. Tunc ingratis ad promptum recurrens exitium reminiscor doloris ungulae et occipio nutanti capite claudicare.

Sed: "Ecce," inquit ille qui me retraxerat "rursum titubas et vacillas, et putres isti tui pedes fugere possunt, ambulare nesciunt? At paulo ante pinnatam Pegasi vincebas celeritatem."

Dum sic mecum fustem quatiens benignus iocatur comes, iam domus eorum extremam loricam perveneramus. Et ecce de quodam ramo procerae cupressus induta laqueum anus illa pendebat. Quam quidem detractam protinus cum suo sibi funiculo devinctam dedere praecipitem puellaque statim distenta vinculis cenam, quam postuma diligentia praeparaverat infelix anicula, ferinis invadunt animis.

XXXI. Ac dum avida voracitate cuncta contruncant, iam incipiunt de nostra poena suaque vindicta secum considerare.

Et utpote in coetu turbulento variae fuere sententiae, ut primus vivam cremari censeret puellam, secundus bestiis obici suaderet, tertius patibulo suffigi iuberet, quartus tormentis excarnificari praeciperet; certe calculo cunctorum utcumque mors ei fuerat destinata. Tunc unus, omnium sedato tumultu, placido sermone sic orsus est: "Nec sectae collegii nec mansuetudini singulorum ac ne meae quidem modestiae congruit pati vos ultra modum delictique saevire terminum nec feras nec cruces nec ignes nec tormenta ac ne mortis quidem maturatae festinas tenebras accersere. Meis itaque consiliis auscultantes vitam puellae, sed quam meretur, largimini. Nec vos memoria deseruit utique quid iam dudum decreveritis de isto asino semper pigro quidem sed manducone summo nunc etiam mendaci fictae debilitatis et virginalis fugae sequestro ministroque. Hunc igitur iugulare crastino placeat totisque vacuefacto praecordiis per mediam alvum nudam virginem, quam praetulit nobis, insuere, ut sola facie praeminente ceterum corpus puellae nexu ferino coerceat, tunc super aliquod saxum scruposum insiciatum et fartilem asinum exponere et solis ardentis vaporibus tradere.

XXXII. Sic enim cuncta quae recte statuistis ambo sustinebunt, et mortem asinus quam pridem meruit, et illa morsus ferarum, cum vermes membra laniabunt, et ignis flagrantiam, cum sol nimiis caloribus inflammarit uterum, et patibuli cruciatum, cum canes et vultures intima protrahent viscera. Sed et ceteras eius aerumnas et tormenta numerate: mortuae bestiae ipsa vivens ventrem habitabit, tum faetore nimio nares aestuabit, et inediae diutinae letali fame tabescet, nec suis saltem liberis manibus mortem sibi fabricare poterit."

Talibus dictis non pedibus sed totis animis latrones in eius vadunt sententiam. Quam meis tam magnis auribus accipiens quid aliud quam meum crastinum deflebam cadaver?

## LIBER VII

I. Vt primum tenebris abiectis dies inalbebat et candidum solis curriculum cuncta conlustrabat, quidam de numero latronum supervenit; sic enim mutuae salutationis officiorum indicabat. Is in primo speluncae aditu residens et ex anhelitu recepto spiritu tale collegio suo nuntium fecit:

"Quod ad domum Milonis Hypatini quam proxime diripuimus pertinet, discussa sollicitudine iam possumus esse securi. Postquam vos enim fortissimis viribus cunctus ablatis castra nostra remeastis, immixtus ego turbelis popularium dolentique atque indignanti similis arbitrabar super investigatione facti cuius modi consilium caperetur et an et quatenus latrones placeret inquiri, renuntiaturus vobis, uti mandaveratis, omnia. nec argumentis dubiis, sed rationibus probabilibus congruo cunctae multitudinis consensu nescio qui Lucios auctor manifestus facinoris postulabatur, qui proximis diebus fictis commendaticiis litteris Miloni sese virum commentitus bonum artius conciliaverat, ut etiam hospitio susceptus inter familiaris intimos haberetur, plusculisque ibidem diebus demoratus falsis amoribus ancillae Milonis animum inrepens ianuae claustra sedulo exploraverat et ipsa membra in quis omne patrimonium condi solebat curiose perspexerat.

II. Nec exiguum scelerati monstrabatur indicium, quippe cum eadem nocte sub ipso flagitii momento idem profugisset nec exinde usquam compareret; nam et praesidium fugae, quo velocius frustratis insecutoribus procul ac procul abderet sese, eidem facile suppeditasse; equum nemque illum suum candidum vectorem futurum duxisse secum. Plane servum eius ibidem in hospitio repertum scelerum consiliorumque erilium futurum indicem per magistratus in publicam custodiam receptum et altera die tormentis vexatum pluribus ac paene ad ultimam mortem excarnificatum nil quicquam rerum talium esse confessum, missos tamen in patriam Luci illis multos numero qui reum poenas daturum sceleris inquirerent."

Haec eo narrante veteris fortunae et illius beati Lucii praesentisque aerumnae et infelicis asini facta comparatone medullitus ingemeat subibatque me non de nihilo veteris priscaeque doctrinae viros finxisse ac pronuntiasse caenam et prorsus exoculatam esse Fortunam, quae semper suas opes ad malos et indignos conferat nec unquam iudicio quemquam mortalium eligat, immo vero cum si potissimum deversetur quos procul, si videret, fugere deberet, quodque cunctis est extremius, varias opiniones, immo contrarias nobis attribuat, ut et malus boni viri fama glorietur et innocentissimus contra noxiorum more plectatur.

III. Ego denique, quem saevissimus eius impetus in bestiam et extremae sortis quadripedem deduxerat cuiusque casus etiam quoivis iniquissimo dolendus atque miserandus merito videretur, crimine latrocinii in hospitem mihi carissimum postulabar. Quod crimen non modo latrocinium verum etiam parricidium quisque rectius nominarit. Nec mihi tamen licebat causam meam defendere vel unico verbo saltem denegare. Denique ne mala conscientia tam scelesto crimini praesens viderer silentio consentire, hoc tantum impatientia productus volui dicere: "Non feci." Et verbum quidem praecedens semel ac saepius inmodice clamitavi, sequens vero nullo pacto disserere potui, sed in prima remansi voce et identidem boavi "Non non", quanquam minia rutunditate pendulas vibrassem labias. Sed quid ego pluribus de Fortunae scaevitate conqueror, [quam]quam nec istud puduit me cum meo famulo meoque vectore illo equo factum conservum atque coniugem?

IV. Talibus cogitationibus fluctuantem subit me cura illa potior, qua statuo latronum manibus virginis decretam me victimam recordabar, ventremque crebro suspiciens meum iam misellam puellam parturibam. Sed ille, qui commodum falsam de me

105

notoriam pertulerat, expromptis mille aureum quos insutu laciniae contexerat quosque variis viatoribus detractos, ut aiebat, pro sua frugalitate communi conferebat arcae, infit etiam de salute commilitonum sollicite sciscitari. Cognitoque quosdam, immo vero fortissimus quemque variis quidem sed impigris casibus oppetisse, suadet tantisper pacatis itineribus omniumque proeliorum servatis indutiis inquisitioni commilitonum potius insisteretur et tirocinio novae iuventutis ad pristinae manus numerum Martiae cohortis facies integraretur: nam et invitos terrore compelli et volentes praemio provocari posse nec paucos humili servilique vitae renuntiantes et instar tyrannicae potestatis sectam suam conferre malle. Se quoque iam dudum pro sua parte quendam convenisse hominem et statu procerum et aetate iuvenem et corpore vastum et manu strenuum, eique suasisse ac denique persuasisse, ut manus hebetatas diutina pigritia tandem referret ad frugem meliorem bonoque secundae, dum posset, frueretur valetudinis, nec manus validam erogandae stipi porrigeret sed hauriendo potuit exerceret auro.

V. Talibus dictis universi omnes adsensi et illum, qui iam comprobatus videretur, adscisci et alios ad supplendum numerum vestigari statuunt. Tunc profectus et paululum commoratus ille perducit immanem quendam iuvenem, uti fuerat pollicitus, nescio an ulli praesentium comparandum — nam praeter ceteram corporis molem toto vertice cunctos antepollebat et ei commodum lanugo malis inserpebat — sed plane centunculis disparibus et male consarcinatis semiamictum, inter quos pectus et venter crustata crassitie relucitabant.

Sic introgressus: "Havete," inquit "fortissimo deo Marti clientes mihique iam fidi commilitones, et virum magnanimae vivacitatis volentem volentes accipite, libentius vulnera corpore excipientem quam aurum manu suscipientem ipsaque morte, quam formidant alii, meliorem. Nec me putetis egenum vel abiectum neve de pannulis istis virtute meas aestimetis. Nam praefui validissimae manui totamque prorsus devastavi Macedoniam. Ego sum praedo famosus Haemus ille Therone cuius totae provinciae nomen horrescunt, patre Therone aeque latrone inclito prognatus, humano sanguine nutritus interque ipsos manipulos factionis educatur heres et aemulus virtutis paternae.

VI. Sed omnem pristinam sociorum fortium multitudinem magnesque illas opes exiguo temporis amisi spatio. Nam procuratorem principis ducenaria perfunctum, dehinc fortuna tristiore decessum, praetereuntem Iove irato fueram adgressus — sed rei noscendae carpo ordinem. Fuit quidam multis officiis in aula Caesaris clarus atque conspicuus, ipsi etiam probe spectatus. Hunc insimulatum quorundam astu proiecit extorrem saeviens invidia. Sed uxor eius Plotina quaedam, rarae fidei atque singularis pudicitiae femina, quae decimo partun stipendio viri familiam fundaverat, spretis atque contemptis urbicae luxuriae deliciis, fugientis comes et infortunii socia, tonso capillo in masculinam faciem reformato habitu pretiosissimis monilium et auro monetali zonis refertis incincta inter ipsas custodientium milium manus et gladios nudos intrepida cunctorum periculorum particeps et pro mariti salute pervigilem curam sustinens aerumnas adsiduas ingenio masculo sustinebat. Iamque plurimis itineris difficultatibus marisque terroribus exanclatis Zacynthum petebat, quam sors et fatalis decreverat temporariam sedem.

VII. Sed cum primum litus Actiacum, quo tunc Macedonia delapsi grassabamur, appulisset — nocte promota tabernulam quandam litori navique proximam vitatis maris fluctibus incubabant — invadimus et diripimus omnia. Nec tamen periculo levi temptati discessimus. Simul namque primum sonum ianuae matrona percepit, procurrens in cubiculum clamoribus inquietis cuncta miscuit milites suosque famulos nominatim, sed et omnem viciniam suppetiatum convocans, nisi quod pavore cunctorum, qui sibi quisque metuentes delitiscebant, effectum est ut impune discederemus.

Sed protinus sanctissima — vera enim dicenda sunt — et unicae fidei femina bonis artibus gratiosa precibus ad Caesaris numen porrectis et marito reditum celerem et adgressurae plenam vindictam impetravit. Denique noluit esse Caesar Haemi latronis collegium et confestim interivit: tantum potest nutus etiam magni principis. Tota denique factione militarium vexillationum indagatu confecta atque concita ipse me furatus aegre solus mediis Orci faucibus ad hunc evasi modum:

VIII. sumpta veste muliebri florida, in sinus flaccidos abundante, mitellaque textili contecto capite, calceis feminis albis illis et tenuibus inductus et et in sequiorem sexum incertatus atque absconditus, asello spicas ordeacias gerenti residens per medias acies infesti militis transabivi. Nam mulierem putantes asinariam concedebant liberos abitus, quippe cum mihi etiam tunc depiles genae levi pueritia splendicarent.

Nec ab illa tamen paterna gloria vel mea virtute descivi, quanquam semitrepidus iuxta mucrones Martios constitutus, sed habitus alieni fallacia tectum villas seu castella solus adgrediens viaticulum mihi conrasi et diloricatis statis pannulis in medium duo milia profudit aureorum et: "En" inquit "istam sportulam, immo vero dotem collegio vestro libens meque vobis ducem fidissimum, si tamen non recusarit, offero brevi temporis spatio lapideam istam domum vestram facturus auream."

IX. Nec mora nec cunctatio, sed calculis omnibus ducatum latrones unanimes ei deferunt vestemque lautiusculam proferunt, sumeret abiecto centunculo divite. Sic reformatus singulos exosculatus et in summo pulvinari locatus cena poculisque magnis inauguratur. Tunc sermonibus mutuis de virginis fuga deque mea vectura et utrique destinata monstruosa morte cognoscit et ubi locorum esset illa percontatus deductusque, visa ea, ut erat vinculis onusta, contorta et vituperanti nare discessit et: "Non sum quidem tam brutus vel certe temerarius" inquit " ut scitum vestrum inhibeam, sed malae conscientiae reatum intra me sustinebo si quod bonum mihi videtur dissimulavero. Sed prius fiduciam vestri causa sollicito mihi tribuite, cum praesertim vobis, si sententia haec mea displicuerit, liceat rursus ad asinum redire. Nam ego arbitror latrones, quique eorum recte sapiunt, nihil anteferre lucro suo debere ac ne ipsam quidem saepe et ultis damnosam ultionem. Ergo igitur, si perdiderit in asino virginem, nihil amplius quam sine ullo compendio indignationem vestram exercueritis. Quin ego censeo deducendam eam ad quampiam civitatem ibique venundandam. Nec enim levi pretio distrahi poterit talis aetatula. Nam et ipse quosdam lenones pridem cognitos habeo, quorum poterit unus magnis equidem talentis, ut arbitror, puellam istam praestinare condigne natalibus suis fornicem processuram nec in similem fugam discursuram, non nihil etiam, cum lupanari servierit, vindictae vobis depensuram. Hanc et animo quidem meo sententiam conducibilem protuli; sed vos vestrorum estis consiliorum rerumque domini."

X. Sic ille latronum fisci advocatus nostram causam pertulerat, virginis et asini sospitator egregius. Sed in diutina deliberatione ceteri cruciantes mora consilii mea praecordia, immo miserum spiritum elidentes, tandem novicii latronis accendunt sententiae et protinus vinculis exsolvunt virginem. Quae quidem simul viderat illum iuvenem fornicisque et lenonis audierat mentionem, coepit risu laetissimo gestire, ut mihi merito subiret vituperatio totius sexus, cum videre puellam proci iuvenis amore nuptiarumque castarum desiderio simulato lupanaris spurci sordidique subito delectari nomine. Et tunc quidem totarum mulierum secta moresque de asini pendebant iudicio.

Sed ille iuvenis sermone reperito: "Quin igitur" inquit "supplicatum Marti Comiti pergimus et puellam simul vendituri et socios indagaturi? Sed, ut video, nullum uspiam pecus sacrificatui ac ne vinum quidem potatui adfatim vel sufficiens habemus. Decem mihi itaque legate comites, qui contentus proximum castellum petam, inde vobis epulas saliares comparaturus." Sic eo profecto ceteri copiosum instruunt ignem aramque cespite virenti Marti deo faciunt.

XI. Nec multo post adveniunt illi vinarios utres ferentes et gregatim pecua comminantes, unde praelectum grandem hircum annosum et horricomem Marti Secutori Comitique victimant. Et ilico prandium fabricatur opipare. Tunc hospes ille: "Non modo" inquit "exspoliationum praedarumque, verum etiam voluptatum vestrarum ducem me strenuum sentire debetis" et adgressus insigni facilitate naviter cuncta praeministrat. Verrit, sternit, coquit, tucceta concinnat, adponit scitule, sed praecipue poculis celebris grandibusque singulos ingurgitat. Interdum tamen simulatione promendi quae poscebat usus ad puellam commeabat adsidue, partisque subreptas clanculo et praegustatas a se potiones offerebat hilaris. At illa sumebat adpetenter et non numquam basiare volenti promptis saviolis adlubescebat. Quae res oppido mihi displicebat. "Hem oblita es nuptiarum tuique mutui cupitoris, puella virgo, et illi nescio cui recenti marito, quem tibi parentes iunxerunt, hunc advenam cruentumque percussorem praeponis? Nec te conscientia stimulat, sed adfectione calcata inter lanceas et gladios istos scortari tibi libet? Non rursum recurres ad asinum et rursum exitium mihi parabis? Re vera ludis de alieno corio."

XII. Dum ista sycophanta ego mecum maxima cum indignatione disputo, de verbis erum quibusdam dubiis sed non obscuris prudenti asino cognosco non Haemum illum praedonem famosum sed Tlepolemum sponsum puellae ipsius. Nam procedente sermone paulo iam clarius contempta mea praesentia quasi vere mortui: "Bono animo es," inquit "Charite dulcissima; nam totis istos hostes tuos statim captivos habebis", et instantia validiore vinum iam inmixtum, sed modico tepefactum vapore sauciis illis et crapula vinolentiaque madidis ipse abstemius non cessat inpingere. Et hercules suspicionem mihi fecit quasi soporiferum quoddam venenum cantharis immisceret illis. Cuncti denique, sed prorsus omnes vino sepulti iacebant, omnes pariter mortui. Tunc nullo negotio artissimis vinculis impeditis ac pro arbitrio suo constrictis illis, imposita dorso meo puella, dirigit gressum ad suam patriam.

XIII. Quam simul accessimus, tota civitas ad votivum conspectum effunditur. Procurrunt parentes, affines, clientes, alumni, famuli laeti faciem, gaudio delibuti. Pompam cerneres omnis sexus et omnis aetatis novumque et hercules memorandum spectamen, virginem asino triumphantem. Denique ipse etiam hilarior pro virili parte, ne praesenti negotio ut alienus discreparem, porrectius auribus proflatisque naribus rudivi fortiter, immo tonanti clamore personui. Et illam thalamo receptam commode parentes sui fovebant, me vero cum ingenti iumentorum civiumque multitudine confestim retro Tlepolemus agebat non invitum. Nam et alias curiosus et tunc latronum captivitatis spectator optabam fieri. Quos fidem colligatos adhuc vino magis quam vinculis deprehendimus. Totis ergo prolatis erutisque rebus et nobis auro argentoque et ceteris onustis ipsos partim constrictos, uti fuerant, provolutosque in proximas rupinas praecipites dedere, alios vero suis sibi gladiis obtruncatos reliquere.

Tali vindicta laeti et gaudentes civitatem revenimus. Et illas quidem divitas publicae custodelae commisere, Tlepolemo puellam repetitam lege tradidere.

XIV. Exin me suum sospitatorem nuncupatum matrona prolixe curitabat ipsoque nuptiarum die praesepium meum ordeo passim repleri iubet faenumque camelo Bactrinae sufficiens apponi. Sed quas ego condignas Photidi diras devotiones imprecarer, quae me formavit non canem, sed asinum, quippe cum viderem largissimae cenae reliquiis rapinisque canes omnes inescatos atque distentos.

Post noctem et rudimenta Veneris recens nupta gratias summas apud suos parentes ac maritum mihi meminisse non destitit, quoad summos illi promitterent honorem habituri mihi. Convocatis denique gravioribus amicis consilium datur, quo potissimum pacto digne remunerarer. Placuerant uni domi me conclusum et otiosum hordeo lecto fabaque et vicia saginari; sed optinuit alius, qui meae libertati prospexerat, suadens ut rurestribus potius campis in greges equinos lasciviens discurrerem daturum dominis equarum inscensu generoso multas alumnas.

XV. Ergo igitur evocato statim armentario equisone magna cum praefatione deducendus adsignor. Et sane gaudens laetusque praecurrebam et ceteris oneribus iam nunc renuntiaturus nanctaque libertate veris initio pratis herbantibus rosas utique reperturus aliquas. Subibat me tamen illa etiam sequens cogitatio, quod tantis actis gratiis honoribusque plurimis asino meo tribuit humana facie recepta multo tanta pluribus beneficiis honestarer.

Sed ubi me procul a civitate gregarius ille perduxerat, nullae deliciae ac ne ulla quidem libertas excipit. Nam protinus uxor eius, avara equidem nequissimae illa mulier, molae machinariae subiugum me dedit frondosoque baculo subinde castigans panem sibi suisque de meo parabat corio. Nec tantum sui cibi gratia me fatigare contenta, vicinorum etiam frumenta mercennariis discursibus meis conterebat, nec mihi misero statuta saltem cibaria pro tantis praestabantur laboribus. Namque hordeum meum frictum et sub eadem mola meis quassatum ambagibus colonis proximis venditabat, mihi vero per diem laboriosae machinae adtendo sub ipsa vespera furfures apponebat incretos ac sordidos multosque lapide salebrosos.

XVI. Talibus aerumnis edomitum novis Fortuna saeva tradidit cruciatibus, scilicet ut, quod aiunt, domi forisque foribus factis adoriae plenae egregius mandati dominici serus auscultator aliquando permisit. At ego tandem liber asinus laetus et tripudians graduque molli gestiens equas opportunissimas iam mihi concubinas futuras deligebam. Sed haec etiam spes hilarior in capitale processit exitium. Mares enim ob amissuram veterem pasti satianter ac diu saginati, terribiles [alios] alioquin et utique quovis asino fortiores, de me metuentes sibi et adulterio degeneri praecaventes nec hospitalis Iovis servato foedere rivalem summo furentes persecuntur odio. Hic elatis in altum vastis pectoribus arduus capite et sublimis vertice primoribus in me pugillatur ungulis, ille terga pulposis torulis obsera convertens postremis velitatur calcibus, alius hinnitu maligno comminatus remulsis auribus dentiumque candentium renudatis asceis totum me commorsicat. Sic apud historiam de rege Thracio legeram, qui miseros hospites ferinis equis suis lacerandos devorandosque porrigebat; adeo ille praepotens tyrannus sic parcus hordei fuit ut edacium iumentorum famem corporum humanorum largitione sedaret.

XVII. At eundem modum distractus et ipse variis equorum incursibus rursum molares illos circuitus requirebam. Verum Fortuna meis cruciatibus insatiabilis aliam mihi denuo pestem instruxit. Delegor enim ligno monte devehundo, perque mihi praefectus imponitur omnium unus ille quidem puer deterrimus. Nec me montis excelsi tantum arduum fatigabat iugum, nec saxeas tantum sudes incursando contribam ungulas, verum fustium quoque crebris ictibus prolixe dedolabar, ut usque plagarum mihi medullaris insideret dolor; coxaeque dexterae semper ictus incutiens et unum feriendo locum dissipato corio et ulceris latissimi facto foramine, immo fovea vel etiam fenestra nullus tamen desinebat identidem vulnus sanguine delibutum obtundere. Lignorum vero tanto me premebat pondere, ut fascium molem elephanto, non asino paratam putares. Ille vero etiam quotiens in alterum latus praeponderans declinarat sarcina, cum deberet potius gravantis ruinae fustes demere et levata paulisper pressura sanare me vel certe in alterum translatis peraequare, contra lapidibus additis insuper sic iniquitati ponderis medebatur.

XVIII. Nec tamen post tantas meas clades inmodico sarcinae pondere contentus, cum fluvium transcenderemus, qui forte praeter viam defluebat, peronibus suis ab aquae madore consulens ipse quoque insuper lumbos meos insiliens residebat, exiguum scilicet et illud tantae molis superpondium. Ac si quo casu limo caenoso ripae supercilia lubricante oneris inpatientia prolapsus deruissem, cum deberet egregius agaso manum porrigere, capistro suspendere, cauda sublevare, certe partem tanti oneris, quoad resurgerem saltem, detrahere, nullum quidem defesso mihi ferebat auxilium, sed occipiens a capite, immo vero et ipsis auribus totum me complicabat [cidit] fusti grandissimo, donec fomenti vice ipsae me plagae suscitarent.

Idem mihi talem etiam excogitavit perniciem. Spinas acerrumas et punctu venerato viriosas in fascem tortili nodo constrictas caudae meae pensilem deligavit cruciatum, ut incessu meo commotae incitataeque funestis aculeis infeste me convulnerarent.

XIX. Ergo igitur ancipiti malo laboratam. Nam cum me cursu proripueram fugiens acerbissimos incursus, vehementiore nisu spinarum feriebar: si dolori parcens paululum restitissem, plagis compellebar ad cursum. Nec quicquam videbatur aliud excogitare puer ille nequissimus quam ut me quoquo modo perditum iret, idque iurans etiam non numquam comminabatur. En plane fuit, quod eius detestabilem malitiam ad peiores conatus stimularet; nam quadam die nimia eius insolentia expugnata patientia mea calces in eum validas extuleram. Denique tale facinus in me comminiscitur. Stuppae sarcina me satis onustum probeque funiculis constrictum producit in viam deque proxima villula spirantem carbunculum furatus oneris in ipso meditullio reponit. Iamque fomento tenui calescens et enutritus ignis surgebat in flammas et totum me funestus ardor invaserat, nec ullum pestis extremae suffugium nec salutis aliquod apparet solacium, et ustrina talis moras non sustinet et meliora consilia praevertitur.

XX. Sed in rebus scaevis adfulsit Fortunae nutus hilarior nescio an futuris periculis me reservans, certe praesente statutaque morte liberans. Nam forte pluviae pridianae recens conceptaculum aquae lutulentae proximum conspicatus ibi memet inprovido saltu totum abicio flammaque prorsus extincta tandem et pondere levatus et exitio liberatus evado. Sed ille deterrimus ac temerarius puer hoc quoque suum nequissimum factum in me retortis gregariisque omnibus adfirmavit me sponte vicinorum foculos transeuntem titubanti gradu prolapsum ignem ultroneum accersisse mihi, et arridens addidit: "Quo usque ergo frustra pascemus inigninum istum?" Nec multis interiectis diebus longe peioribus me dolis petivit. Ligno enim quod gerebam in proximam casulam vendito vacuum me ducens iam se nequitiae meae proclamans imparem miserrimumque istud magisterium rennuens querelas huius modi concinnat:

XXI. Videtis istum pigrum tardissimusque et nimis asinum? Me post cetera flagitia nunc novis periculis etiam angit. Vt quemque enim viatorem prospexerit, sive illa scitura mulier seu virgo nubilis seu tener puellus est, ilico disturbato gestamine, non numquam etiam ipsis stramentis abiectis, furens incurrit et homines amator talis appetit et humi prostrati illis inhians illicitas atque incognitas temptat libidines et ferinas voluptates, aversaque Venere invitat ad nuptias. Nam imaginem etiam savii mentiendo ore improbo compulsat ac morsicat. Quae res nobis non mediocris lites atque iurgia, immo forsitan et crimina pariet. Nunc etiam visa quadam honesta iuvene, ligno quod devehebat abiecto dispersoque, in eam furiosos direxit impetus et festivus hic amasio humo sordida prostratam mulierem ibidem omnium gestiebat inscendere. Quod nisi ploratu questuque femineo conclamatum viatorum praesidium accurrisset ac de mediis ungulis ipsius esset erepta liberataque, misera illa compavita atque dirupta ipsa quidem cruciabilem cladem sustinuisset, nobis vero poenale reliquisset exitium."

XXII. Talibus mendaciis admiscendo sermones alios, qui meum verecundum silentium vehementius premerent, animos pastorum in meam perniciem atrociter suscitavit. Denique unus ex illis: "Quin igitur publicum istum maritum" inquit "immo communem omnium adulterum illis suis monstruosis nuptiis condignam victimamus hostiam? et ?Heus tu, puer," ait "obtruncato protinus eo intestina quidem canibus nostris iacta, ceteram vero carnem omnem operariorum cenae reserva. Nam corium adfirmavit cineris inspersum dominis referemus eiusque mortem de lupo facile mentiemur."

Sublata cunctatione accusator ille meus noxius, ipse etiam pastoralis exsecutor sententiae, laetus et meis insultans malis calcisque illius admonitus, quam inefficacem fuisse mehercules doleo, protinus gladium cotis adtritu parabat.

XXIII. Sed quidam de coetu illo rusticorum: "Nefas? ait "tam bellum asinum sic enecare et propter luxuriem lasciviamque amatoriam criminatum opera servitioque tam necessario carere, cum alioquin exsectis genitalibus possit neque in venerem nullo modo surgere vosque omni metu periculi liberare, insuper etiam longe crassior atque corpulentior effici. Multos ego scio non modo asinos inertes, verum etiam ferocissimo equos nimio libidinis laborantes atque ob id truces vesanoque adhibita tali detestatione mansuetos ac mites exinde factos et oneri ferundo non inhabiles et cetero ministerio patiente. Denique nisi vobis suadeo nolentibus, possum spatio modico interiecto, quo mercatum obire statui, petitis e domo ferramentis huic curare praeparatis ad vos actutum redire trucemque amatorem istum atque insuavem dissitis femoribus emasculare et quovis vervece mitiorem efficere."

XXIV. Tali sententia mediis Orci manibus extractus set extremae poenae reservatus maerebam et in novissima parte corporis totum me periturum deflebam. Inedita denique vel praecipiti ruina memet ipse quaerebam extinguere moriturus quidem nihilo minus sed moriturus integer. Dumque in ista necis meae decunctor electione, matutino me rursum puer ille peremptor meus contra montis suetum ducit vestigium, Iamque me de cuiusdam viam supergressus ipse securi lignum, quod deveheret, recidebat. Et ecce de proximo specu vastum attollens caput funesta proserpit ursa. Quam simul conspexi, pavidus et repentina facies conterritus totum corporis pondus in postremos poplites recello arduaque cervice sublimiter elevata lorum quo tenebar rumpo meque protinus pernici fugae committo perque prona non tantum pedibus verum etiam toto proiecto corpore propere devolutus immitto me campis subpatentibus, ex summo studio fugiens immanem ursam ursaque peiorem illum puerum.

XXV. Tunc quidam viator solitarium vagumque me respiciens invadit et properiter inscensum baculo quod gerebat obverberans per obliquam ignaramque me dicebat viam. Nec invitus ego cursui me commodabam relinquens atrocissimam virilitatis lanienam. Ceterum plagis non magnopere commovebar quippe consuetus ex forma concidi fustibus.

Sed illa Fortuna meis casibus pervicax tam opportunum latibulum miseria celeritate praeversa novas instruxit insidias. Pastores enim mei perditam sibi requirentes vacculam variasque regiones peragrantes occurrunt nobis fortuito statimque me cognitum capistro prehensum attrahere gestiunt. Sed audacia valida resistens ille fidem hominum deumque testabatur: "Quid me raptatis violenter? Quid invaditis?"

"Ain, te nos tractamus inciviliter, qui nostrum asinum furatus abducis? Quin potius effaris ubi puerum eiusdem agasonem, necatum scilicet, occultaris?" Et illico detractus ad terram pugnisque pulsatus et calcibus contusus infit deierans nullum semet vidisse ductorem, sed plane continatum solutum et solitarium ob indicivae praemium occupasse, domino tamen suo restituturum. "Atque unitam ipse asinum", inquit "quem numquam profecto vidissem, vocem quiret humanam dare meaeque testimonium innocentiae perhibere posset: profecto vos huius iniuriae pigeret."

Sic adseverans nihil quicquam promovebat. Nam collo constrictum reductum eum pastores molesti contra montis illius silvosa nemora unde lignum puer solebat egerere.

XXVI. Nec uspiam ruris reperitur ille, sed plane corpus eius membratim laceratum multisque dispersum locis conspicitur. Quam rem procul dubio sentiebam ego illius ursae dentibus esse perfectam, et hercules dicerem quod sciebam, si loquendi copia suppeditaret. sed, quod solum poteram, tacitus licet serae vindictae gratulabar. Et cadaver quidem disiectis partibus tandem totum repertum aegreque concinnatum ibidem terrae dedere, meum vero Bellerophontem abactorem indubitatum cruentumque percussorem criminantes, ad casas interim suas vinctum perducunt, quoad renascenti die sequenti deductus ad magistratus, ut aiebant, poenas redderetur.

Interim dum puerum illum parentes sui plangoribus fletibusque querebantur, et adveniens ecce rusticus nequaquam promissum suum frustratus destinatam sectionem meam flagitat. "Non est" in his inquit unus "indidem praesens iactura nostra, sed plane crastino libet non tantum naturam verum etiam caput quoque ipsum pessimo isto asino demere. Nec tibi ministerium deerit istorum."

XXVII. Sic effectum est ut in alterum diem clades differetur mea. At ego gratias agebam bono puero quod saltem mortuus unam carnificinae meae dieculam donasset. nec tamen tantillum saltem gratulationi meae quietive spatium datum; nam mater pueri, mortem deplorans acerbam filii, fleta et lacrimosa fuscaque veste contecta, ambabus manibus trahens cinerosam canitiem, heiulans et exinde proclamans stabulum inrumpit meum tunsisque ac diverberatis vehementer uberibus incipit: "Et nunc iste securus incumbens praesepio voracitati suae deseruit et insatiabilem profundumque ventrem semper esitando distendit nec aerumnae meae misereter vel detestabilem casum defuncti magistri recordatur, sed scilicet senectam infirmitatemque meam contemnit ac despicit et impune se laturum tantum scelus credit. At utcumque se praesumit innocentem; est enim congruens pessimis conatibus contra noxiam conscientiam sperare securitatem. Nam pro deum fidem, quadrupes nequissime, licet precariam vocis usuram sumeret, cui tandem vel ineptissimo persuadere possis atrocitatem istam culpa (tua) carere, cum propugnare pedibus et arcere morsibus misello puero potueris? An ipsum quidem saepius incursare calcibus potuisti, morituram vero defendere alacritate simili nequisti? Certe dorso receptum auferres protinus et infesti latronis cruentis manibus eriperes, postremum deserto derelictoque illo conservo magistro comite pastore non solus aufugeres. An ignoras eos etiam qui morituris auxilium salutare denegarint, quod contra bonos mores id ipsum fecerint, solere puniri? Sed non diutius meis cladibus laetaberis, homicidia. Senties efficiam, misero dolori naturales vires adesse";

XXVIII. et cum dicto subsertis manibus exsoluit suam sibi fasceam pedesque meos singillatim inligans indidem constringit artissime, scilicet ne quod vindictae meae superesset praesidium, et pertica qua stabuli fores offirmari solebant adrepta non prius me desiit obtundere quam victis fessisque viribus suopte pondere degravatus manibus eius fustis esset elapsus. Tunc de brachiorum suorum cita fatigatione conquesta procurrit ad focum ardentemque titionem gerens mediis inguinibus obtrudit usque, donec solo quod restabat nisus praesidio liquida fimo strictim egesta faciem atque oculos eius confoedassem. Qua caecitate atque faetore tandem fugata est a mea pernicie: ceterum titione delirantis Althaeae Meleager asinus interisset.

# LIBER VIII

I. Noctis gallicinio venit quidam iuvenis e proxima civitate, ut quidem mihi videbatur, unus ex famulis Charites, puellae illius, quae mecum aput latrones pares aerumnas exanclaverat. Is de eius exitio et domus totius infortunio mira ac nefanda, ignem propter adsidens, inter conservorum frequentiam sic annuntiabat:

Equisones opilionesque, etiam busequae, fuit Charite nobis, fuit misella et quidem casu gravissimo, nec vero incomitata Manis adivit. Sed ut cuncta noritis, referam vobis a capite quae gesta sunt quaeque possint merito doctiore, quibus stilos fortuna subministrat, in historiae speciem chartis involvere. Erat in proxima civitate iuvenis natalibus praenobilis quo clarus et pecuniae fuit satis locuples, sed luxuriae popinalis scortisque et diurnis potationibus exercitatus atque ob id factionibus latronum male sociatus nec non etiam manus infectus humano cruore, Thrasyllus nomine. Idque sic erat et fama dicebat.

II. Hic, cum primum Charite nubendo maturuisset, inter praecipuos procos summo studio petitionis eius munus obierat et quanquam ceteris omnibus id genus viris antistaret eximiisque muneribus parentum invitaret iudicium, morum tamen improbatus repulsae contumelia fuerat aspersus. Ac dum erilis puella in boni Tlepolemi manum venerat, firmiter deorsus delapsum nutriens amorem et denegati thalami permiscens indignationem, cruento facinori quaerebat accessum. Nactus denique praesentiae suae tempestivam occasionem, sceleri, quod diu cogitarat, accingitur. Ac die quo praedonum infestis mucronibus puella fuerat astu virtutibusque sponsi sui liberata, turbae gratulantium exultans insigniter permiscuit sese salutique praesenti ac futurae suboli novorum maritorum gaudibundus ad honorem splendidae prosapiae inter praecipuos hospites domum nostram receptus, occultato consilio sceleris, amici fidelissimi personam mentiebatur. Iamque sermonibus assiduis et conversatione frequenti nonnumquam etiam cena proculoque communi carior cariorque factus in profundam ruinam cupidinis sese paulatim nescius praecipitaverat. Quidni, cum flamma saevi amoris parva quidem primo vapore delectet, sed fomentis consuetudinis exaestuans inmodicis ardoribus totos amburat homines?

III. Diu denique deliberaverat secum Thrasyllus quod nec clandestinis colloquiis opportunum reperiret locum et adulterinae Veneris magis magisque praeclusos aditus [copia custodientium] cerneret novaeque atque gliscentis affectionis firmissimum vinculum non posse dissociari perspiceret, et puellae, si vellet, quanquam velle non posset, [copia custodientum] furatrinae coniugalis incommodaret rudimentum; et tamen ad hoc ipsum quod non potest contentiosa pernicie, quasi posset, impellitur. Quod nunc arduum factu putatur, amore per dies roborato facile videtur effectu. Spectate denique, sed, oro, sollicitis animis intendite, quorsum furiosae libidinis proruperit impetus.

IV. Die quadam venatum Tlepolemus assumpto Thrasyllo petebat indagaturus feras, quod tamen in capreis feritatis est; nec enim Charite maritum suum quaerere patiebatur bestias armatas dente vel cornu. Iamque apud frondosum tumulum ramorumque densis tegminibus umbrosum prospectu vestigatorum obseptis capreis canes venationis indagini generosae, mandato cubili residentes invaderent bestias, immittuntur statimque sollertis disciplinae memores partitae totos praecingunt aditus tacitaque prius servata mussitatione, signo sibi repentino reddito, latratibus fervidis dissonisque miscent omnia. Nec ulla caprea nec pavens dammula nec prae ceteris feris mitior cerva, sed aper immanis atque invisitatus exsurgit toris callosae cutis obesus, pilis inhorrentibus corio squalidus, setis insurgentibus spinae hispidus, dentibus attritu sonaci spumeus, oculis aspectu minaci flammeus, impetu saevo frementis oris totus fulmineus. Et primum quidem canum procaciores, quae comminus contulerant vestigium, genis hac illac iactatis consectas interficit, dein calcata retiola, qua primos impetus reduxerat, transabiit.

V. Et nos quidem cuncti pavore deterriti et alioquin innoxiis venationibus consueti, tunc etiam inermes atque inmuniti tegumentis frondis vel arboribus latenter abscondimus, Thrasyllus vero nactus fraudium opportunum decipulum sic Tlepolemum captiose compellat: "Quid stupore confusi vel etiam cassa formidine similes humilitati servorum istorum vel in modum pavoris feminei deiecti tam opimam praedam mediis manibus amittimus? Quin equos inscendimus? Quin ocius indipiscimur? En cape venabulum et ego sumo lanceam." Nec tantillum morati protinus insiliunt equos ex summo studio bestiam insequentes. Nec tamen illa genuini vigoris oblita retorquet impetum et incendio feritatis ardescens dentium compulsu quem primum insiliat cunctabunda rimatur. Sed prior Tlepolemus iaculum quod gerebat insuper dorsum bestiae contorsit. At Thrasyllus ferae quidem pepercit, set equi quo vehebatur Tlepolemus postremos poplites lancea feriens amputat. Quadrupes reccidens, qua sanguis effluxerat, toto tergo supinatus invitus dominum suum devolvit ad terram. Nec diu, sed eum furens aper invadit iacentem ac primo lacinias eius, mox ipsum resurgentem multo dente laniavit. Nec coepti nefarii bonum piguit amicum vel suae saevitiae litatum saltem tanto periculo cernens potuit expleri, sed percito atque plagoso ac frustra vulnera contegenti suumque auxilium miseriter roganti per femus dexterum dimisit lanceam tanto ille quidem fidentius quanto crederet ferri vulnera similia futura prosectu dentium. Nec non tamen ipsam quoque bestiam facili manu transadigit.

VI. Ad hunc modum definito iuvene exciti latibulo suo quisque familia maesta concurrimus. At ille quanquam perfecti voto prostrato inimico laetus ageret, vultu tamen gaudium tegit et frontem adseverat et dolorem simulat et cadaver, quod ipse fecerat, avide circumplexus omnia quidem lugentium officia sollerter adfinxit, sed solae lacrimae procedere noluerunt. Sic ad nostri similitudinem, qui vere lamentabamur, conformatus manus suae culpam bestiae dabat.

Necdum satis scelere transacto fama dilabitur et cursus primos ad domum Tlepolemi detorquet et aures infelicis nuptae percutit. Quae quidem simul percepit tale nuntium quale non audiet aliud, amens et vecordia percita cursuque bacchata furibundo per plateas populosas et arva rurestria fertur insana voce casum mariti quiritans. Confluunt civium maestae catervae, secuntur obvii dolore sociato, civitas cuncta vacuatur studio visionis. Et ecce mariti cadaver accurrit labantique spiritu totam se super corpus effudit ac paenissime ibidem, quam devoverat, ei reddidit animam. Sed aegre manibus erepta suorum invita remansit in vita, funus vero toto feralem pompam prosequente populo deducitur ad sepulturam.

VII. Sed Thrasyllus nimium nimius clamare, plangere et quas in primo maerore lacrimas non habebat iam scilicet crescente gaudio reddere et multis caritatis nominibus Veritatem ipsam fallere. Illum amicum, coaetaneum, contubernalem, fratrem denique addito nomine lugubri ciere, nec non interdum manus Charites a pulsandis uberibus amovere, luctum sedare, heiulatum cohercere, verbis palpantibus stimulum doloris obtundere, variis exemplis multivagi casus solacia nectere, cunctis tamen mentitae pietatis officiis studium contrectandae mulieris adhibere odiosumque amorem suum perperam delectando nutrire.

Sed officiis inferialibus statim exactis puella protinus festinat ad maritum suum demeare cunctasque prosus pertemptat vias, certe illam lenem otiosamque nec telis ullis indigentem sed placidae quieti consimilem: inedia denique misera et incuria squalida, tenebris imis abscondita, iam cum luce transegerat. Sed Thrasyllus instantia pervicaci partim per semet ipsum, partim per ceteros familiares ac necessarios, ipso denique puellare parentes extorquet tandem iam lurore et inluvie paene conlapsa membra lavacro, cibo denique confoveret. At illa, parentum suorum alioquin reverens, invita quidem, verum religiosae necessitati subcumbens, vultu non quidem hilaro, verum paulo seneriore obiens, ut iubebatur, viventium munia, prorsus in pectore, immo vero penitus in medullis luctu a maerore carpebat animum; diesque totos totasque noctes insumebat luctuoso desiderio, et imaginem defuncti, quas ad habitum dei Liberi formaverat, adfixo servito divinis percolens honoribus ipso se solacio cruciabat.

VIII. Sed Thrasyllus, praeceps alioquin et de ipso nomine temerarium, priusquam dolorem lacrimae satiarent et percitae mentis resideret furor et in sese nimietatis senio lassesceret luctus, adhuc flentem maritum, adhuc vestes lacerantem, adhuc capillos distrahentem non dubitavit de nuptiis convenire et imprudentiae labe tacita pectoris sui secreta fraudesque ineffabiles detegere. Sed Charite vocem nefandam et horruit et detestata est et velut gravi tonitru procellaque sideris vel etiam ipso diali fulmine percussa corruit corpus et obnubilavit animam. Sed intervallo revalescente paulatim spiritu, ferinos mugitus iterans et iam scaenam pessimi Thrasylli perspiciens, ad limam consili desiderium petitoris distulit. Tunc inter moras umbra illa misere trucidati Tlepolemi sanie cruentam et pallore deformem attollens faciem quietem pudicam interpellat uxoris:

"Mi coniux, quod tibi prorsus ab alio dici iam licebit: etsi in pectore tuo non permanet nostri memoria vel acerbae mortis meae casus foedus caritatis intercidit. — quovis alio felicius maritare, modo ne in Thrasylli manum sacrilegam conveniam neve sermonem conferas nec mensam accumbas nec toro adquiescas. Fuge mei percussoris cruentam dexteram. Noli parricidio nuptias auspicari. Vulnera illa, quorum sanguinem tuae lacrimae perluerunt, non sunt tota dentium vulnera: lancea mali Thrasylli me tibi fecit alienum" et addidit cetera omnemque scaenam sceleris inluminavit.

IX. At illa, ut primum maesta quieverat, toro faciem impressa, etiamnunc dormiens, lacrimis emanantibus genas cohumidat et velut quodam tormento inquieta quiete excussa luctu redintegrato prolixum heiulat discissaque interula decora brachia saevientibus palmulis converberat. Nec tamen cum quoquam participatis nocturnis imaginibus, sed indicio facinoris prorsus dissimulato, et nequissimum percussorem punire et aerumnabili vitate sese subtrahere tacita decernit, Ecce rursus inprovidae voluptatis detestabilis petitor aures obseratas de nuptiis obtundens aderat. Sed illa clementer aspernata sermonem Thrasylli astuque miro personata instanter garrienti summisseque deprecanti:

"Adhuc" inquit "tui fratris meique carissimi mariti facies pulchra illa in meius deversatur oculis, adhuc odor cinnameus ambrosei corporis per nares meas percurrit, adhuc formonsus Tlepolemus in meo vivit pectore. Boni ergo et optimi consules, si luctui legitimo miserrimae feminae necessarium concesserit tempus, quoad residuis mensibus spatium reliquum compleatur anni, quae res cum meum pudorem, tum etiam tuum salutare commodum respicit, ne forte inmaturitate nuptiarum indignatione iusta manes acerbos mariti ad exitium salutis tuae suscitemus."

X. Nec isto sermone Thrasyllus sobriefactum vel saltem tempestiva pollicitatione recreatus identidem pergit lingua satianti susurros improbos inurgere, quoad simulanter revicta Charite suscipit: "Istud equidem certe magnopere deprecanti concedas necesse est mihi, Thrasylle, ut interdum taciti clandestinos coitus obeamus nec quisquam persentiscat familiarium, quoad reliquos dies metiatur annus."

Promissioni fallaciosae mulieris oppressus subcubuit Thrasyllus et prolixe consentit de furtivo concubitu noctemque et opertas exoptat ultro tenebras uno potiundi studio postponens omnia. "Sed heus tu," inquit Charite, quam prope vestre contectus omnique comite viduatus prima vigilia tacitus fores meas accedas unoque sibilo contentus nutricem istam meam opperiare, quae claustris adhaerens excubabit adventui tuo. Nec setius patefactis aedibus acceptum te nullo lumine conscio ad meum perducet cubiculum."

XI. Placuit Thrasyllo scaena feralium nuptiarum. Nec sequius aliquid suspicatus sed exspectatione turbidus de diei tantum spatio et vesperae mora querebatur. Sed ubi sol tandem nocti decessit, ex imperio Charites adest ornatus et nutricis captiosa vigilia deceptus inrepit cubiculum pronus spei. Tunc anus de iussu dominae blandiens ei furtim depromptis calcibus et oenophoro, quod inmixtum vino soporiferum gerebat venenum, crebris potionibus avide ac secure haurientem mentita dominae tarditatem, quasi parentem adsideret aegrotum, facile sepelivit ad somnum. Iamque eo ad omnes iniurias exposito ac supinato introvocata Charite masculis animis impetumque duro fremens invadit ac supersistit sicarium.

XII. "En" inquit "fidus coniugis mei comes, en venator egregius, en carus maritus. Haec est illa dextera quae meum sanguinem fudit, hoc pectus quod fraudulentas ambages in meum concinnavit exitium, oculi isti quibus male placui, qui quodam modo tamen iam futuras tenebras auspicantes venientes poenas antecedunt. Quiesce securus, beate somniare. Non ego gladio, non ferro petam; absit ut simili mortis genere cum marito meo coaequeris: vivo tibi morientur oculi nec quicquam videbis nisi dormiens. Faxo feliciorem necem inimici tui quam vitam tuam sentias. Lucem certe non tenebis, nuptias non frueris, nec mortis quiete recreaberis nec vitae voluptate laetaberis, sed incertum simulacrum errabis inter Orcum et solem, et diu quaeres dexteram quae tuas expugnavit pupulas, quodque est in aerumna miserrimum, nescies de quo queraris. At ego sepulchrum mei Tlepolemi tuo luminum cruore libato et sanctis manibus eius istis oculis parentabo. Sed quid mora temporis dignum cruciatum lucraris et meos forsitan tibi pestiferos imaginaris amplexus? Relictis somnulentis tenebris ad aliam poenalem evigila caliginem. Attolle vacuam faciem, vindictam recognosce, infortunium intellege, aerumnas computa. Sic pudicae mulieri tui placuerunt oculi, sic faces nuptiales tuos illuminarunt thalamos. Vltrices habebis pronubas et orbitatem comitem et perpetuae conscientiae stimulum."

XIII. Ad hunc modum vaticinata mulier acu crinali capite deprompta Thrasylli convulnerat tota lumina eumque prorsus exosculatum relinquens, dum dolore nescio crapulam cum somno discutit, arrepto nudo gladio, quo se Tlepolemus solebat incingere, per mediam civitatem cursu furioso proripit se procul dubio nescio quod scelus gestiens et recta monimentum mariti contendit. At nos et omnis populus, nudatis totis aedibus, studiose consequimur hortati mutuo ferrum vesanis extorquere manibus. Sed Charite capulum Tlepolemi propter assistens gladioque fulgenti singulos abigens, ubi fletus uberes et lamentationes varias cunctorum intuetur, "Abicite" inquit "importunas lacrimas, abicite luctum meis virtutibus alienum. Vindicavi in mei mariti cruentum peremptorem, punita sum funestum mearum [mearum] nuptiarum praedonem. Iam tempus est ut isto gladio deorsus ad meum Tlepolemum viam quaeram."

XIV. Et enarratis ordine singulis quae sibi per somnium nuntiaverat maritus quoque astu Thrasyllum inductum petisset, ferro sub papillam dexteram transadacto corruit et in suo sibi pervolutata sanguine postremo balbuttiens incerto sermone proflavit animam virilem. Tunc propere familiares miserae Charites accuratissime corpus ablutum unita sepultura ibidem marito perpetuam coniugem reddidere.

Thrasyllus vero cognitis omnibus, nequiens idoneum exitum praesenti (cladi nisi nova) clade reddere certusque tanto facinori nec gladium sufficere, sponte delatus ibidem ad sepulchrum "Vltronea vobis, infesti Manes, en adest victima" saepe clamitans, valvis super sese diligenter obseratis inedia statuit elidere sua sententia damnatum spiritum."

XV. Haec ille longos trahens suspiritus et nonnumquam inlacrimans graviter adfectis rusticis adnuntiabat. Tunc illi mutati dominii novitatem metuentes et infortunium domus erilis altius miserantes fugere conparant. Sed equorum magister, qui me curandum magna ille quidem commendatione susceperat, quidquid in casula pretiosum conditumque servabat meo atque aliorum iumentorum dorso repositum asportans sedes pristinas deserit. Gerebamus infantulos et mulieres, gerebamus pullos, passeres, aedos, catellos, et quidquid infirmo gradu fugam morabatur, nostris quoque pedibus ambulabat. Nec me pondus sarcinae, quanquam enormis, urguebat, quippe gaudiali fuga detestabilem illum exsectorem virilitatis meae relinquentem.

Silvosi montis asperum permensi iugum rursusque reposita camporum spatia pervecti, iam vespera semitam tenebrante, pervenimus ad quoddam castellum frequens et opulens, unde nos incolae nocturna immo vero matutina etiam prohibebant egressione: lupos enim numerosos grandes et vastis corporibus sarcinosos ac nimia ferocitate saevientes passim rapinis adsuetos infestare cunctam illam regionem iamque ipsas vias obsidere et in modum latronum praetereuntes adgredi, immo etiam vaesana fame rabidos finitimas expugnare villas, exitiumque inertissimarum pecudum ipsis iam humanis capitibus imminere. Denique ob iter illud qua nobis erat commeadum iacere semesa hominum corpora suisque visceribus nudatis ossibus cuncta candere ac per hoc nos quoque summa cautione viam aggredi debere, idque vel in primis observitare ut luce clara et die iam provecto et sole florido vitantes undique latentes insidias, cum et ipso lumine dirarum bestiarum repigratur impetus, non laciniatim disperso, sed cuneatim spirato commeatu difficultates illa transabiremus.

XVI. Sed nequissimi fugitivi ductores illi nostri caecae festinationis temeritate ac metu incertae insecutionis spreta salubri monitione nec exspectata luce proxuma circa tertiam ferme vigiliam noctis onustos nos ad viam propellunt. Tunc ego metu praedicti periculi, quantum pote, iam turbae medius et inter conferta iumenta latenter absconditus clunibus meis ab adgressionibus ferinis consulebam iamque me cursu celeri ceteros equos antecellentem mirabantur omnes. Sed illa pernicitas non erat alacritatis meae, sed formidinis indicium; denique meum ipse reputabam Pegasum inclutum illum metu magis volaticum ac per hoc merito pinnatum proditum, dum in altum at adusque caelum sussilit ac resultat, formidans scilicet igniferae morsum Chimaerae. Nam et illi pastores qui nos agebant in speciem proelii manus obarmaverant: hic lanceam, ille venabulum, alius gerebat spicula, fustem alius, sed et saxa, quae salebrosa semita largiter subministrabat; erant qui sudes praeacutas attollerent; plerique tamen ardentibus facibus proterrebant feras. Nec quicquam praeter unicam tubam deerat quin acies esset proeliaris. Sed necquicquam frustra timorem illum satis inanem perfuncti longe peiores inhaesimus laqueos. Nam lupi, forsitan confertae iuventutis strepitu vel certe nimia luce flammarum deterriti vel etiam aliorsum grassantes, nulli contra nos aditum tulerunt ac ne procul saltem ulli comparverant.

XVII. Villae vero, quam tunc forte praeteribamus, coloni multitudinem nostram latrones rati, satis agentes rerum suarum eximieque trepidi, canes rabidos et immanes et quibusuis lupis et ursis saeviores, quos ad tutelae praesidia curiose fuerant alumnati, iubilationibus solitis et cuiusce modi vocibus nobis inhortantur, qui praeter genuinam ferocitatem tumultum suorum exasperati contra nos ruunt et undique laterum circumfusi passim insiliunt ac sine ullo dilectu iumenta simul et homines lacerant diuque grassati plerosque prosternunt. Cerneres non tam hercules memorandum quam miserandum etiam spectaculum: canes copiosos ardentibus animis alios fugientes arripere, alios stantibus inhaerere, quosdam iacentes inscendere, et per omnem nostrum commeatum morsibus ambulare.

Ecce tanto periculo malum maius insequitur. De summis enim tectis ac de proxumo colle rusticani illi saxa super nos raptim devolvunt, ut discernere prorsus nequiremus qua potissimum caveremus clade, comminus canum an eminus lapidum. Quorum quidem unus caput mulieris, quae meum dorsum residebat repente percussit. Quo dolore commota statim fletu cum clamore sublato maritum suum pastorem illum suppetiatum ciet.

XVIII. At ille deum fidem clamitans et cruorem uxoris abstergens altius quiritabat: "Quid miseros homines et laboriosos viatores tam crudelibus animis invaditis atque obteritis? Quas praedas inhiatis? Quae damna vindicatis? At non speluncas ferarum vel cautes incolitis barbarorum, ut humano sanguine profuso gaudeatis." Vix haec dicta et statim lapidum congestus cessavit imber et infestorum canum revocata conquievit procella. Vnus illinc denique de summo cupressus cacumine: "At nos" inquit "non vestrorum spoliorum cupidine latrocinamur, sed hanc ipsam cladem de vestris protelamus manibus. Iam denique pace tranquilla securi potestis incedere."

Sic ille, sed nos plurifariam vulnerati reliquam viam capessimus alius lapidis, alius morsus vulnera referentes, universi tamen saucii. Aliquanto denique viae permenso spatio pervenimus ad nemus quoddam proceris arboribus consitum et pratentibus virectis amoenum, ubi placuit illis ductoribus nostris refectui paululum conquiescere corporaque sua diverse laniata sedulo recurare. Ergo passim prostrati solo primum fatigatos animos recuperare ac dehinc vulneribus medelas varias adhibere festinant, hic cruorem praeterfluentis aquae rore deluere, ille spongeis inacidatis tumores comprimere, alius fasciolis hiantes vincire plagas. Ad istum modum saluti suae quisque consulebat.

XIX. Interea quidam senex de summo colle prospectat, quem circum capellae pascentes opilionem esse profecto clamabant. Eum rogavit unus e nostris, haberetne venui lactem vel adhuc liquidum vel in caseum recentem inchoatum. At ille diu capite quassanti: "Vos autem" inquit "de cibo vel poculo vel omnino ulla refectione nunc cogitatis? an nulli scitis quo loco consederitis?", et cum dicto conductis oviculis conversus longe recessit. Quae vox eius et fuga pastoribus nostris non mediocrem pavorem incussit. Ac dum perterriti de loci qualitate sciscitari gestiunt nec est qui doceat, senex alius, magnum ille quidem, gravatus annis, totus in baculum pronus et lassum trahens vestigium ubertim lacrimans per viam proximat visisque nobis cum fletu maximo singulorum iuvenum genua contingens sic adorabat:

XX. "Per Fortunas vestrosque Genios, sic ad meae senectutis spatia validi laetique veniatis, decepto seni subsistite meumque parvulum ab inferis ereptum canis meis reddite. Nepos namque meus et itineris huius suavis comes, dum forte passerem incantantem sepiculae consectatur arripere, delapsus in proximam foveam, quae fruticibus imis subpatet, in extremo iam vitae consistit periculo, quippe cum de fletu ac voce ipsius avum sibi saepicule clamitantis vivere illum quidem sentiam, sed per corporis, ut videtis, mei defectam valetudinem opitulari nequeam. At vobis aetatis et robori beneficio facile est subpetiari miserrimo seni puerumque illum novissimum successionis meae atque unicam stirpem sospitem mihi facere."

XXI. Sic deprecantis suamque canitiem distrahentis totos quidem miseruit. Sed unus prae ceteris et animo fortior et aetate iuvenior et corpore validior, quique solus praeter alios incolumis proelium superius evaserat, exsurgit alacer et percontatus quonam loci puer ille decidisset monstrantem digito non longe frutices horridos senem illum inpigre comitatur. Ac dum pabulo nostro suaque cura refecti sarcinulis quisque sumptis suis viam capessunt, clamore primum nominatim cientes illum iuvenem frequenter inclamant, mox mora diutina commoti mittunt e suis arcessitorem unum, qui requisitum comitem tempestivae viae commonefactum reduceret. At ille modicum commoratum refert sese: buxanti pallore trepidus mira super conservo suo renuntiat: conspicatum se quippe supinato illi et iam ex maxima parte consumpto immanem draconem mandentem insistere nec ullum usquam miserrimum senem comparere illum. Qua re cognita et cum pastoris sermone conlata, qui saevum prorsus hunc illum nec alium locorum inquilinum praeminabatur, pestilenti deserta regione velociori se fuga proripiunt nosque pellunt crebris tundentes fustibus.

XXII. Celerrime denique longo itinere confecto pagum quendam accedimus ibique totam perquiescimus noctem. Ibi coeptum facinus oppido memorabile narrare cupio.

Servus quidam, cui cunctam familiae tutelam dominus permiserat, suus quique possessionem maximam illam, in quam deverteramus, vilicabat, habens ex eodem famulitio conservam coniugam, liberae cuiusdam extrariaeque mulieris flagrabat cupidine. Quo dolore paelicatus uxor eius instricta cunctas mariti rationes et quicquid horreo reconditum continebatur admoto combussit igne. Nec tali damno tori sui contumeliam vindicasse contenta, iam contra sua saeviens viscera laqueum sibi nectit, infantulumque, quem de eodem marito iam dudum susceperat, eodem funiculo nectit seque per altissimum puteum adpendicem parvulum trahens praecipitat. Quam mortem dominus eorum aegerrime sustinens adreptum servulum, qui causam tanti sceleris luxurie sua praestiterat, nudum ac totum melle perlitum firmiter alligavit arbori ficulneae, cuius in ipso carioso stipite inhabitantium formicarum nidificia bulliebant et ultro citro commeabant multiiuga scaturrigine. Quae simul dulcem ac mellitum corporis nidorem persentiscunt, parvis quidem sed numerosis et continuis morsiunculis penitus inhaerentes, per longi temporis cruciatum ita, carnibus atque ipsis visceribus adesis, homine consumpto membra nudarunt, ut ossa tantum viduata pulpis nitore nimio candentia funestae cohaererent arbori.

XXIII. Hac quoque detestabili deserta mansione, paganos in summo luctu relinquentes, rursum pergimus dieque tota campestres emensi vias civitatem quandam populosam et nobilem iam fessi pervenimus. Inibi larem sedesque perpetuas pastores illi statuere decernunt, quod et longe quaesituris firmae latebrae viderentur et annonae copiosae beata celebritas invitabat. Triduo denique iumentorum refectis corporibus, quo vendibiliores videremur, ad mercatum producimur magnaque voce praeconis pretia singulis nuntiantis equi atque alii asini opulentis emptoribus praestinantur; at me relictum solum ac subsicivum cum fastidio plerique praeteribant. Iamque taedio contrectationis eorum, qui de dentibus meis aetatem computabant, manum cuiusdam faetore sordentem, qui gingivas identidem meas putidis scalpebat digitis, mordicus adreptam plenissime conterui. Quae res circumstantium ab emptione mea utpote ferocissimi deterruit animos. Tunc praeco dirruptis faucibus et rauca voce saucius in meas fortunas ridiculos construebat iocos: "Quem ad finem cantherium istum venui frustra subiciemus et vetulum et extritis ungulis debilem et dolore deformem et in hebeti pigritia ferocem nec quicquam amplius quam ruderarium cribrum? Atque adeo vel donemus eum cuipiam, si qui tamen faenum suum perdere non gravatur."

XXIV. Ad istum modum praeco ille cachinnos circumstantibus commovebat. Sed illa Fortuna mea saevissima, quam per tot regiones iam fugiens effugere vel praecedentibus malis placare non potui, rursum in me caecos detorsit oculos et emptorem aptissimum duris meis casibus mire repertum obiecit. Scitote qualem: cinaedum, calvum quidem sed cincinnis semicanis et pendulis capillatum, unum de triviali popularium faece, qui per plateas et oppida cymbalis et crotalis personantes deamque Syriam circumferentes mendicare compellunt. Is nimio praestinandi studio praeconem rogat cuiatis essem; at ille Cappadocum me et satis forticulum denuntiat. Rursum requirit annos aetatis meae; sed praeco lasciviens: "Mathematicus quidem, qui stellas eius disposuit, quintum ei numeravit annum, sed ipse scilicet melius istud de suis novit professionibus. Quanquam enim prudens crimen Corneliae legis incurram, si civem Romanum pro servo tibi vendidero, quin emis bonum et frugi mancipium, quod te et foris et domi poterit iuvare?" Sed exinde odiosus emptor aliud de alio non desinit quaerere, denique de mansuetudine etiam mea percontatur anxie.

XXV. At praeco: "Vervecem" inquit "non asinum vides, ad usus omnes quietum, non mordacem nec calcitronem quidem, sed prorsus ut in asini corio modestum hominem inhabitare credas. Quae res cognitu non ardua. Nam si faciem tuam mediis eius feminibus immiseris, facile periclitaberis quam grandem tibi demonstret patientiam."

Sic praeco lurchonem tractabat dicacule, sed ille cognito cavillatu similis indignanti: "At te" inquit "cadaver surdum et mutum delirumque praeconem omnipotens et omniparens dea Syria et sanctus Sabazius et Bellona et mater Idaea cum (suo Attide et cum) suo Adone Venus domina caecum reddant, qui scurrilibus iam dudum contra me velitaris iocis. An me putas, inepte, iumento fero posse deam committere, ut turbatum repente divinum deiciat simulacrum egoque miseria cogar crinibus solutis discurrere et deae meae humi iacenti aliquem medicum quaerere?"

Accepto tali sermone cogitabam subito velut lymphaticus exsilire, ut me ferocitate cernens exasperatum emptionem desineret. Sed praevenit cogitatum meum emptor anxius pretio depenso statim, quod quidem gaudens dominus scilicet taedio mei facile suscepit, septemdecim denarium, et illico me stomida spartea deligatum tradidit Philebo: hoc enim nomine censebatur iam meus dominus.

XXVI. At ille susceptum novicium famulum trahebat ad domum statimque illinc de primo limine proclamat: "Puellae, servum vobis pulchellum en ecce mercata perduxi." Sed illae puellae chorum erat cinaedorum, quae statim exsultantes in gaudium fracta et rauca et effeminata voce clamores absonos intollunt, rati scilicet vere quempiam hominem servulum ministerio suo paratum. Sed postquam non cervam pro virgine sed asinum pro homine succidaneum videre, nare detorta magistrum suum varie cavillantur: non enim servum, sed maritum illum scilicet sibi perduxisse. Et "heus," aiunt "cave ne solus exedas tam bellum scilicet pullulum, sed nobis quoque tuis palumbulis nonnumquam inpertias."

Haec et huius modi mutuo blaterantes praesepio me proximum deligant. Erat quidam iuvenis satis corpulentus, choraula doctissimus, conlaticia stipe de mensa paratus, qui foris quidem circumgestantibus deam cornu canens adambulabat, domi vero promiscuis operis partiarius agebat concubinus. Hic me simul domi conspexit, libenter adpositis largiter cibariis gaudens adloquitur: "Venisti tamen miserrimi laboris vicarius. Sed diu vivas et dominis placeas et meis defectis iam lateribus consulas." Haec audiens iam meas futuras novas cogitabam aerumnas.

XXVII. Die sequenti variis coloribus indusiati et deformiter quisque formati facie caenoso pigmento delita et oculis obunctis graphice prodeunt, mitellis et crocotis et carbasinis et bombycinis iniecti, quidam tunicas albas, in modum lanciolarum quoquoversum fluente purpura depictas, cingulo subligati, pedes luteis induti calceis; deamque serico contectam amiculo mihi gerendam imponunt bracchiisque suis umero tenus renudatis, adtollentes immanes gladios ac secures, evantes exsiliunt incitante tibiae cantu lymphaticum tripudium. Nec paucis pererratis casulis ad quandam villam possessoris beati perveniunt et ab ingressu primo statim absonis ululatibus constrepentes fanatice provolant diuque capite demisso cervices lubricis intorquentes motibus crinesque pendulos in circulum rotantes et nonnumquam morsibus suos incursantes musculos ad postremum ancipiti ferro, quod gerebant, sua quisque brachia dissicant. Inter haec unus ex illis bacchatur effusius ac de imis praecordiis anhelitus crebros referens velut numinis divino spiritu repletus simulabat sauciam vecordiam, prorsus quasi deum praesentia soleant homines non sui fieri meliores, sed debiles effici vel aegroti.

XXVIII. Specta denique, quale caelesti providentia meritum reportaverit. Infit vaticinatione clamosa conficto mendacio semet ipsum incessere atque criminari, quasi contra fas sanctae religionis dissignasset aliquid, et insuper iustas poenas noxii facinoris ipse de se suis manibus exposcere. Arrepto denique flagro, quod semiviris illis proprium gestamen est, contortis taenis lanosi velleris prolixe fimbriatum et multiiugis talis ovium tesseratum, indidem sese multinodis commulcat ictibus mire contra plagarum dolores praesumptione munitus. Cerneres prosectu gladiorum ictuque flagrorum solum spurcitia sanguinis effeminati madescere. Quae res incutiebat mihi non parvam sollicitudinem videnti tot vulneribus largiter profusum cruorem, ne quo casu deae peregrinae stomachus, ut quorundam hominum lactem, sic illa sanguinem concupisceret asininum. Sed ubi tandem fatigati vel certe suo laniatus satiati pausam carnificinae dedere, stipes aereas immo vero et argenteas multis certatim offerentibus sinu recepere patulo nec non et siliginis aliquid, et nonnullis hordeum deae gerulo donantibus, avidis animis conradentes omnia et in sacculos huic quaestui de industria praeparatos farcientes dorso meo congerunt, ut duplici scilicet sarcinae pondere gravatus et horreum simul et templum incederem.

XXIX. Ad istum modum palantes omnem illam depraedabantur regionem. Sed in quodam castello copia laetati largioris quaesticuli gaudiales instruunt dapes. A quodam colono fictae vaticinationis mendacio pinguissimum deposcunt arietem, qui deam Syriam esurientem suo satiaret sacrificio, probeque disposita cenula balneas obeunt, ac dehinc lauti quendam fortissimum rusticanum industria laterum atque imis ventris bene praeparatum comitem cenae secum adducunt paucisque admodum praegustatis olusculis ante ipsam mensam spurcissima illa propudia ad inlicitae libidinis extrema flagitia infandis uriginibus efferantur, passimque circumfusi nudatum supinatumque iuvenem exsecrandis oribus flagitabant. Nec diu tale facinus mei oculis tolerantibus "Porro Quirites" proclamare gestivi, sed viduatum ceteris syllabis ac litteris processit "O" tantum sane clarum ac validum et asino proprium, sed inopportuno plane tempore. Namque de pago proximo complures iuvenes abactum sibi noctu perquirentes asellum nimioque studio cuncta devorsoria scrutantes, intus aedium audito ruditu meo, praedam absconditam latibulis aedium rati, coram rem invasuri suam improvisi conferto gradu se penetrant palamque illos exsecrandas foeditates obeuntes deprehendunt; iamiamque vicinos undique percientes turpissimam scaenam patefaciunt, insuper ridicule sacerdotum purissimam laudantes castimoniam.

XXX. Hac infamia consternati, quae per ora populi facile dilapsa merito invisos ac detestabiles eos cunctis effecerat, noctem ferme circa mediam collectis omnibus furtim castello facessunt bonaque itineris parte ante iubaris exortum transacta iam die claro solitudines avias nancti, nulla secum prius conlocuti, accingunt se meo funeri deaque vehiculo meo sublata et humi reposita cunctis stramentis me renudatum ac de quadam quercu destinatum flagro illo pecuinis ossibus catenato verberantes paene ad extremam confecerant mortem; fuit unus, qui poplites meos enervare secure sua comminaretur, quod de pudore illo candido scilicet suo tam deformiter triumphassem: sed ceteri non meae salutis, sed simulacri iacentis contemplatione in vita me retinendum censuere. Rursum itaque me refertum sarcinis planis gladiis minantes perveniunt ad quandam nobilem civitatem, Inibi vir principalis, et alias religiosus et eximie deum reverens, tinnitu cymbalorum et sonu tympanorum cantusque Phrygii mulcentibus modulis excitus procurrit obviam deamque votivo suscipiens hospitio nos omnis intra conseptum domus amplissimae constituit numenque summa veneratione atque hostiis opimis placare contendit.

XXXI. Hic ego me potissimum capitis periclitatum memini. Nam quidam colonus partem venationis immanis cervi pinguissimum femus domino illi suo numeri miserat, quod incuriose pone culinae fores non altiuscule suspensum canis adaeque venaticus latenter invaserat, laetusque praeda propere custodientes oculos evaserat. Quo damno cognito suaque reprehensa neglegentia cocus diu lamentatus lacrimis inefficacibus iamiamque domino cenam flagitante maerens et utcumque metuens altius, filio parvulo suo consalutato adreptoque funiculo, mortem sibi nexu laquei comparabat. Nec tamen latuit fidam uxorem eius casus extremus mariti, sed funestum nodum violenter invadens manibus ambabus: "Adeone" inquit "praesenti malo perterritus mente excidisti tua nec fortuitum istud remedium, quod deum providentia subministrat, intueris? Nam si quid in ultimo fortunae turbine resipiscis, expergite me ausculta et advenam insitum asinum remoto quodam loco deductum iugula femusque eius ad similitudinem perditi detractum et accuratius in protrimentis sapidissime percoctum adpone domino cervini vicem." Nequissimo verberoni sua placuit salus de mea morte et multum conservae laudata sagacitate destinatae iam lanienae cultros acuebat.

# LIBER IX

I. Sic ille nequissimus carnifex contra me manus impias obarmabat. At ego praecipitante consilium periculi tanti praesentia nec exspectata diutina cogitatione lanienam imminentem fuga vitae statui, protinusque vinculo, quo fueram deligatus, abrupto curso me proripio totis pedibus, ad tutelam salutis crebris calcibus velitatus, ilicoque me raptim transcursa proxima porticu triclinio, in quo dominus aedium sacrificales epulas cum sacerdotibus deae cenitabat, incunctanter immitto, nec pauca rerum adparatus cibarii mensas etiam et ignes impetu meo collido atque disturbo. Qua rerum deformi strage paterfamilias commotus ut importunum atque lascivum me cuidam famulo curiose traditum certo aliquo loco clausum (iussit) cohiberi, ne rursum convivium placidum simili petulantia dissiparem. Hoc astutulo commento scitule munitus et mediis lanii manibus ereptus custodela salutaris mihi gaudebam carceris.

Sed nimirum nihil Fortuna rennuente licet homini natu dexterum provenire nec consilio prudenti vel remedio sagaci divinae providentiae fatalis dispositio subuerti vel reformari potest. Mihi denique id ipsum commentum, quod momentariam salutem reperisse videbatur, periculum grande immo praesens exitium conflavit aliud.

II. Nam quidam subito puer mobili ac trepida facile percitus, ut familiares inter se susurrabant, inrumpit tricliniumn suoque annuntia domino de proximo angiportu canem rabidam paulo ante per posticam impetu miro sese direxisse ardentisque prorsus furore venaticos canes invasisse ac dehinc proximum petisse pari saevitia nec postremum saltem ipsis hominibus pepercisse; nam Myrtilum mulionem et Hephaestionem cocum et Hypnophilum cubicularium et Apollonium medicum, immo vero et plures alios ex familia abigere temptantes variis morsibus quemque lacerasse, certe venenatis morsibus contacta non nulla iumenta efferari simili rabie.

Quae res omnium statim percussit animos, ratique me etiam eadem peste infectum ferocire arreptis cuiusce modi telis mutuoque ut exitium commune protelarent cohortati, ipsi potius eodem vaesaniae morbo laborantes, persecuntur. Nec dubio me lanceis illis vel venabulis immo vero et bipennibus, quae facile famuli subministraverant, membratim compilassent, ni respecto subiti periculi turbine cubiculum, in quo mei domini devertebant, protinus inrupissem. Tunc clausis obseratisque super me foribus obsidebant locum, quoad sine ullo congressionis suae periculo pestilentiae laetatis pervicaci rabie possessus ac peresus absumerer. Quo facto tandem libertatem nanctus, solitariae fortunae munus amplexus, super constratum lectum abiectus, post multum equidem temporis somnum humanum quievi.

III. Iamque clara die mollitie cubilis refota lassitudine vegetus exsurgo atque illos qui meae tutelae pervigiles excubias agitaverant ausculto de meis sic altercare fortunis: "Adhucine miserum istum asinum iugi furore iactari credimus?" "Immo vero iam virus increscente saevitia prorsum extinctum. Sic opinionis variae terminum ad exploratione conferunt ac de rima quadam prospiciunt sanum me atque sobrium otiose consistere. Iamque utro foribus patefactis plenius, an iam sim mansuetus, periclitantur. Sed unus ex his, de caelo scilicet missus mihi sospitator, argumentum explorandae sanitatis meae commonstrat ceteris, ut aquae recentis completam pelvem offerent potui meo, ac si intrepidus et more solito sumens aquis adlibescentem, sanum me atque omni morbo scirent expeditum: contra vero si visum contactumque laticis vitarem ac perhorrescerem, pro conperto noxiam rabiem pertinaciter durare; hoc enim libris pristinis proditum observari solere.

IV. Isto placito vas immane confestim atque perlucidae de proximo petitae fonte, cunctantes adhoc, offerunt mihi: at ego sine ulla mora progressum etiam obvio gradu satis sitienter pronus et totum caput immergens salutares vere equidem illas aquas hauriebam. Iamque et plausus manum et aurium flexus et ductum capistri et quiduis aliud periclitantium placide patiebar, quoad contra vesanam eorum praesumptionem modestiam meam liquido cunctis adprobarem.

Ad istum modum vitato duplici periculo, die sequenti rursum divinis exuviis onustus cum crotalis et cymbalis circumforaneum mendicabulum producor ad viam. Nec paucis casulis atque castellis oberratis devertimus ad quempiam pagum urbis opulentae quondam, ut memorabant incolae, inter semiruta vestigia conditum et hospitio proxumi stabuli recepti cognoscimus lepidam de adulterio cuiusdam pauperis fabulam, quam vos etiam cognoscatis volo.

V. Is gracili pauperie laborans fabriles operas praebendo parvis illis mercedibus vitam tenebat. Erat ei tamen uxorcula etiam satis quidem tenuit et ipsa, verum tamen postrema lascivia famigerabilis. Sed die quadam, dum matutino ille ad opus susceptum proficiscitur, statim latenter inrepti eius hospitium temerarius adulter. Ac dum Veneris conluctationibus securius operantur, maritus ignarus rerum ac nihil etiam tum tale suspicans inprovisus hospitium repetit. Iam clausis et obseratis foribus uxoris laudata continentia ianuam pulsat, sibilo etiam praesentiam suam denuntiante. Tunc mulier callida et ad huius modi flagitia perastutula tenacissimis amplexibus expeditum hominem dolio, quod erat in angulo semiobrutum, sed alias vacuum, dissimulanter abscondit, et patefactis aedibus adhuc introeuntem maritum aspero sermone accipit: "Sinice vacuus et otiosus insinuatis manibus ambulabis mihi nec obito consueto labore vitae nostrae prospicies et aliquid cibatui parabis? At ego misera pernox et perdia lanificio nervos meos contorqueo, ut intra cellulam nostram saltem lucerna luceat. Quanto me felicior Daphne vicina, quae mero et prandio matutino saucia cum suis adulteris volutatur!"

VI. Sic confutatus maritus: "Et quid istic est?" ait "Nam licet forensi negotio officinator noster attentus ferias nobis fecerit, tamen hodiernae cenulae nostrae propexi. Vide sis ut dolium, quod semper vacuum, frustra locum detinet tantum et re vera praeter impedimentum conversationis nostrae nihil praestat amplius. Istud ego sex denariis cuidam venditavi, et adest ut dato pretio secum rem suam ferat. Quin itaque praecingeris mihique manum tantisper accommodas, ut exobrutum protinus tradatur emptori.?

E re nata fallaciosa mulier temerarium tollens cachinnum: "Magnum" inquit "istum virum ac strenuum negotiatorem nacta sum, qui rem, quam ego mulier et intra hospitium contenta iam dudum septem denariis vendidi, minoris distraxit."

Additamento pretii laetus maritus: "Et quis est ille" ait "qui tanto praestinavit?" At illa: "Olim, inepte," inquit "descendit in dolium sedulo soliditatem eius probaturus."

VII. Nec ille sermoni mulieris defuit, sed exurgens alacriter: "Vis" inquit "verum scire, mater familias? Hoc tibi dolium nimis vetustum est et multifariam rimis hiantibus quassum" ad maritumque eius dissimulanter conversus: "Quin tu, quicumque es, homuncio, lucernam" ait "actutum mihi expedis, ut erasis intrinsecus sordibus diligenter aptumne usui possim dinoscere, nisi nos putas aes de malo habere?" Nec quicquam moratus ac suspicatus acer et egregius ille maritus accensa lucerna: "Discere," inquit "frater, et otiosus adsiste, donec probe percuratum istud tibi repraesentem"; et cum dicto nudatus ipse delato numine scabiem vetustam cariosae testae occipit exsculpere. At vero adulter bellissimus ille pusio inclinatam dolio pronam uxorem fabri superincurvatus secure dedolabat. Ast illa capite in dolium demisso maritum suum astu meretricio tractabat ludicre; hoc et illud et aliud et rursus aliud purgandum demonstrat digito suo, donec utroque opere perfecto accepit septem denariis calamitosus faber collo suo gerens dolium coactus est ad hospitium adulteri perferre.

VIII. Pauculis ibi diebus commorati et munificentia publica saginati vaticinationisque crebris mercedibus suffarcinati purissimi illi sacerdotes novum quaestus genus sic sibi comminiscuntur. Sorte unica pro casibus pluribus enotata consulentes de rebus variis plurimos ah hunc modum cavillatum. Sors haec erat:

"ideo coniuncti terram proscindunt boves, ut in futurum laeta germinent sata."

Tum si qui matrimonium forte coaptantes interrogarent, rem ipsa responderi aiebant: iungendos conubio et satis liberum procreandis, si possessionem praestinaturus quaereret, merito boves [ut] et iugum et arva sementis florentia pronuntiari; si qui de profectione sollicitus divinum caperet auspicium, iunctos iam paratosque quadripedum cunctorum mansuetissimos et lucrum promitti de glebae germine; si proelium capessiturus vel latronum factionem persecuturus utiles necne processus sciscitaretur, addictam victoriam forti praesagio contendebat, quippe cervices hostium iugo subactum iri et praedam de rapinis uberrimam fructuosaque captum iri. Ad istum modum divinationis astu captioso conraserat non parvas pecunias.

IX. Sed adsiduis interrogationibus argumenti satietate iam defecti rursum ad viam prodeunt via tota, quam nocte confeceramus, longe peiorem, quidni? lacunosis incilibus voraginosam, partim stagnanti palude fluidam et alibi subluvie caenosa lubricam. Crebris denique offensaculis et assiduis lapsibus iam contusis cruribus meis vix tandem ad campestrem semitas fessus evadere potui. Et ecce nobis repente de tergo manipulus armati supercurrit equitis aegreque cohibita equorum curruli rabie Philebum ceterosque comites eius involant avidi colloque constricto et sacrilegos impurosque compellantes interdum pugnis obverberant nec non manicis etiam cunctos coartant et identidem urgenti sermone comprimunt, promerent potius aureum cantharum, promerent auctoramentum illud sui sceleris, quod simulatione sollemnium, quae in operto factitaverant, ab ipsis pulvinaribus matris deum clanculo furati, prosus quasi possent tanti facinoris evadere supplicium tacita profectione, adhuc luce dubia pomerium pervaserint.

X. Nec defuit qui manu super dorsum meum iniecta in ipso deae, quam gerebam, gremio scrutatus reperiret atque incoram omnium aureum depromeret cantharum. nec isto saltem tam nefario scelere impuratissima illa capita confutari terrerive potuere, sed mendoso risu cavillantes: "En" inquiunt "indignae rei scaevitatem! Quam plerumque insontes periclitantur homines! Propter unicum caliculum, quem deum mater sorori suae deae Syriae hospitale munus optulit, ut noxius religionis antistites ad discrimen vocari capitis."

Haec et alias similis afannas frustra blaterantis eos retrorsus abducunt pagani statimque vinctos in Tullianum conpingunt cantharoque et ipso simulacro quod gerebam apud fani donarium redditis ac consecratis altera die productum me rursum voce praeconis venui subiciunt, septemque nummis carius quam prius me comparaverat Philebus quidam pistor de proximo castello praestinavit, protinusque frumento etiam coempto adfatim onustum per inter arduum scrupis et cuiusce modi stirpibus infestum ad pistrinum quod exercebat perducit.

XI. Ibi complurium iumentorum multivii circuitus intorquebant molas ambage varia nec die tantum verum perperi etiam nocte prorsus instabili machinarum vertigine lucubrabant pervigilem farinam. Sed mihi, ne rudimentum servitii perhorrescerem scilicet, novus domitus loca lautia prolixe praebuit. nam et diem primum illum feriatum dedit et cibariis abundanter instruxit praesepium. Nec tamen illa otii saginaeque beatitudo duravit ulterius, sed die sequenti molae quae maxima videbatur matutinus adstituor et illico velata facile propellor ad incurva spatia flexuosi canalis, ut in orbe termini circumfluentis reciproco gressu mea recalcans vestigia vagarer errore certo. Nec tamen sagacitatis ac prudentiae meae prorsus oblitus facilem me tirocinio disciplinae praebui; sed quanquam frequenter, cum inter homines agerem, machinas similiter circumrotari vidissem, tamen ut expertes et ignarus operis stupore mentito defixus haerebam, quod enim rebar ut minus aptum et huius modi ministerio satis inutilem me ad alium quempiam utique leviorem laborem legatum iri vel otiosum certe cibatum iri. Sed frustra sollertiam damnosam exercui. Complures enim protinus baculis armati me circumsteterunt atque, ut eram luminibus obtectis securus etiamnunc, repente signo dato et clamore conserto, plagas ingerentes acervatim, adeo me strepitu turbulentant ut cunctis consiliis abiectis ilico scitissime taeniae spartae totus innixus discursus alacres obirem.

XII. At subita sectae commutatione risum toto coetu commoveram. Iamque maxima diei parte transacta defunctum alioquin me, helcio sparteo dimoto, nexu machinae liberatum adplicant praesepio. At ego, quanquam eximie fatigatus et reflectione virium vehementer indiguus et prorsus fame perditus, tamen familiare curiositate attonitus et satis anxius, postposito cibo, qui copiosus aderat, inoptabilis officinae disciplinam cum delectatione quadam arbitrabar. Dii boni, quales illic homunculi vibicibus lividis totam cutem depicti dorsumque plagosum scissili centunculo magis inumbrati quam obtecti, nonnulli exiguo tegili tantum modo pubem iniecti, cuncti tamen sic tunicati ut essent per pannulos manifesti, frontes litterati et capillum semirasi et pedes anulati, tum lurore deformes et fumosis tenebris vaporosae caliginis palpebras adesi atque adeo male luminanti et in modum pugilum, qui pulvisculo perspersi dimicant, farinulenta cinere sordide candidati.

XIII. Iam de meo iumentario contubernio quid vel ad quem modum memorem? Quales illi muli senes vel cantherii debiles. Circa praesepium capita demersi contruncabant moles palearum, cervices cariosa vulnerum putredine follicantes, nares languidas adsiduo pulsu tussedinis hiulci, pectora copulae spartae tritura continua exulcerati, costas perpetua castigatione ossium tenus renudati, ungulas multivia circumcursione in enorme vestigium porrecti totumque corium veterno atque scabiosa macie exasperati. Talis familiae funestum mihi etiam metuens exemplum veterisque Lucii fortunam recordatus et ad ultimam salutis metam detrusus summisso capite maerebam. Nec ullum uspiam cruciabilis vitate solacium aderat, nisi quod ingentia mihi curiositate recreabat, dum praesentiam meam parvi facientes libere, quae volunt, omne et agunt et loquuntur. Nec inmerito priscae poeticae divinus auctor apud Graios summae prudentiae virum monstrare cupiens multarum civitatium obitu et variorum populorum cognito summas adeptum virtutes cecinit. Nam et ipse gratas gratias asino meo memini, quod me suo celatum tegmine variisque fortunis exercitatum, etsi minus prudentem, multiscium reddidit.

XIV. Fabulam denique bonam prae ceteris, suave comptam ad arvis vestras adferre decrevi, et en occipio. Pistor ille, qui me pretio suum fecerat, bonus alioquin vir et adprime modestus, pessimam et ante cunctas mulieres longe deterrimam sortitus coniugam poenas extremas tori larisque sustinebat, ut hercules eius vicem ego quoque tacitus frequenter ingemescerem. Nec enim vel unum vitium nequissimae illi feminae deerat, sed omnia prorsus ut in quandam caenosam latrinam in eius animum flagitia confluxerant: saeva scaeva viriosa ebriosa pervicax pertinax, in rapinis turpibus avara, in sumptibus foedis profusa, inimica fidei, hostis pudicitiae. Tunc spretis atque calcatis divinis numinibus in viceram certae religionis mentita sacrilega praesumptione dei, quem praedicaret unicum, confictis observationibus vacuis fallens omnis homines et miserum maritum decipiens matutino mero et continuo corpus manciparat.

XV. Talis illa mulier miro me persequebatur odio. Nam et antelucio, recubans adhuc, subiungi machinae novicium clamabat asinum et statim, ut cubiculo primum processerat, insistens iubebat incoram sui plagas mihi quam plurima irrogari, et cum tempestivo prandio laxarentur iumenta cetera, longe tardius applicari praesagio iubebat. Quae saevitia multo mihi magis genuinam curiositatem in suos mores ampliaverat. Nam et assiduo plane commeantem in eius cubiculum quendam sentiebam iuvenem, cuius et faciem videre cupiebam ex summo studio, si tamen velamentum capitis libertatem tribuisset meis aliquando luminibus. Nec enim sollertia defuisset ad detergenda quoquo modo pessimae feminae flagitia. Sed anus quaedam stuprorum sequestra et adulterorum internuntia de die cotidie inseparabilis aderat. Cum qua protinus ientaculo ac dehinc vino mero mutuis vicibus velitata scaenas fraudulentas in exitium miserrimi mariti subdolis ambagibus construebat. At ego, quanquam graviter suscensens errori Photidis, quae me, dum avem fabricat, perfecit asinum, isto tamen vel unico solacio aerumnabilis deformitatis meae recreabar, quod auribus grandissimis praedibus cuncta longule etiam dissita facillime sentiebam.

XVI. Denique die quadam timidae illius amiculae sermo talis meas adfertur auris: "De isto quidem, mi erilis tecum ipsa videris, quem sine meo consilio pigrum et formidolosum familiarem istum sortita es, qui insuavis et odiosi mariti tui caperratum supercilium ignaviter perhorrescit ac per hoc amoris languidi desidia tuos volentes amplexus discruciat. Quanto melior Philesitherus adulescens et formosus et liberalis et strenuus et contra maritorum inefficaces diligentias constantissimus! Dignus hercules solus omnium matronarum deliciis perfrui, dignus solus coronam nuper in quendam zelotypum maritum eximio studio commento est. Audi denique amatorum diversus ingenium compara.

XVII. Nostri quendam Barbarum nostrae civitatis decurionem, quam Scorpionem prae morum acritudine vulgus appellat. Hic uxorem generosam et eximia formositate praeditam mira custodela munitam domi suae quam cautissime cohibebat."

Ad haec ultima pistoris illa uxor subiciens: "Quidni?" inquit "Novi diligenter. Areten meam condiscipulam memoras." "Ergo" inquit anus "nostri totam Philesitheri et ipsius fabulam?" "Minime gentium," inquit "sed nosse valde cupio et oro, ordine mihi singula retexe."

Nec commorata illa sermocinatrix immodica sic anus incipit: "Barbarus iste cum necessariam profectionem pararet pudicitiamque carae coniugis conservare summa diligentia cuperet, servulum suum Myrmecem fidelitate praecipua cognitum secreto commonet suaque dominae custodelam omnem permittit, carcerem et perpetua iuncula, mortem denique illam lentam de fame comminatur, si quisquam hominum vel in transitu digito tenus eam contigisset, idque deierans etiam confirmat per omnia divina numina. Ergo igitur summo pavore perculsum Myrmecem acerrimum relinquens uxori secutorem securam dirigit profectionem.

Tunc obstinato animo vehementer anxius Myrmex nec usquam

dominam suam progredi sinebat et lanificio domestico districtam inseparabilis adsidebat ac tantum necessario vespertini lavacri progressu adfixus atque conglutinatus, extremas manu prendes lacinias, mira sagacitate commissae provinciae fidem tuebatur.

XVIII. Sed ardentem Philesitheri vigilantiam matronae nobilis pulchritudo latere non potuit. Atque hac ipsa potissimum famosa castitate et insignis tutelae nimietate instinctus atque inflammatus, quiduis facere, quiduis pati paratus, ad expugnandam tenacem domus disciplinam totis accingitur viribus, certusque fragilitatis humanae fidei et quod pecuniae cunctae sint difficultates perviae auroque soleant adamantinae etiam perfringi fores, opportune nanctus Myrmecis solitatem, ei amorem suum aperit et supplex eum medellam cruciatui deprecatur: nam sibi statutam decretamque mortem proximae, ni maturis cupido potiatur; nec eum tamen quicquam in re facili formidare debere, quippe cum vespera solus fide tenebrarum contectus atque absconditus introrepere et intra momentum temporis remeare posset, his et huiusce modi suadelis validum addens ad (postremum) cuneum, qui rigentem prorsus servi tenacitatem violenter diffinderet; porrecta enim manu sua demonstrat ei novitate nimia candentes solidos aureos, quorum viginti quidem puellae destinasset, ipsi vero decem libenter offerret.

XIX. Exhorruit Myrmex inauditum facinus et occlusis auribus effugit protinus. Nec auri tamen splendor flammeus oculos ipsius exire potuit, sed quam procul semotus et domum celeri gradu pervectus, videbat tamen decora illa monetae lumina et opulentam praedam iam tenebat animo miroque mentis salo et cogitationum dissentione misellus in diversas sententias carpebatur ac distrahebatur: illic fides, hic lucrum, illic cruciatus, hic voluptas. Ad postremum tamen formidinem mortis vicit aurum. Nec saltem spatio cupido formonsae pecuniae leniebatur, sed nocturnas etiam curas invaserat pestilens avaritia, ut quamvis erilis eum comminatio domi cohiberet, aurum tamen foras evocaret. Tunc, devorato pudore et dimota cunctatione, sic ad aures dominae mandatum perfert. Nec a genuina levitate descivit mulier, sed exsecrando metallo pudicitiam suam protinus auctorata est. Ita gaudio perfusus advolat ad suae fidei praecipitium Myrmex, non modo capere verum saltem contigere quam exitio suo viderat pecuniam cupiens, et magnis suis laboribus perfectum desiderium Philesithero laetitia percitus nuntiat statimque destinatum praemium reposcit, et tenet nummos aureos manus Myrmecis, quae nec aereos norat.

XX. Iamque nocte promota solum perducit ad domum probeque capite contectum amatorem strenuum infert adusque dominae cubiculum. Commodum novis amplexibus Amore rudi litabant, commodum prima stipendia Veneri militabant nudi milites: et contra omnium opinionem captata noctis opportunitate inprovisus maritus adsistit suae domus ianuam. Iam pulsat, iam clamat, iam saxo fores verberat et ipsa tarditate magis magisque suspectus dira comminatur Myrmeci supplicia. At ille repentino malo perturbatus et misera trepidatione ad inopiam consilii deductus, quod solum poterat, nocturnas tenebras sibi causabatur obsistere quin clavem curiose absconditam reperiret. Interdum Philesitherus cognito strepitu raptim tunicam iniectus sed plane prae turbatione pedibus intectis procurrit cubiculo. Tunc Myrmex tandem clave pessulis subiecta repandit fores et recepit etiam tunc fidem deum boantem dominum eoque propere cubiculum petente clandestino transcursu dimittit Philesitherum. Quo iam pro limite liberato securus sui clausa domo rursum se reddidit quieti.

XXI. Sed dum prima luce Barbarus procedit cubiculo, videt sub lectulo soleas incognitas, quibus inductus Philesitherus inrepserat, suspectisque a re nata quae gesta sunt, non uxori non ulli familiarum cordolio patefacto, sublatis iis et in sinum furtim absconditis, iusso tantum Myrmece per conservos vincto forum versus adtrahi, tacitos secum mugitus iterans rapidum dirigit gressum, certum solearum indicio vestigium adulteri posse se perfacile indipisci. Sed ecce per plateam dum Barbarus vultu turgido subductisque superciliis incedit iratus ac pone eum Myrmex vinculis obrutus, non quidem coram noxae prehensus, conscientia tamen pessima permixtus lacrimis uberibus ac postremis lamentationibus inefficacem commovet miserationem, opportune Philesitherus occurrens, quanquam diverso quodam negotio destinatus, repentina tamen facie permotus, non enim deterritus, recolens festinationis suae delictum et cetera consequenter suspicatus sagaciter extemplo sumpta familiari constantia, dimotis invadit cum summo clamore Myrmecem pugnisque malas eius clementer obtundens: "At te," inquit "nequissimum et periurum caput, dominus iste tuus et cuncta caeli numina, quae deierando temere devocasti, pessimum pessime perduit, qui de balneis soleas hesterna die mihi furatus es: dignus hercules, dignus, qui et ista vincula conteras et insuper carceris etiam tenebras perferas." Hac opportuna fallacia vigorati iuvenis inductus immo sublatus et ad credulitatem delapsus Barbarus, postliminio domum regressus, vocato Myrmece, soleas illas offerens et ignovit ex animo et, uti domino redderet, cui surripuerat, suasit."

XXII. Hactenus adhuc anicula garriente suscipit mulier: "Beatam illam, quae tam constantis sodalis libertate fruitur! At ego misella molae etiam sonum et ecce illius scabiosi asini faciem timentem familiarem incidi."

Ad haec anus: "Iam tibi ego prope suasum et confirmatum animi amatorem illum alacrem vadimonium sistam" et insuper condicta vespertina regressione cubiculo facessit.

At pudica uxor statim cenas saliares comparat, vina pretiosa defaecat, pulmenta recentia tuccetis temperat. Mensam largiter instruit; denique, ut dei cuiusdam adventus, sic exspectatur adulteri. Nam et opportune maritus fortis apud naccam proximum cenitabat. Ergo igitur metis die propinquante helcio tandem absolutus refectuique secure redditus non tam hercules laboris libertaten gratulabar quam quod revelatis luminibus libere iam cunctas facinorosae mulieris artes prospectare poteram. Sol ipsum quidem delapsus Oceanum subterrenas orbis plagas inluminabat, et ecce nequissimae anus adhaerens lateri temerarius adulter adventat, puer admodum et adhuc lubrico genarum splendore conspicuus, adhuc adulteros ipse delectans. Hunc multis admodum saviis exceptum mulier cenam iubet paratam adcumbere.

XXIII. Sed ut primum occursoriam potionem et inchoatum gustum extremis labiis contingebat adulescens, multo celerius opinione rediens maritus adventat. Tunc uxor egregia diras devotiones in eum deprecata et crurum ei fragium amborum ominata, exsangui formidine trepidantem adulterum alveo ligneo, quo frumenta contusa purgari consuerant, temere propter iacenti suppositum abscondit, ingenitaque astutia dissimulato tanto flagitio, intrepidum mentita vultum, percontatur de marito cur utique contubernalis artissimi deserta cenula praematurus adforet. At ille dolenti prorsum animo suspirans adsidue:

"Nefarium" inquit "et extremum facinus perditae feminae tolerare nequiens fuga me proripui. Hem qualis, dii boni, matrona, quam fida quamque sobria turpissimo se dedecore foedavit! Iuro per istam ego sanctam Cererem me nunc etiam meis oculis de tali muliere minus credere."

Hic instincta verbis mariti audacissima uxor noscendae rei cupiens non cessat optundere, totam prorsus a principio fabulam promeret. Nec destitit, donec eius voluntati succubuit maritus et sic, ignarus suorum, domus alienae percenset infortunium:

XXIV. Contubernalis mei fullonis uxor, alioquin servati pudoris ut videbatur femina, quae semper secundo rumore gloriosa larem mariti pudice gubernabat, occulta libidine prorupit in adulterum quempiam. Cumque furtivos amplexus obiret adsidue, ipso illo denique momento quo nos lauti cenam petebamus, cum eodem illo iuvene miscebatur in venerem. Ergo nostra repente turbata praesentia, subitario ducta consilio, eundem illum subiectum contegit viminea cavea, quae fustium flexu tereti in rectum aggerata cumulum lacinias circumdatas suffusa candido fumo sulpuris inalbabat, eoque iam ut sibi videbatur tutissime celato mensam nobiscum secura participat. Interdum acerrimo gravique odore sulpuris iuvenis inescatus atque obnubilatus intercluso spiritu diffluebat, utque est ingenium vivacis metalli, crebras ei sternutationes commovebat.

XXV. Atque ut primum e regione mulieris pone tergum eius maritus acceperat sonum sternutationis — quod enim putaret ab ea profectum — solito sermone salutem ei fuerat imprecatus et iterato rursum et frequentato saepius, donec rei nimietate commotus quod res erat tandem suspicatur. Et impulsa mensa protenus remotaque cavea producit hominem crebros anhelitus aegre reflantem inflammatusque indignatione contumeliae, gladium flagitans, iugulare moriturum gestiebat, ni respecto communi periculo vix eum ab impetu furioso cohibuissem adseverans brevi absque noxa nostri suapte inimicum eius violentia sulpuris periturum. Nec suadela mea, sed ipsius rei necessitate lenitus, quippe iam semivivum, illum in proximum deportat angiportum. Tum uxorem eius tacite suasi ac denique persuasi, secederet paululum atque ultra limen tabernae ad quampiam tantisper (deverteret) familiarem sibi mulierem, quoad spatio fervens mariti sedaretur animus, qui tanto calore tantaque rabie perculsus non erat dubius aliquid etiam de re suaque coniuge tristius profecto cogitare. Talium contubernalis epularum taedio fugatus larem reveni meum."

XXVI. Haec recensete pistore iam dudum procax et temeraria mulier exsecrantibus fullonis illius detestabatur uxorem: illam perfidam, illam impudicam, denique universi sexus grande dedecus, quae suo pudore postposito torique genialis calcato foedere larem mariti lupanari maculasset infamia iamque perdita nuptae dignitate prostitutae sibi nomen adsciverit; addebat et talis oportere vivas exuri feminas. Et tamen taciti vulneris et suae sordidae conscientiae commonita, quo maturius stupratorem suum tegminis cruciatu liberaret, identidem suadebat maritum temperius quieti decedere. At ille utpote intercepta cena, profugus et prorsus ieiunus, mensam potius comiter postulabat. Adponebat ei propere, quamvis invita, mulier quippini destinatam alii. Sed mihi penita carpebantur praecordia et praecedens facinus et praesentem deterrimae feminae constantiam cogitanti mecumque sedulo deliberabam, si quo modo possem detectis ac revelatis fraudibus auxilium meo perhibere domino illumque, qui ad instar testudinis alveum succubabat, depulso tegmine cunctis palam facere.

XXVII. Sic erili contumelia me cruciatum tandem caelesti respexit providentia. Nam senex claudus, cui nostra tutela permissa fuerat, universa nos iumenta, id hora iam postulante, ad lacum proximum bibendi causa gregatim prominabat. Quae res optatissimam mihi vindictae subministravit occasionem. Namque praetergrediens observatos extremos adulteri digitos, qui per angustias cavi tegminis prominebant, obliquata atque infesta ungula compressos usque ad summam minutiem contero, donec intolerabili dolore commotus, sublato flebili clamore repulsoque et abiecto alveo, conspectui profano redditus scaenam propudiosae mulieris patefecit.

Nec tamen pistor damno pudicitiae magnopere commotus exsangui pallore trepidantem puerum serena fronte et propitiata facie commulcens incipit: "Nihil triste de me tibi, fili, metuas. Non sum barbarus nec agresti morum squalore praeditus nec ad exemplum naccinae truculentiae sulpuris te letali fumo necabo ac ne iuris quidem severitate lege de adulteris ad discrimen vocabo capitis tam venustum tamque pulchellum puellum, sed plane cum uxore mea partiario tractabo. Nec herciscundae familiae sed communi dividundo formula dimicabo, ut sine ulla controversia vel dissensione tribus nobis in uno conueniat lectulo. Nam et ipse semper cum mea coniugem tam concorditer vixi ut ex secta prudentium eadem nobis ambobus placerent. Sed nec aequitas ipsa patitur habere plus auctoritatis uxorem quam maritum."

XXVIII. Tali sermonis blanditie cavillatum deducebat ad torum nolentem puerum, sequentem tamen; et pudicissima illa uxore alterorsus disclusa solus ipse cum puero cubans gratissima corruptarum nuptiarum vindicta perfruebatur. Sed cum primum rota solis lucida diem peperit, vocatis duobus e familia validissimis, quam altissime sublato puero, ferula nates eius obverberans: "Tu autem," inquit "tam mollis ac tener admodum puer, defraudatis amatoribus aetatis tuae flore, mulieres adpetis atque eas liberas et conubia lege sociata conrumpis et intempestivum tibi nomen adulteri vindicas?"

His et pluribus verbis compellatum et insuper adfatim plagis castigatum forinsecus abicit. At ille adulterorum omnium fortissimus, insperata potitus salute, tamen nates candidas illas noctu diuque dirruptus, maerens profugit. Nec setius pistor ille nuntium remisit uxori eamque protinus de sua proturbavit domo.

XXIX. At illa praeter genuinam nequitiam contumelia etiam, quamvis iusta, tamen altius commota atque exasperata ad armillum revertit et ad familiares feminarum artes accenditur magnaque cura requisitam veteratricem quandam feminam, quae devotionibus ac maleficiis quiduis efficere posse credebatur, multis exorat precibus multisque suffarcinat muneribus, alterum de duobus postulans, vel rursum mitigato conciliari marito vel, si id nequiverit, certe larva vel aliquo diro numine immisso violenter eius expugnari spiritum. Tunc saga illa et divini potens primis adhuc armis facinerosae disciplinae suae velitatur et vehementer offensum mariti flectere atque in amorem impellere conatur animum. Quae res cum ei sequius ac rata fuerat proveniret, indignata numinibus et praeter praemii destinatum compendium contemptione etiam stimulata ipsi iam miserrimi mariti incipit imminere capiti umbramque violenter peremptae mulieris ad exitium eius instigare.

XXX. Sed forsitan lector scrupulosum reprehendes narratum meum sic argumentaberis: "Vnde autem tu, astutule asine, intra terminos pistrini contentus, quid secreto, ut adfirmas, mulieres gesserint scire potuisti?". Accipe igitur quem ad modum homo curiosus iumenti faciem sustinens cuncta quae in perniciem pistoris mei gesta sunt cognovi. Diem ferme circa mediam repente intra pistrinum mulier reatu miraque tristitie deformis apparuit, flebili centunculo semiamicta, nudis et intectis pedibus, lurore buxeo macieque foedata, et discerptae comae semicanae sordentes inspersu cineris pleramque eius anteventulae contegebant faciem. Haec talis manu pistori clementer iniecta, quasi quippiam secreto conlocutura, in suum sibi cubiculum deducit eum et abducta fore quam diutissime demoratur. Sed cum esset iam confectum omne frumentum, quod inter manus opifices tractaverant, necessarioque peti deberet aliud, servuli cubiculum propter adstantes dominum vocabant operique supplementum postulabant. Atque ut illis (iterum et) saepicule [et inter] vocaliter clamantibus nullus respondit dominus, iam forem pulsare validius, et, quod diligentissime fuerat oppessulata, maius peiusque aliquid opinantes, nisu valido reducto vel diffracto cardine, tandem patefaciunt aditum. Nec uspiam reperta illa muliere vident e quodam tigillo constrictum iamque exanimem pendere dominum, eumque nodo cervicis absolutum detractumque summis plangoribus summisque lamentationibus atque ultimo lavacro procurant, peractisque feralibus officiis, frequenti prosequente comitatu, tradunt sepulturae.

XXXI. Die sequenti filia eius accurrit e proxumo castello, in quod quidem denupserat, maesta atque crines pendulos quatiens et interdum pugnis obtundens ubera, quae nullo quidem domus infortunium nuntiante cuncta cognorat, sed ei per quietem obtulit sese flebilis patris sui facies adhuc nodo revincta cevice, eique totum novercae scelus aperuit de adulterio, de maleficio, et quem ad modum larvatus ad inferos demeasset. Ea cum se diutino plangore cruciasset, concursu familiarum cohibita tandem pausam luctui fecit. Iamque nono die rite completis apud tumulum sollemnibus familiam supellectilemque et omnia iumenta ad hereditariam deducit auctionem. Tunc unum larem varie dispergit venditionis incertae licentiosa fortuna. Me denique ipsum pauperculus quidam hortulanus comparat quinquaginta nummis, magno, ut aiebat, sed ut communi labore victum sibi quaereret.

XXXII. Res ipsa mihi poscere videtur ut huius quoque serviti mei disciplinam exponam. Matutino me multis holeribus onustum proxumam civitatem deducere consuerat dominus atque ibi venditoribus tradita merce, dorsum insidens meum, sic hortum redire. Ac dum fodiens, dum irrigans, ceterosque incurvus labore deservit, ego tantisper otiosus placita quiete recreabar. Sed ecce siderum ordinatis ambagibus per numeros dierum ac mensuum remeans annus post mustulentas autumni delicias ad hibernas Capricorni pruinas deflexerat, et adsiduis pluviis nocturnisque rorationibus sub dio et intecto conclusus stabulo continuo discruciabar frigore, quippe cum meus dominus prae nimia paupertate ne sibi quidem nedum mihi posset stramen aliquod vel exiguum tegimen parare, sed frondoso casulae contentus umbraculo degeret. Ad hoc matutino lutum nimis frigidum gelusque praeacuta frusta nudis invadens pedibus enicabar ac ne suetis saltem cibariis ventrem meum replere poteram. Namque et mihi et ipso domino cena par ac similis oppido tamen tenuis aderat, lactucae veteres et insuaves illae, quae seminis enormi senecta ad instar scoparum in amaram caenosi sucus cariem exolescunt.

XXXIII. Nocte quadam paterfamilias quidam e pago proximo tenebris inluniae caliginis impeditus et imbre nimio madefactus atque ob id ab itinere directo cohibitus ad hortulum nostrum iam fesso equo deverterat, receptusque comiter pro tempore licet non delicato necessario tamen quietis subsidio, remunerari benignum hospitem cupiens, promittit ei de praediis suis sese daturum et frumenti et olivi aliquid et amplius duos vini cados. Nec moratus meus sacculo et utribus vacuis secum adportatis nudae spinae meae residens ad sexagesimum stadium profectionem comparat. Eo iam confecto viae spatio pervenimus ad praedictos agros ibique statim meum dominum comis hospes opipari prandio participat. Iamque iis poculis mutuis altercantibus mirabile prorsus evenit ostentum. Vna de cetera cohorte gallina per mediam cursitans aream clangore genuino velut ovum parere gestiens personabat. Eam suus dominus intuens: "O bona" inquit "ancilla et satis fecunda, quae multo iam tempore cotidianis nos partubus saginasti. Nunc etiam cogitas, ut video, gustulum nobis praeparare." Et "heus", inquit "puer calathum fetui gallinaceo destinatum angulo solito collocato." Ita, uti fuerat iussum, procurante puero gallina consuetae lecticulae spreto cubili ante ipsius pedes domini praematurum sed magno prorsus futurum scrupulo partum. Non enim ovum, quod scimus, illud; sed pinnis et unguibus et oculis et voce etiam perfectum edidit pullum, qui matrem suam coepit continuo comitari.

XXXIV. Nec eo setius longe maius ostentum et quod omnes merito perhorrescerent exoritur. sub ipsa enim mensa, quae reliquias prandii gerebat, terra dehiscens imitus largissimum emicuit sanguinis fontem; hic resultantes uberrimae guttae mensam cruore perspergunt. Ipsoque illo momento quod stupore defixi mirantur ac trepidant divina praesagia, concurrit unus e cella vinaria nuntians omne vinum, quod olim diffusum fuerat, in omnibus doliis ferventi calore et prorsus ut igne copioso subdito rebullire. Visa est interea mustela etiam mortuum serpentem forinsecus mordicus adtrahens, et de ore pastoricii canis virens exsiluit ranula, ipsumque canes qui proximus consistebat aries adpetitum unico morsu strangulavit. Haec tot ac talia ingenti pavore domini illius et familiae totius ad extremum stupore deiecerant animos, quid prius quidve posterius, quid magis quid minus numinum caelestium leniendis minis quid et qualibus procuraretur hostiis.

XXXV. Adhuc omnibus exspectatione taeterrimae formidinis torpidis accurrit quidam servulus magnas et postremas domino illi fundorum clades adnuntians. Namque is adultis iam tribus liberis doctrina instructis et verecundia praeditis vivebat gloriosus. His adulescentibus erat cum quodam paupere modicae casulae domino vetus familiaritas. At enim casulae parvulae conterminos magnos et beatos agros possidebat vicinus potens et dives et iuvenis (splendidae) prosapiae (sed) maiorum gloria male utens pollensque factionibus et cuncta facile faciens in civitate; (hic) hostili modo vicini tenuis incursabat pauperiem pecua trucidando, boves abigendo, fruges adhuc immaturas obterendo. Iamque tota frugalitate spoliatum ipsis etiam glebulis exterminare gestiebat finiumque inani commota questione terram totam sibi vindicabat. Tunc agrestis, verecundus alioquin, avaritia divitis iam spoliatus, ut suo saltem sepulchro paternum retineret solum, amicos plurimos ad demonstrationem finium trepidans eximie corrogarat. Aderant inter alios tres illi fratres cladibus amici quantulum quantulum ferentes auxilium.

XXXVI. Nec tamen ille vaesanus tantillum praesentia multorum civium territus vel confusus, licet non rapinis, saltem verbis temperare voluit, sed illis clementer expostulantibus fervidosque eius mores blanditiis permulcentibus repente suam suorumque carorum salutem quam sanctissime adiurans adseverat parvi se pendere tot mediatorum praesentiam, denique vicinum illum auriculis per suos servulos sublatum de casula longissime statimque proiectum iri. Quo dicto insignis indignatio totos audientium pertemptavit animos. Tunc unus et tribus fratribus incunctanter et paulo liberius respondit frustra eum suis opibus confisum tyrannica superbia comminari, cum alioquin pauperes etiam liberali legum praesidio de insolentia locupletium consueverint vindicari. Quod oleum flammae, quod sulpur incendio, quod flagellum Furiae, hoc et iste sermo truculentiae hominis nutrimento fuit. Iamque ad extremam insaniam vecors, suspendium sese et totis illis et ipsis legibus mandare proclamans, canes pastoricios, villaticos feros atque immanes, adsuetos abiecta per agros essitare cadavera, praeterea etiam transeuntium viatorum passivis morsibus alumnatos, laxari atque in eorum exitium inhortatos immitti praecepit. Qui simul signo solito pastorum incensi atque inflammati sunt, furiosa rabie conciti et latratibus etiam absonis horribiles eunt in homines eosque variis adgressi vulneribus distrahunt ac lacerant nec fugientibus saltem compercunt, sed eo magis inritatiores secuntur.

XXXVII. Tunc inter confertam trepidae multitudinis stragem e tribus iunior offenso lapide atque obtunsis digitis terrae prosternitur saevisque illis et ferocissimis canibus instruit nefariam dapem; protenus enim nancti praedam iacentem miserum illum adolescentem frustatim discerpunt. Atque ut eius letalem ululatum cognovere ceteri fratres, accurrunt maesti suppetias obvolutisque lacinia laevis manibus lapidum crebris iactibus propugnare fratri atque abigere canes adgrediuntur. Nec tamen eorum ferociam vel conterere vel expugnare potuere, quippe cum miserrimus adulescens ultima voce prolata, vindicarent de pollutissimo divite mortem fratris iunioris, ilico laniatus interisset. Tunc reliqui fratres non tam hercules desperata quam ultro neglecta sua salute contendunt ad divitem atque ardentibus animis impetuque vaesano lapidibus crebris in eum velitantur. At ille cruentus et multis ante flagitiis similibus exercitatus percussor iniecta lancea duorum alterum per pectus medium transadegit. Nec tamen peremptus ac prorsus exanimatus adulescens ille terrae concidit; nam telum transvectum atque ex maxima parte pone tergum elapsum soloque nisus violentia defixum rigore librato suspenderat corpus. Sed et quidam de servulis procerus et validus sicario ille ferens auxilium lapide contorto tertii illius iuvenis dexterum brachium longo iactu petierat, sed impetu casso per extremos digitos transcurrens lapis contra omnium opinionem deciderat innoxius.

XXXVIII. Non nullam tamen sagacissimo iuveni proventus humanior vindictae speculam subministravit. Ficta namque manus usae debilitate sic crudelissimum iuvenem compellat: Fruere exitio totius nostrae familiae et sanguine trium fratrum insatiabilem tuam crudelitatem pasce et de prostratis tuis civibus gloriose triumpha, dum scias, licet privato suis possessionibus paupere fines usque et usque proterminaveris, habiturum te tamen vicinum aliquem. Nam haec etiam dextera, quae tuum prorsus amputasset caput, iniquitate fati contusa decidit." Quo sermone, alioquin exasperatus, furiosus latro rapto gladio sua miserrimum iuvenem manu peremturus invadit avidus. Nec tamen sui molliorem provocat; quippe insperato et longe contra eius opinionem resistens iuvenis complexu fortissimo arripit eius dexteram magnoque nisu ferro librato multis et crebris ictibus impuram elidit divitis animam et, ut accurrentium etiam familiarium manu se liberaret, confestim adhuc inimici sanguine delibuto mucrone gulam sibi prorsus exsecuit.

Haec erant quae prodigiosa praesagaverant ostenta, haec quae miserrimo domino fuerant nuntiata. Nec ullum verbum ac ne tacitum quidem fletum tot malis circumventus senex quivit emittere, sed adrepto ferro, quo commodum inter suos epulones caseum atque alias prandii partes diviserat, ipse quoque ad instar infelicissimi sui filii iugulum sibi multis ictibus contrucidat, quoad super mensam cernulus corruens portentosi cruoris maculas novi sanguinis fluvio proluit.

XXXIX. Ad istum modum puncto brevissimo dilapsae domus fortunam hortulanus ille miseratus suosque casus graviter ingemescens, depensis pro prandio lacrimis vacuasque manus complodens saepicule, protinus inscenso me retro quam veneramus viam capessit. Nec innoxius ei saltem regressus evenit. Nam quidam procerus et, ut indicabat habitus atque habitudo, miles e legione, factus nobis obvius, superbo atque adroganti sermone percontatur, quorsum vacuum duceret asinum? At meus, adhuc maerore permixtus et alias Latini sermonis ignarus, tacitus praeteribat. Nec miles ille familiarem cohibere quivit insolentiam, sed indignatus silentio eius ut convicio, viti quam tenebat obtundens eum dorso meo proturbat. Tunc hortulanus subplicue respondit sermonis ignorantia se quid ille disceret scire non posse. Ergo igitur Graece subiciens miles: "Vbi" inquit "ducis asinum istum?".

Respondit hortulanus petere se civitatem proximam. "Sed mihi" inquit "opera eius opus est; nam de proximo castello sarcinas praesidis nostri cum ceteris iumentis debet advehere"; et iniecta statim manu loro me, quo ducebar, arreptum incipit trahere. Sed hortulanus prioris plagae vulnere prolapsum capite sanguinem detergens rursus deprecatur civilius atque mansuetius versari commilitonem idque per spes prosperas eius orabat adiurans. "Nam et hic ipse" aiebat "iners asellus et nihilo minus (mordax) morboque detestabili caducus vix etiam paucos holerum maniculos de proximo hortulo solet anhelitu languido fatigatus subvehere, nedum ut rebus amplioribus idoneus videatur gerulus."

XL. Sed ubi nullis precibus mitigari militem magisque in suam perniciem advertit efferari iamque inversa vite de vastiore nodulo cerebrum suum diffindere, currit ad extrema subsidia simulansque sese ad commovendam miserationem genua evis velle contigere, summissus atque incurvatus, arreptis eius utrisque pedibus sublimem terrae graviter adplodit et statim qua pugnis qua cubitis qua morsibus, etiam de via lapide correpto, totam faciem manusque eius et latera converberat. Nec ille, ut primum humi supinatus est, vel repugnare vel omnino munire se potuit, sed plane identidem comminabatur, si surrexisset, sese concisurum eum machaera sua frustatim. Quo sermone eius commonefactus hortulanus eripit ei spatham eaque longissime abiecta rursum saevioribus eum plagis adgreditur. Nec ille prostratus et praeventus vulneribus reperire saluti quiens subsidium, quod solum restabat, simulat sese mortuum. Tunc spatham illam secum asportans hortulanus inscenso me concito gradu recta festinat ad civitatem nec hortulum suum saltem curans invisere ad quempiam sibi devertit familiarem. Cunctisque narratis deprecatur, periclitanti sibi ferret auxilium seque cum suo sibi asino tantisper occultaret, quoad celatus spatio bidui triduive capitalem causam evaderet. Nec oblitus ille veteris amicitiae prompte suscipit, meque per scalas complicitis pedibus in superius cenaculum adtracto hortulanus deorsus in ipsa tabernula derepit in quandam cistulam et supergesto delitiscit orificio.

XLI. At miles ille, ut postea didici, tandem velut emersus gravi crapula, nutabundus tamen et tot plagarum dolore saucius baculoque se vix sustinens, civitatem adventat confususque de impotentia deque inertia sua quicquam ad quemquam referre popularium, sed tacitus iniuriam devorans quosdam commilitones nanctus is tantum clades enarrat suas. Placuit ut ipse quidem contubernio se tantisper absconderet — nam praeter propriam contumeliam militaris etiam sacramenti genium ob amissam spatham verebatur —, ipsi autem signis enotatis investigationi vindictaeque sedulam darent operam. Nec defuit vicinus perfidus, qui nos ilico occultari nuntiaret. Tunc commilitones accersitis magistratibus mentiuntur sese multi pretii vasculum argenteum praesidis in via perdidisse idque hortulanum quendam reperisse nec velle restituere, sed apud familiarem quendam sibi delitescere. Tunc magistratus et damno et praesidis nomine cognito veniunt ad deversori nostri fores claraque voce denuntiant hospiti nostro nos, quos occultaret apud se certo certius, dedere potius quam discrimen proprii subiret capitis. Nec ille tantillum conterritus salutique studens eius, quem in suam receperat fidem, quicquam de nobis fatetur ac diebus plusculis nec vidisse quidem illum hortulanum contendit. Contra commilitones ibi nec uspiam illum delitescere adiurantes genium principis contendebant. Postremum magistratibus placuit obstinate denegantem scrutinio detegere. Immissis itaque lictoribus ceterisque publicis ministeriis angulatim cuncta sedulo perlustrari iubent, nec quisquam mortalium ac ne ipse quidem asinus intra comparere nuntiatur.

XLII. Tunc gliscit violentior utrimquesecus contentio, militum pro comperto de nobis adseverantium fidemque Caesaris identidem implorantium, at illius negantis adsidueque deum numen obtestantis. Qua contentione et clamoso strepitu cognito, curiosus alioquin et inquieti procacitate praeditus asinus, dum obliquata cervice per quandam fenestrulam quidquam sibi vellet tumultus ille prospicere gestio, unus e commilitonibus casu fortuito conlimatis oculis ad umbram meam cunctos testatur incoram. Magnus denique continuo clamor exortus est et emensis protinus scalis iniecta manu quidam me velut captivum detrahunt. Iamque omni sublata cunctatione scrupulosius contemplantes singula, cista etiam illa revelata, repertum productumque et oblatum magistratibus miserum hortulanum poenas scilicet capite pensurum in publicum deducunt carcerem summoque risu meum prospectum cavillari non desinunt. Vnde etiam de prospectu et umbra asini natum est frequens proverbium.

## LIBER X

I. Die sequenti meus quidem dominus hortulanus quid egerit nescio, me tamen miles ille, qui propter eximiam impotentiam pulcherrime vapularat, ab illo praesepio nullo equidem contradicente dictum abducit atque a suo contubernio — hoc enim mihi videbatur sarcinis propriis onustum et prorsum exornatum armatumque militariter producit ad viam. Nam et galeam nitore praedicantem et scutum gerebam longius relucens, sed etiam lanceam longissimo hastili conspicuam, quae scilicet non disciplinae tunc quidem causa, sed propter sarcinarum cumulo ad instar exercitus sedulo composuerat. Confecta campestri nec adeo difficili via quandam civitatulam pervenimus nec in stabulo, sed in domo cuiusdam decurionis devertimus. Statimque me commendato cuidam servulo ipse ad praepositum suum, qui mille armatorum ducatum sustinebat, sollicite proficiscitur.

II. Post dies plusculos ibidem dissignatum scelestum ac nefarium facinus memini, sed ut vos etiam legatis, ad librum profero. Dominus aedium habebat iuvenem filium prope litteratum atque ob id consequenter pietate modestia praecipuum, quem tibi quoque provenisse cuperes vel talem. Huius matre multo ante defuncta rursum matrimonium sibi reparaverat ductaque alia filium procreaverat alium, qui adaeque iam duodecimum annum aetatis supergressus erat. Sed noverca forma magis quam moribus in domo mariti praepollens, seu naturaliter impudica seu fato ad extremum impulsa flagitium, oculos ad privignum adiecit. Iam ergo, lector optime, scito te tragoediam, non fabulam legere et a socco ad coturnum ascendere.

Sed mulier illa, quamdiu primis elementis Cupido parvulus

nutriebat, imbecillis adhuc eius viribus facile ruborem tenuem deprimens silentio resistebat. At ubi completis igne vaesano totis praecordiis inmodice bacchatus Amor exaestuabat, saevienti deo iam succubuit, et languore simulato vulnus animi metitur [in] corporis valetudinem. Iam cetera salutis vultusque detrimenta et aegris et amantibus examussim convenire nemo qui nesciat: pallor deformis, marcentes oculi, lassa genua, quies turbida et suspiritus cruciatus tarditate vehementior. Crederes et illam fluctuare tantum vaporibus febrium, nisi quod et flebat. Heus medicorum ignarae mentes, quid venae pulsus, quid coloris intemperantia, quid fatigatus anhelitus et utrimquesecus iactatae crebiter laterum mutuae vicissitudines? Dii boni, quam facilis licet non artifici medico cuivis tamen docto Veneriae cupidinis comprehensio, cum videas aliquem sine corporis calore flagrantem!

III. Ergo igitur impatientia furoris altius agitata diutinum rupit silentium at ad se vocari praecipit filium — quod nomen in eo, si posset, ne ruboris admoneretur, libenter eraderet. Nec adulescens aegrae parentis moratus imperium, senili tristitie striatam gerens frontem, cubiculum petit, uxori patris matrique fratris utcumque debitum sistens obsequium. Sed illa cruciabili silentio diutissime fatigata et ut in quodam vado dubitationis haerens omne verbum, quod praesenti sermoni putabat aptissimum, rursum improbans nutante etiam nunc pudore, unde potissimum caperet exordium, decunctatur. At iuvenis nihil etiam tunc sequius suspicatus summisso vultu rogat ultro praesentis causas aegritudinis. Tunc illa nacta solitudinis damnosam occasionem prorumpit in audaciam et ubertim adlacrimans laciniamque contegens faciem voce trepida sic eum breviter adfatur:

"Causa omnis et origo praesentis doloris set etiam medela ipsa et salus unica mihi tute ipse es. Isti enim tui oculi per meos oculos ad intima delapsi praecordia meis medullis acerrimum commovent incendium. Ergo miserere tua causa pereuntis nec te religio patris omnino deterreat, cui morituram prorsus servabis uxorem. Illius enim recognoscens imaginem in tua facie merito te diligo. Habes solitudinis plenam fiduciam, habes capax necessarii facinoris otium. Nam quod nemo novit, paene non fit."

IV. Repentino malo perturbatus adulescens, quanquam tale facinus protinus exhorruisset, non tamen negationis intempestiva severitate putavit exasperandum, sed cautae promissionis dilatione leniendum. Ergo prolixe pollicetur et bonum caperet animum refectionique se ac saluti redderet impendio suadet, donec patris aliqua profectione liberum voluptati concederetur spatium, statimque se refert a noxio conspectu novercae. Et tam magnam domus cladem ratus indigere consilio pleniore ad quendam compertae gravitatis educatorem senem protinus refert. Nec quicquam diutina deliberatione tam salubre visum quam fuga celeri procellam fortunae saevientis evadere. Sed impatiens vel exiguae dilationis mulier ficta qualibet causa confestim marito miris persuadet artibus ad longissime dissitas festinare villulas. Quo facto maturae spei vesania praeceps promissae libidinis flagitat vadimonium. Sed iuvenis, modo istud modo aliud causae faciens, exsecrabilem frustratur eius conspectum, quoad illa, nuntiorum varietate pollicitationem sibi denegatam manifesto perspiciens, mobilitate lubrica nefarium amorem ad longe deterius transtulisset odium. Et adsumpto statim nequissimo et ad omne facinus emancipato quodam dotali servulo perfidiae suae consilia communicat; nec quicquam melius videtur quam vita miserum privare iuvenem. Ergo missus continuo furcifer venenum praesentarium comparat idque vino diligenter dilutum insontis privigni praeparat exitio.

V. Ac dum de oblationis opportunitate secum noxii deliberant homines, forte fortuna puer ille iunior, proprius pessimae feminae filius, post matutinum laborem studiorum domum se recipiens, prandio iam capto sitiens repertum vini poculum, in quo venenum latebat inclusum, nescius fraudis occultae continuo perduxit haustu. Atque ubi fratri suo paratam mortem ebibit, examinis terrae procumbit, ilicoque repentina pueri pernicie paedagogus commotus ululabili clamore matrem totamque ciet familiam. Iamque cognito casu noxiae potionis varie quisque praesentium auctorem insimulabant extremi facinoris. Sed dira illa femina et malitiae novercalis exemplar unicum non acerba filii morte, non parricidii conscientia, infortunio domus, non luctu mariti vel aerumna funeris commota cladem familiae in vindictae compendium traxit, missoque protinus cursore, qui vianti marito domus expugnationem nuntiaret, ac mox eodem ocius ab itinere regresso personata nimia temeritate insimulat privigni veneno filium suum interceptum. Et hoc quidem non adeo mentiebatur, quod iam destinatam iuveni mortem praevenisset puer, sed fratrem iuniorem fingebat ideo privigni scelere peremptum, quod eius probrosae libidini, qua se comprimere temptaverat, noluisset succumbere. Nec tam immanibus contenta mendacis addebat sibi quoque ob detectum flagitium eundem illum gladium comminari. Tunc infelix duplici filiorum morte percussum magnis aerumnarum procellis aestuat. Nam et iuniorem incoram sui funerari videbat et alterum ob incestum parricidiumque capitis scilicet nimium mentitis lamentationibus ad extremum subolis impellebatur odium.

VI. Vixdum pompae funebres et sepultura filii fuerant explicatae, et statim ab ipso eius rogo senex infelix, ora sua recentibus adhuc rigans lacrimis trahensque cinere sordentem canitiem, foro se festinus immittit. Atque ibi tum fletu tum precibus genua etiam decurionum contingens nescius fraudium pessimae mulieris in exitium reliqui filii plenis operabatur affectibus: illum incestum paterno thalamo, illum parricidam fraterno exitio et in comminata novercae caede sicarium. Tanta denique miseratione tantaque indignatione curiam sed et plebem maerens inflammaverat, ut remoto iudicandi taedio et accusationis manifestis probationibus et responsionis meditatis ambagibus cuncti conclamarint lapidibus obrutum publicum malum publice vindicari. Magistratus interim metu periculi proprii, ne de parvis indignationis elementis ad exitium disciplinae civitatisque seditio procederet, partim decuriones deprecari, partim populares compescere, ut rite et more maiorum iudicio reddito et utrimquesecus allegationibus examinatis civiliter sententia promeretur, nec ad instar barbaricae feritatis vel tyrannicae impotentiae damnaretur aliquis inauditus et in pace placida tam dirum saeculo proderetur exemplum.

VII. Placuit salubre consilium et ilico iussus praeco pronuntiat, patres in curiam convenirent. Quibus protinus dignitatis iure consueta loca residentibus rursum praeconis vocatu primus accusator incendit. Tunc demum clamatus inducitur etiam reus, et exemplo legis Atticae Martiique iudicii causae patronis denuntiat praeco neque principia dicere neque miserationem commovere.

Haec ad istum modum gesta compluribus mutuo sermocinantibus cognovi. Quibus autem verbis accusator urserit, quibus rebus diluerit reus ac prorsus orationes altercationesque neque ipse absens apud praesepium scire neque ad vos, quae ignoravi, possim enuntiare, sed quae plane comperi, ad istas litteras proferam.

Simul enim finita est dicentium contentio, veritatem criminum fidemque probationibus certis instructi nec suspicionibus tantam coniecturam permitti placuit, atque illum potissimum servum, qui solus haec ita gesta esse scire diceretur, sisti modis omnibus oportere. Nec tantillum cruciarius ille vel fortuna tam magni indicii vel confertae conspectu curiae vel certe noxia conscientia sua deterrimus, quae ipse finxerat, quasi vera adseverare atque adserere incipit: quod se vocasset indignatus fastidio novercae iuvenis, quod, ulciscens iniuriam, filiis eius mandaverit necem, quod promisisset grande silentii praemium, quod recusanti mortem sit comminatus, quod venenum sua manu temperatum dantum fratri reddiderit, quod ac criminis probationem reservatum poculum neclexisse (se) suspicatus sua postremum manu porrexit puero.

Haec eximie nimis ad veritatis imaginem verberone illo simulata cum trepidatione proferente finitum est indicium.

VIII. Nec quisquam decurionum tam aequus remanserat iuveni, quin eum evidenter noxae compertum insui culleo pronuntiaret. Cum iam sententiae pares, cunctorum stilis ad unum sermonem congruentibus, ex more perpetuo in urnam aeream deberent coici, quo semel conditis calculis, iam cum rei fortuna transacto, nihil postea commutari licebat, sed mancipabatur potestas capitis in manum carnificis, unus e curia senior prae ceteris compertae fidi atque auctoritatis praecipuae medicus orificium urnae manu contegens, ne quis mitteret calculum tenere, haec ad ordinem pertulit: "Quod aetatis sum, vobis adprobatum me vixisse gaudeo, nec patiar falsis criminibus petito reo manifestum homicidium perpetrari nec vos, qui vire iurando adstrictis, inductos servuli mendacio peierare. Ipse non possum calcata numinum religione conscientiam meam fallens perperam pronuntiare. Ergo, ut res est, de me cognoscite.

IX. Furcifer iste, venenum praesentarium comparare sollicitus centumque aureos solidos offerens pretium, me non olim convenerat, quod aegroto cuidam dicebat necessarium, qui morbi inextricabilis veterno vehementer implicitus vitate se cruciatui subtrahere gestiret. At ego, perspiciens malum istum verberonem blaterantem atque inconcinne causificantem certusque aliquod moliri flagitium, dedi quidem potionem, dedi; sed futurae quaestioni praecavens non statim pretium, quod offerebatur, accepi, aureorum nequam vel adulter reperiatur, in hoc ipso sacculo conditos eos anulo tuo praenota, donec altera die nummulario praesente comprobentur".

Sic inductus signavit pecuniam, quam exinde, ut iste repraesentatus est iudicio, iussi de meis aliquem curriculo taberna promptam adferre et en ecce perlatam coram exhibeo. Videat et suum sigillum recognoscat. Nam quem ad modum eius veneri frater insimulari potest, quod iste comparaverit?"

X. Ingens exinde verberonem corripit trepidatio et in vicem humani coloris succedit pallor infernus perque universa membra frigidus sudor emanabat: tunc pedes incertis alternationibus commovere, modo hanc, modo illam capitis partem scalpere et ore semiclauso balbuttiens nescio quas afannas effutire, ut eum nemo prorsus a culpa vacuum merito crederet; sed revalescente rursus astutia constantissime negare et accersere mendacii non desinit medicum. Qui praeter iudicii religionem cum fidem suam coram lacerari videret, multiplicato studio verberonem illum contendit redarguere, donec iussu magistratuum ministeria publica contrectatis nequissimi servi manibus anulum ferreum deprehensum cum signo sacculi conferunt, quae comparatio praecedentem roboravit suspicionem. Nec rota vel eculeus more Graecorum tormentis eius apparata iam deerant, sed offirmatus mira praesumptione nullis verberibus ac ne ipso quidem succumbit igni.

XI. Tunc medicus: "Non patiar" inquit "hercules, non patiar vel contra fas de innocente isto iuvene supplicium vos sumere vel hunc ludificato nostro iudicio poenam noxii facinoris evadere. Dabo enim rei praesenti evidens argumentum. Nam cum venenum peremptorium comparare pessimus iste gestiret nec meae sectae crederem convenire causas ulli praebere mortis nec exitio sed saluti hominum medicinam quaesitam esse didicissem, verens ne, si daturum me negassem, intempestiva repulsa viam sceleri subministrarem et ab alio quopiam exitiabilem mercatus hic potionem vel postremum gladio vel quovis telo nefas inchoatum perficeret, dedi venenum, sed somniferum, mandragoram illum gravedinis compertae famosum et morti simillimi soporis efficacem. Nec mirum desperatissimum istum latronem certum extremae poenae, quae more maiorum in eum competit, cruciatus istos ut leviores facile tolerare. Sed si vere puer meis temperatam manibus sumpsit potionem, vivit et quiescit et dormit et protinus marcido sopore discusso remeabit ad diem lucidam. Quod [sive peremtus est] si morte praeventus est, quaeratis licet causas mortis eius alias."

XII. Ad istum modum seniore adorante placuit, et itur confestim magna cum festinatione ad illud sepulchrum quo corpus pueri depositum iacebat. Nemo de curia, de optimatibus nemo ac ne de ipso quidem populo quisquam, qui non illuc curiose confluxerit. Ecce pater, suis ipse manibus coperculo capuli remoto, commodum discusso mortifero sopore surgentem postliminio mortis deprehendit filium eumque complexum artissime, verbis impar praesenti gaudio, producit ad populum. Atque ut erat adhuc feralibus amiculis instrictus atque obditus deportatur ad iudicium puer. Iamque liquido servi nequissimi atque mulieris nequioris patefactis sceleribus procedit in medium nuda veritas et novercae quidem perpetuum indicitur exsilium, servus vero patibulo suffigitur et omnium consensu bono medico sinuntur aurei, opportuni somni pretium. Et illius quidem senis famosa atque fabulosa fortuna providentiae divinae condignum accepit exitum, qui momento modico immo puncto exiguo post orbitatis periculum adulescentium duorum pater repente factus est.

XIII. At ego tunc temporis talibus fatorum fluctibus volutabar. Miles ille, qui me nullo vendente comparaverat et sine pretio suum fecerat, tribuni sui praecepto debitum sustinens obsequium, litteras ad magnum scriptas principem Romam versus perlaturus, vicinis me quibusdam duobus servis fratribus undecim denariis vendidit. Hic erat dives admodum dominus. At illorum alter pistor dulciarius, qui panes et mellita concinnabat edulia, alter cocus, qui sapidissimis intrimentis sucuum pulmenta condita vapore mollibat. Vnico illi contubernio communem vitam sustinebant meque ad vasa illa compluria gestanda praestinarant, quae domini religiones plusculas pererrantis variis usibus erant necessaria. Adsciscor itaque inter duos illos fratres tertius contubernalis, haud ullo tempore tam benivolam fortunam expertus. Nam vespera post opiparas cenas eramque splendidissimo apparatus multas numero partes in cellulam suam mei solebant reportare domini: ille porcorum, pullorum, piscium et cuiusce modi pulmentorum largissima reliquias, hic panes, crustula, lucunculos, hamos, lacertulos et plura scitamenta mellita. Qui cum se refecturi clausa cellula balneas petissent, oblatis ego divinitus dapibus adfatim saginabar. Nec enim tam stultus eram tamque vere asinus, ut dulcissimi illis relictis cibis cenarem asperrimum faenum.

XIV. Et diu quidem pulcherrime mihi furatrinae procedebat artificium, quippe adhuc timide et satis parce subripienti de tam multis pauciora nec illis fraudes ullas in asino suspicantibus. At ubi fiducia latenti pleniore capta partes opimas quasque devorabam et iucundiora eligens abligurribam dulcia, suspicio non exilis fratrum pupugit animos, et quanquam de me nihil etiam tum tale crederent, tamen cotidiani damni studiose vestigabant reum. Illi vero postremo etiam mutuo sese rapinae turpissimae criminabantur, iamque curam diligentiorem at acriorem custodelam et dinumerationem adhibebant partium. Tandem denique rupta verecundia sic alter alterum compellat:

"At istud iam neque aequum ac ne humanum quidem cotidie te partes electiores surripere atque iis divenditis peculium latenter augere, de reliquis aequam vindicare divisionem, Si tibi denique societas ista displicet, possumus omnia quidem cetera fratres manere, ab isto tamen nexu communionis discidere. Nam videro in immensum damni procedentem querelam nutrire nobis immanem discordiam."

Subicit alvis: "Laudo istam tuam mehercules et ipse constantiam, quod cotidie furatis clanculo partibus praevenisti querimoniam, quam diutissime sustinens tacitus ingemescebam, ne viderer rapinae sordidae meum fratrem arguere. Sed bene, quod utrimquesecus sermone prolato iacturae remedium quaeritur, ne silentio procedens simultas Eteocleas nobis contentiones pariat."

XV. His et similibus altercati conviciis deierantur utrique nullam se prorsus fraudem, nullam denique subreptionem factitasse, sed plane debere cunctis artibus communis dispendii latronem inquiri; nam neque asinum, qui solus interesset, talibus cibis adfici posse, et tamen cotidie partis electiles comparere nusquam, nec utique cellulam suam tam immanes involare muscas, ut olim Harpyiae fuere, quae diripiebant Phineias dapes. Interea liberalibus cenis inescatus et humanis adfatim cibis saginatus corpus obesa pinguitie compleveram, corium arvina suculenta molliveram, pilum liberali nitore nutriverat. Sed iste corporis mei decor pudori peperit grande dedecus. Insolita namque tergoris vastitate commoti, faenum prorsus intactum cotidie remanere cernentes, iam totis ad me dirigunt animos. Et hora consueta velut balneas petituri clausis ex more foribus per quandam modicam cavernam rimantur me passim expositis epulis inhaerentem. Nec ulla cura iam damni sui habita mirati monstruosas asini delicias risu maximo dirumpuntur vocatoque uno et altero ac dein pluribus conservis gulam. Tantum denique ac tam liberatis cachinnus cunctos invaserat, ut ad aures quoque praetereuntis perveniret domini.

XVI. Sciscitatus denique, quid bonum rideret familia, cognito quod res erat, ipse quoque per idem prospiciens forarem delectatur eximie; ac dehinc risu ipse quoque latissimo adusque intestinorum dolorem redactum, iam patefacto cubiculo proxime consistens coram arbitratur. Nam et ego tandem ex aliqua parte mollius mihi renidentis fortunae contemplatum faciem, gaudio praesentium fiduciam mihi subministrante, nec tantillum commotus securus esitabam, quoad novitate spectaculi laetus dominus aedium duci me iussit, immo vero suis etiam ipse manibus ad triclinium perduxit mensaque posita omne genus edulium solidorum et inlibata fercula iussit adponi. At ergo quanquam iam bellule suffarcinatus, gratiosum commendatioremque me tamen ei fare cupiens esurienter exhibitas escas adpetebam. Nam et quid potissimum abhorreret asino excogitantes scrupulose ad explorandam mansuetudinem id offerebant mihi, carnes lasere infectas, altilia pipere inspersa, pisces exotico iure perfusos. Interim convivium summo risu personabat. Quidam denique praesentes scurrula: "Date? inquit "sodali huic quippiam meri."

Quod dictum dominus secutus: "Non adeo" respondit "absurde iocatus es, furcifer; valde enim fleri potest, ut contubernalis noster poculum quoque mulsi libenter adpetat." Et "heus", ait " puer, lautum diligenter ecce illum aureum cantharum mulso contempera et offer parasito meo; simul, quod ei praebiberim, commoneto."

Ingens exin oborta est epulonum exspectatio. Nec ulla tamen ego ratione conterritus, otiose ac satis genialiter contorta in modum linguae postrema labia grandissimum illum calicem uno haustum perduxi. Et clamor exsurgit consola voce cunctorum salute me prosequentium.

XVII. Magno denique delibutus gaudio dominus, vocatis servis suis, emptoribus meis, iubet quadruplum restitui pretium meque cuidam acceptissimo liberto suo et satis peculiato magnam praefatus diligentiam tradidit. Qui me satis humane satisque comiter nutriebat et, quo se patrono commendationem faceret, studiosissime voluptates eius per meas argutias instruebat. Et primum me quidem mensam accumbere suffixo cubito, dein adluctari et etiam saltares sublatis primoribus pedibus perdocuit, quodque esset adprime mirabile, verbis nutum commodare, ut quod nollem relato, quod vellem deiecto capite monstrarem, sitiensque pocillatore respecto, ciliis alterna conivens, bibere flagitarem. Atque haec omnia perfacile oboediebam, quae nullo etiam monstrante scilicet facerem. Sed verebar ne, si forte sine magistro humano ritu ederem pleraque, rati saevum praesagium portendere, velet monstrum ostentumque me obtruncatum vulturiis opimum pabulum redderent. Iamque rumor publice crebruerat, quo conspectum atque famigerabilem meis miris artibus affeceram dominum: hic est, qui sodalem conivamque possidet asinum luctantem, asinum saltantem, asinum voces humanas intellegentem, sensum nutibus exprimentem.

XVIII. Sed prius est ut vobis, quod initio facere debueram, vel nunc saltem referam, vis iste vel unde fuerit: Thiasus hoc enim nomine meus nuncupabatur dominus — oriundus patria Corintho, quod caput est totius Achaiae provinciae, ut eius prosapia atque dignitas postulabat, gradatim permensis honoribus quinquennali magistratui fuerat destinatus, et ut splendori capessendorum responderet fascium, munus gladiatorum triduani spectaculi pollicitus latius munificentiam suam porrigebat. Denique gloriae publicae studio tunc Thessaliam etiam accesserat nobilissimas feras et famosos inde gladiatores comparaturus, iamque ex arbitrio dispositis coemptisque omnibus domuitionem parabat. Spretis luculentis illis suis vehiculis ac posthabitis decoris raedarum carpentis, quae partim contecta partim revelata frustra novissimis trahebantur consequiis, equis etiam Thessalicis et aliis iumentis Gallicanis, quibus generosa suboles perhibet pretiosa dignitatem, me phaleris aureis et fucatis ephippis et purpureis tapetis et frenis argenteis et pictilibus balteis et tintinnabulis perargutis exornatum ipse residens amantissime nonnumquam commisit adfatur sermonibus atque inter alia pleraque summe se delectari profitebatur, quod haberet in me simul et convivam et vectorem.

XIX. At ubi partim terrestri partim maritimo itinere confecto Corinthum accessimus, magnae civium turbae confluebant, ut mihi videbatur, non tantum Thiasi studentes honori quam mei conspectus cupientes. Nam tanta etiam ibidem de me fama pervaserat, ut non mediocri questui praeposito illo meo fuerim. Qui cum multos videret nimio favore lusus meos spectare gestientes, obserata fore atque singulis eorum sorsus admissis, stipes acceptans non parvas summulas diurnas corradere consuerat.

Fuit in illo conventiculo matrona quaedam pollens et opulens. Quae more ceterorum visum meum mercata ac dehinc multiformibus ludicris delectata per admirationem adsiduam paulatim in admirabilem mei cupidinem incidit; nec ullam vaesanae libidini medelam capiens ad instar asinariae Pasiphaae complexus meos ardenter exspectabat, grandi denique praemio cum altore depecta est noctis unius concubitum; at ille nequaquam <anxius, ecquid> posset de me suave provenire, lucro suo tantum contentus, adnuit.

XX. Iam demique cenati a triclinio domini decesseramus et iam dudum praestolantem cubiculo meo matronam offendimus. Dii boni, qualis ille quamque praeclarus apparatus! Quattuor eunuchi confestim pulvillis compluribus ventose tumentibus pluma delicata terrestrem nobis cubitum praestruunt, sed et strangula veste auro ac murice Tyrio depicta probe consternunt ac desuper brevibus admodum, sed satis copiosis pulvillis aliis nimis modicis, quis maxillas et cervices delicatae mulieres suffulcire consuerunt, superstruunt. Nec dominae voluptates diutina sua praesentia morati, clavis foribus facessunt. At intus cerei praeclara micantes luce nocturnas nobis tenebras inalbabant.

XXI. Tunc ipsa cuncto prorsus spoliata tegmine, taenia quoque, qua decoras devinxerat papillas, lumen propter adsistens, de stagneo vasculo multo sese perungit oleo balsamino meque indidem largissime perfricat, sed multo tanta impensius (cura) etiam nares perfundit meas. Tunc exosculata pressule, non qualia in lupanari solent basiola vel meretricum poscinummia vel adventorum negantinummia, sed pura atque sincera instruit et blandissimos adfatus: "Amo" et "Cupio" et "Te solum diligo" et "Sine te iam vivere nequeo" et cetera, quis mulieres et alios inducunt et suas testantur adfectationes, capistroque me prehensum more, quo didiceram, reclinat facile, quippe cum nil novi nihilque difficile facturus mihi viderer, praesertim post tantum temporis tam formosae mulieris cupiens amplexus obiturus; nam et vino pulcherrimo atque copioso memet madefeceram et ungento flagrantissimo prolubium libidinis suscitaram.

XXII. Sed angebar plane non exili metu reputans, quem ad modum tantis tamque magis cruribus possem delicatam matronam inscendere vel tam lucida tamque tenera et lacte ac melle confecta membra duris ungulis complecti labiasque modicas ambroseo rore purpurantes tam amplo ore tamque enormi et saxeis dentibus deformi saviari, novissime quo pacto, quanquam ex unguiculis perpruriscens, mulier tam vastum genitale suscipet: heu me, qui dirrupta nobili femina bestiis obiectus munus instructurus sim mei domini! Molles interdum voculas et adsidua savia et dulces gannitus commorsicantibus oculis iterabat illa, et in summa: "Teneo te" inquit "teneo, meum palumbulum, meum passerem" et cum dicto vanas fuisse cogitationes meas ineptumque monstrat metus. Artissime namque complexa totum me prorsus, sed totum recepit. Illa vero quotiens ei parcens nates recellebam, accendes toties nisu rabido et spinam prehendes meam adplicitiore nexu inhaerebat, ut hercules etiam deesse mihi aliquid ad supplendam eius libidinem crederem, nec Minotauri matrem frustra delectatam putarem adultero mugiente. Iamque operosa et pervigili nocte transacta, vitata lucis conscientia facessit mulier condicto pari noctis futurae pretio.

XXIII. Nec gravate magister meus voluptates ex eius arbitrio largiebatur partim mercedes amplissimas acceptando, raptim novum spectaculum domino praeparando. Incunctanter ei denique libidinis nostrae totam detegit scaenam. At ille liberto magnifice munerato destinat me spectaculo publico. Et quoniam neque egregia illa uxor mea propter dignitatem neque prorsus ulla alis inveniri potuerat grandi praemio, quae mecum incoram publicans pudicitiam populi caveam frequentaret. Eius poenae talem cognoveram fabulam.

Maritum habuit, cuius pater peregre proficiscens mandavit uxoris suae, matri eiusdem iuvenis — quod enim sarcina praegnationis oneratam eam relinquebat — ut, si sexus sequioris edidisset fetum, protinus quo esset editum necaretur. At illa, per absentiam mariti nata puella, insita matribus pietate praeventa descivit ab obsequio mariti eamque prodidit vicinis alumnandam, regressoque iam marito natam necatamque nuntiavit. Sed ubi flos aetatis nuptialem virgini diem flagitabat nec ignaro marito dotare filiam pro natalibus quibat, quod solum potuit, filio suo tacitum secreto aperuit. Nam et oppido verebatur ne quos casu, caloris iuvenalis impetu lapsus, nescius nesciam sororem incurreret. Sed pietatis spectatae iuvenis et matris obsequium et sororis officium religiose dispensat et arcanis domus venerabilis silentii custodiae traditis, plebeiam facie tenus praetendens humanitatem, sic necessarium sanguinis sui munus adgreditur ut desolatam domus suae tutela receptaret ac mox artissimo multumque sibi dilecto contubernali, largius de proprio dotem, liberalissime traderet.

XXIV. Sed haec bene atque optime plenaque cum sanctimonia disposita feralem Fortunae nutum latere non potuerunt, cuius instinctu domum iuvenis protinus se direxit saeva Rivalitas. Et illico haec eadem uxor eius, quae nunc bestiis propter haec ipsa fuerat addicta, coepit puellam velut aemulam tori succubamque primo suspicari, dehinc detestari, dehinc crudelissimis laqueis mortis insidiari, Tali denique comminiscitur facinus.

Anulo mariti surrepto rus profecta mittit quendam servulum sibi quidem fidelem, sed de ipsa Fide pessime merentem, qui puellae nuntiaret quod eam iuvenis profectus ad villulam vocarent ad sese, addito ut sola et sine ullo comite quam maturissime perveniret. Et ne qua forte nasceretur veniendi cunctatio, tradit anulum marito subtractum, qui monstratus fidem verbis adstipularetur. At illa mandatu fratris obsequens — hoc enim nomen sola sciebat — respecto etiam signo eius, quod offerebatur, naviter, ut praeceptum fuerat, incomitata festinabat. Sed ubi fraudis extremae lapsa decipulo laqueos insidiarum accessit, tunc illa uxor egregia sororem mariti libidinosae furiae stimulis efferata primum quidem nudam flagris ultime verberat, dehinc quod res erat, clamantem quodque frustra paelicatus indignatione bulliret fratrisque nomen saepius iterantem velut mentitam atque cuncta fingentem titione candenti inter media femina detruso crudelissimae necavit.

XXV. Tunc acerbae mortis exciti nuntiis frater et maritus accurrunt variisque lamentationibus defletam puellam tradunt sepulturae. Nec iuvenis sororis suae mortem tam miseram et qua minime par erat inlatam aequo quivit animo, sed medullitus dolore commotus acerrimaeque bilis noxio furore perfusus exin flagrantissimi febribus ardebat, ut ipsi quoque iam medela videretur esse necessaria. Sed uxor, quam iam pridem nomen uxoris cum fide perdiderat, medicum convenit quendam notae perfidiae, qui iam multarum palmarum spectatus proeliis magna dexterae suae tropaea numerabat, eique protinus quinquaginta promittit sestertia, ut ille quidem momentarium venenum venderet, ipsa autem emeret mortem mariti sui. Quo compecto simulatur necessaria praecordiis leniendis bilive subtrahendae illa praenobilis potio, quam sacram doctiores nominant, sed in eius vicem subditur alia Proserpinae sacra Saluti. Iamque praesente familia et nonnullis amicis et adfinibus aegroto medicus poculum probe temperatum manu sua porrigebat.

XXVI. Sed audax illa mulier, ut simul et conscium sceleris amoliretur et quam desponderat pecuniam lucraretur, coram detento calice: "Non prius", inquit "medicorum optime, non prius carissimo mihi marito trades istam potionem quam de ea bonam partem hauseris ipse. Vnde enim scio an noxium in eam lateat venenum? Quae res utique te tam prudentem tamque doctum virum nequaquam offendet, si religiosa uxor circa salutem mariti sollicita necessariam adfero pietatem."

Qua mira desperatione truculentae feminae repente perturbatus medicus excussusque toto consilio et ob angustiam temporis spatio cogitandi privatus, antequam trepidatione aliqua vel cunctatione ipsa daret malae conscientiae suspicionem, indidem de potione gustavit ampliter. Quam quidem secutus adulescens etiam, sumpto calice, quod offerebatur hausit. Ad istum modum praesenti transacto negotio medicus quam celerrime domum remeabat, salutifera potione pestem praecedentis veneni festinans extinguere. Nec eum obstinatione sacrilega, qua semel coeperat, truculenta mulier ungue latius a se discere passa est — "priusquam" inquit "digesta potione medicinae proventus appareat" — sed aegre precibus et ostentationibus eius multum ac diu fatigata tandem abire concessit. Interdum perniciem caenam totis visceribus furentem medullae penitus adtraxerant, multum denique saucius et gravedine somnulenta iam demersus domum pervadit aegerrime. Vixque enarratis cunctis ad uxorem mandato saltem promissam mercedem mortis geminatae deposceret, sic elisum violenter spectatissimus medicus effundit spiritum.

XXVII. Nec ille tamen iuvenis diutius vitam tenuerat, sed inter fictas mentitasque lacrimas uxoris pari casu mortis fuerat extinctus. Iamque eo sepulto, paucis interiectis diebus, quis feralia mortuis litantur obsequia, uxor medici pretium geminae mortis petens aderat. Sed mulier usquequaque sui similis, fidei supprimens faciem, praetendes imaginem, blandicule respondit et omnia prolixe adcumulateque pollicetur et statutum praemium sine mora se redditura constituit, modo pauxillum de ea potione largiri sibi vellet ad incepti negotii persecutionem. Quid pluribus? Laqueis fraudium pessimarum uxor inducta medici facile consentit et, quo se gratiorem locupleti feminae faceret, properiter domo petitam totam prorsus veneri pyxidem mulieri tradidit. Quae grandem scelerum nancta materiam longe lateque cruentas suas manus porrigit.

XXVIII. Habebat filiam parvulam de marito, quem nuper necaverat. Huic infantulae quod leges necessariam patris successionem deferrent, sustinebat aegerrime inhiansque toto filiae patrimonio inminebat et capiti. Ergo certa defunctorum liberorum matres sceleratas hereditates excipere, talem parentem praebuit, pro tempore et uxorem medici simul et suam filiam venero eodem percutit. Sed parvulae quidem tenuem spiritum et delicata ac tenera praecordia conficit protinus viris infestum, at uxor medici, dum noxiis ambagibus pulmones eius pererrat tempestas detestabilis potionis, primum suspicata, quod res erat, mox urgente spiritu iam certo certior contendit ad ipsam praesidis domum magnoque fidem eius protestata clamore et populi concitato tumultu, utpote tam immania detectura flagitia, efficit, statim sibi simul et domus et aures praesidis patefierent. Iamque ab ipso exordio crudelissimae mulieris cunctis atrocitatibus diligenter expositis, repente mentis nubilo turbine correpta semihiantes adhuc compressit labias et, attritu dentium longo stridore reddito, ante ipso praedis pedes examinis corruit. Nec ille vir, alioquin exercitus, tam multiforme facinus excetrae venenatae dilatione languida passus marcescere confestim cubiculariis mulieris adtractis vi tormentorum veritatem eruit atque illam, minus quidem quam merebatur, sed quod dignus cruciatus alius excogitari non poterat, certe bestiis obiciendam pronuntiavit.

XXIX. Talis mulieris publicitus matrimonium confarreaturus ingentique angore oppido suspensus exspectabam diem muneris, saepius quidem mortem mihimet volens consciscere, priusquam scelerosae mulieris contagio macularer vel infamia publici spectaculi depudescerem. Sed privatus humana manu, privatus digitis, ungula rutunda atque mutila gladium stringere nequaquam poteram. Plane tenui specula solabar clades ultimas, quod ver in ipso ortu iam gemmulis floridis cuncta depingeret et iam purpureo nitore praeta vestiret et commodum dirrupto spineo tegmine spirantes cinnameos odores promicarent rosae, quae me priori meo Lucio redderent.

Dies ecce numeri destinatus aderat. Ad conseptum caveae prosequente populo pompatico favore deducor. Ad dum ludicris scaenicorum choreis primitiae spectaculi dedicantur, tantisper ante portam constitutus pabulum laetissimi graminis, quod in ipso germinabat aditu, libens adfectabam, subinde curiosos oculos patente porta spectaculi prospectu gratissimo reficiens. Nam puelli puellaeque virenti florentes aetatula, forma conspicui veste nitidi, incessu gestuosi, Graecanicam saltaturi pyrricam dispositis ordinationibus decoros ambitus inerrabant nunc in orbem rotatum flexuosi, nunc in obliquam seriem conexi et in quadratum patorem cuneati et in catervae discidium separati. Ad ubi discursus reciproci multinodas ambages tubae terminalis cantus explicuit, aulaeo subductu et complicitis siparis scaena disponitur.

XXX. Erat mons ligneus, ad instar incliti montis illius, quem vates Homerus Idaeum cecinit, sublimi instructus fabrica, consitus virectis et vivis arboribus, summo cacumine, de manibus fabri fonti manante, fluvialis aquas eliquans. Capellae pauculae tondebant herbulas et in modum Paridis, Phrygii pastoris, barbaricis amiculis umeris defluentibus, pulchre indusiatus simulabat magisterium. Adest luculentus puer nudus, nisi quod ephebica chlamida sinistrum tegebat umerum, flavis crinibus usquequaque conspicuus, et inter conas eius aureae pinnulae colligatione simili sociatae prominebant; quem [caduceum] et virgula Mercurium indicabat, Is saltatorie procurrens malumque bracteis inauratum dextra gerens (adulescentis), qui Paris videbatur, porrigit, qui mandaret Iuppiter nutu significans, et protinus gradum scitule referens et conspectu facessit.

Insequitur puella vultu honesta in deae Iunonis speciem similis: nam et caput stringebat diadema candida, ferebat et sceptrum. Inrupit alia, quam putares Minervam, caput contecta fulgenti galea — et oleaginea corona tegebatur ipsa galea — clypeum attollens et hastam quatiens et qualis illa, cum pugnat.

XXXI. Super has introcessit alia, visendo decore praepollens, gratia coloris ambrosei designans Venerem, qualis fuit Venus, cum fuit virgo, nudo et intecto corpore perfectam formositatem professa, nisi quod tenui pallio bombycino inumbrabat spectabilem pubem. Quam quidem laciniam curiosulus ventus satis amanter nunc lasciviens reflabat, ut dimota pateret flos aetatulae, nunc luxurians aspirabat, ut adhaerens pressule membrorum voluptatem graphice liniaret. Ipse autem color deae diversus in speciem, corpus candidum, quod caelo demeat, amictus caerulus, quod mari remeat. Iam singulas virgines, quae deae putabantur, (sui tutabantur) comites, Iunonem quidem Castor et Pollux, quorum capita cassides ovatae stellarum apicibus insignes contegebant, sed et isti Castores erant scaenici pueri. Haec puella varios modulos Iastia concinente tibia procedens quieta et inadfectata gesticulatione nutibus honesti pastori pollicetur, si sibi praemium decoris addixisset, sese regnum totius Asiae tributuram. At illam quam cultus armorum Minervam fecerat duo pueri muniebant, proeliaris deae comites armigeri, Terror et Metus, nudis insultantes gladiis. At pone tergum tibice Dorium canebat bellicosum et permiscens bombis gravibus tinnitus acutos in modum tubae saltationis agilis vigorem suscitabat. Haec inquieto capite et oculis in aspectum minacibus citato et intorto genere gesticulationis alacer demonstrabat Paridi, si sibi formae victoriam tradidisset, fortem tropaeisque bellorum inclitum suis adminiculis futurum.

XXXII. Venus ecce cum magno favore caveae in ipso meditullio scaenae, circumfuso populo laetissimorum, dulce subridens constitit amoene: illos teretes et lacteos puellos diceres tu Cupidines veros de caelo vel mari commodum involasse; nam et pinnulis et sagittulis et habitu cetero formae praeclare congruebant et velut nuptialis apulas obiturae dominae coruscis praelucebant facibus. Et influunt innuptarum puellarum decorae subole, hinc Gratiae gratissimae, inde Horae pulcherrimae, quae iaculis foris serti et soluti deam suam propitiantes scitissimum construxerant chorum, dominae voluptatum veris coma blandientes. Iam tibiae multiforabiles cantus Lydios dulciter consonant. Quibus spectatorum pectora suae mulcentibus, longe suavior Venus placide commoveri cunctantique lente vestigio et leniter fluctuante spinula et sensim adnutante capite coepit incedere mollique tibiarum sono delicatis respondere gestibus et nunc mite conivenibus nunc acre comminantibus gestire pupulis et nonnumquam saltare solis oculis. haec ut primum ante iudicis conspectum facta est, nisu brachiorum polliceri videbatur, si fuisset deabus ceteris antelata, daturam se nuptam Paridi forma praecipuam suique consimilem. Tunc animo volenti

Phrygius iuvenis malum, quod tenebat, aureum velut victoriae calculum puellae tradidit.

XXXIII. Quid ergo miramini, vilissima capita, immo forensia pecora, immo vero togati vulturii, si totis nunc iudices sententias suas pretio nundinantur, cum rerum exordio inter deos et homines agitatum indicium corruperit gratia et originalem sententiam magni Iovis consiliis electus iudex rusticanus et opilio lucro libidinis vendiderit cum totis etiam suae stirpis exitio? Sic hercules et aliud sequensque iudicium inter inclito Achivorum duces celebratum, [vel] eum falsis insimulationibus eruditione doctrinaque praepollens Palamedes proditionis damnatur, virtute Martia praepotenti praefertur Vlixes modicus Aiaci maximo. Quale autem et illud iudicium apud legiferos Athenienses catos illos et omnis scientiae magistros? Nonne divinae prudentiae senex, quem sapientia praetulit cunctis mortalibus deus Delphicus, fraude et invidia nequissimae factionis circumventus velut corruptor adulescentiae, quam frenis cohercebat, herbae pestilentis suco noxio peremptus est relinquens civibus ignominiae perpetuae maculam, cum nunc etiam egregii philosophi sectam eius sanctissimam praeoptent et summo beatitudinis studio iurent in ipsius nomen? Sed nequis indignationis meae reprehendat impetum secum sic reputans: "Ecce nunc patiemur philosophantem nobis asinum?", rursus, unde decessi, revertar ad fabulam.

XXXIV. Postquam finitum est illud Paridis iudicium, Iuno quidem cum Minerva tristes et iratis similes e scaena redeunt, indignationem repulsae gestibus professae, Venus vero gaudens et hilaris laetitiam suam saltando toto cum choro professa est. Tunc de summo montis cacumine per quandam latentem fistulam in excelsum prorumpit vino crocus diluta sparsique deflens pascentis circa capellas odoro perpluit imbre, donec in meliorem maculatae speciem canitiem propriam luteo colore mutarent. Iamque tota suae fraglante cavea montem illum ligneum terrae vorago decepit.

Ecce quidam miles per mediam plateam dirigit cursum petiturus iam populo postulante illam de puplico carcere mulierem, quam dixi propter multiforme scelus bestis esse damnatam meisque praeclaris nuptiis destinatam. Et iam torus genialis scilicet noster futurus accuratissime disternebatur lectus Indica testudine perlucidus, plumea congerie tumidis, veste serica floribus. At ego praeter pudorem obeundi publice concubitus, praeter contagium scelerae pollutaeque feminae, metu iam mortis maxime cruciabar sic ipse mecum reputans, quod in amplexus Venerio scilicet nobis cohaerentibus, quaecumque ad exitium mulieris bestia fuisset immissa, non adeo vel prudentia sollers vel artificio docta vel absistentia frugi posset provenire, ut adiacentem lateri meo laceraret mulierem, mihi vero quasi indemnato et innoxio parceret.

XXXV. Ergo igitur non de pudore iam, sed de salute ipsa sollicitus, dum magister meus lectulos probe coaptando districtus inseruit et tota familia partim ministerio venationis occupata partim voluptario spectaculo adtonita meis cogitationibus liberum tribuebatur arbitrium, nec magnoque quisquam custodiendum tam mansuetum putabat asinum, paulatim furtivum pedem proferens portam, quae proxima est, potitus iam cursu memet celerrimo proripio Cenchreas pervado, quod oppidum audit quidem nobilissimae coloniae Corinthiensium, adluitur autem Aegaeo et Saronico mari. Inibi portus etiam tutissimum navium receptaculum magno frequentatur populo. Vitatis ergo turbulis et electo secreto litore prope ipsa fluctuum aspergines in quodam mollissimo harenae gremio lassum corpus porrectus refovero. Nam et ultimam diei metam curriculum solis deflexerat et vespertinae me quieti traditum dulcis somnus oppresserat.

## LIBER XI

I. Circa primam ferme noctis vigiliam experrectus pavore subito, video praemicantis lunae candore nimio completum orbem commodum marinis emergentem fluctibus; nanctusque opacae noctis silentiosa secreta, certus etiam summatem deam praecipua maiestate pollere resque prorsus humanas ipsius regi providentia, nec tantum pecuina et ferina, verum inanima etiam divino eius luminis numinisque nutu vegetari, ipsa etiam corpora terra caelo marique nunc incrementis consequenter augeri, nunc detrimentis obsequenter imminui, fato scilicet iam meis tot tantisque cladibus satiato et spem salutis, licet tardam, subministrante, augustum specimen deae praesentis statui deprecari; confestimque discussa pigra quiete <laetus et> alacer exsurgo meque protinus purificandi studio marino lavacro trado septiesque summerso fluctibus capite, quod eum numerum praecipue religionibus aptissimum divinus ille Pythagoras prodidit, [laetus et alacer] deam praepotentem lacrimoso vultu sic adprecabar:

II. "Regina caeli, — sive tu Ceres alma frugum parens originalis, quae, repertu laetata filiae, vetustae glandis ferino remoto pabulo, miti commonstrato cibo nunc Eleusiniam glebam percolis, seu tu caelestis Venus, quae primis rerum exordiis sexuum diversitatem generato Amore sociasti et aeterna subole humano genere propagato nunc circumfluo Paphi sacrario coleris, seu Phoebi soror, quae partu fetarum medelis lenientibus recreato populos tantos educasti praeclarisque nunc veneraris delubris Ephesi, seu nocturnis ululatibus horrenda Proserpina triformi facie larvales impetus comprimens terraeque claustra cohibens lucos diversos inerrans vario cultu propitiaris, — ista luce feminea conlustrans cuncta moenia et udis ignibus nutriens laeta semina et solis ambagibus dispensans incerta lumina, quoquo nomine, quoquo ritu, quaqua facie te fas est invocare: tu meis iam nunc extremis aerumnis subsiste, tu fortunam collapsam adfirma, tu saevis exanclatis casibus pausam pacemque tribue; sit satis laborum, sit satis periculorum. Depelle quadripedis diram faciem, redde me conspectui meorum, redde me meo Lucio, ac si quod offensum numen inexorabili me saevitia premit, mori saltem liceat, si non licet vivere."

III. Ad istum modum fusis precibus et adstructis miseris lamentationibus rursus mihi marcentem animum in eodem illo cubili sopor circumfusus oppressit. Necdum satis conixeram, et ecce pelago medio venerandos diis etiam vultus attollens emergit divina facies; ac dehinc paulatim toto corpore perlucidum simulacrum excusso pelago ante me constitisse visum est. Eius mirandam speciem ad vos etiam referre conitar, si tamen mihi disserendi tribuerit facultatem paupertas oris humani vel ipsum numen eius dapsilem copiam elocutilis facundiae subministraverit. Iam primum crines uberrimi prolixique et sensim intorti per divina colla passive dispersi molliter defluebant. Corona multiformis variis floribus sublimen destrinxerat verticem, cuius media quidem super frontem plana rotunditas in modum speculi vel immo argumentum lunae candidum lumen emicabat, dextra laevaque sulcis insurgentium viperarum cohibita, spicis etiam Cerialibus desuper porrectis <conspicua. Tunica> multicolor, bysso tenui pertexta, nunc albo candore lucida, nunc croceo flore lutea, nunc roseo rubore flammida et, quae longe longeque etiam meum confutabat optutum, palla nigerrima splendescens atro nitore, quae circumcirca remeans et sub dexterum latus ad umerum laevum recurrens umbonis vicem deiecta parte laciniae multiplici contabulatione dependula ad ultimas oras nodulis fimbriarum decoriter confluctuabat.

IV. Per intextam extremitatem et in ipsa eius planitie stellae dispersae coruscabant earumque media semenstris luna flammeos spirabat ignes. Quaqua tamen insignis illius pallae perfluebat ambitus, individuo nexu corona totis floribus totisque constructa pomis adhaerebat. Nam dextra quidem ferebat aereum crepitaculum, cuius per angustam lamminam in modum baltei recurvatam traiectae mediae paucae virgulae, crispante brachio trigeminos iactus, reddebant argutum sonorem. Laevae vero cymbium dependebat aureum, cuius ansulae, qua parte conspicua est, insurgebat aspis caput extollens arduum cervicibus late tumescentibus. Pedes ambroseos tegebant soleae palmae victricis foliis intextae. Talis ac tanta, spirans Arabiae felicia germina, divina me voce dignata est:

V. "En adsum tuis commota, Luci, precibus, rerum naturae parens, elementorum omnium domina, saeculorum progenies initialis, summa numinum, regina manium, prima caelitum, deorum dearumque facies uniformis, quae caeli luminosa culmina, maris salubria flamina, inferum deplorata silentia nutibus meis dispenso: cuius numen unicum multiformi specie, ritu vario, nomine multiiugo totus veneratus orbis. Inde primigenii Phryges Pessinuntiam deum matrem, hinc autochthones Attici Cecropeiam Minervam, illinc fluctuantes Cyprii Paphiam Venerem, Cretes sagittiferi Dictynnam Dianam, Siculi trilingues Stygiam Proserpinam, Eleusinii vetusti Actaeam Cererem, Iunonem alii, Bellonam alii, Hecatam isti, Rhamnusiam illi, et qui nascentis dei Solis <et occidentis inclinantibus> inlustrantur radiis Aethiopes utrique priscaque doctrina pollentes Aegyptii caerimoniis me propriis percolentes appellant vero nomine reginam Isidem. Adsum tuos miserata casus, adsum favens et propitia. Mitte iam fletus et lamentationes omitte, depelle maerorem; iam tibi providentia mea inlucescit dies salutaris. Ergo igitur imperiis istis meis animum intende sollicitum. Diem, qui dies ex ista nocte nascetur, aeterna mihi nuncupavit religio, quo sedatis hibernis tempestatibus et lenitis maris procellosis fluctibus navigabili iam pelago rudem dedicantes carinam primitias commeatus libant mei sacerdotes. Id sacrum nec sollicita nec profana mente debebis opperiri.

VI. Nam meo monitu sacerdos in ipso procinctu pompae roseam manu dextera sistro cohaerentem gestabit coronam. Incunctanter ergo dimotis turbulis alacer continuare pompam mea volentia fretus et de proximo clementer velut manum sacerdotis osculabundus rosis decerptis pessimae mihique iam dudum detestabilis belvae istius corio te protinus exue. Nec quicquam rerum mearum reformides ut arduum. Nam hoc eodem momento, quo tibi venio, simul et ibi praesens, quae sunt sequentia, sacerdoti meo per quietem facienda praecipio. Meo iussu tibi constricti comitatus decedent populi, nec inter hilares caerimonias et festiva spectacula quisquam deformem istam quam geris faciem perhorrescet vel figuram tuam repente mutatam sequius interpretatus aliquis maligne criminabitur. Plane memineris et penita mente conditum semper tenebis mihi reliqua vitae tuae curricula adusque terminos ultimi spiritus vadata. Nec iniurium, cuius beneficio redieris ad homines, ei totum debere, quod vives. Vives autem beatus, vives in mea tutela gloriosus, et cum spatium saeculi tui permensus ad inferos demearis, ibi quoque in ipso subterraneo semirutundo me, quam vides, Acherontis tenebris interlucentem Stygiisque penetralibus regnantem, campos Elysios incolens ipse, tibi propitiam frequens adorabis. Quodsi sedulis obsequiis et religiosis ministeriis et tenacibus castimoniis numen nostrum promerueris, scies ultra statuta fato tuo spatia vitam quoque tibi prorogare mihi tantum licere."

VII. Sic oraculi venerabilis fine prolato numen invictum in se recessit. Nec mora, cum somno protinus absolutus pavore et gaudio ac dein sudore nimio permixtus exsurgo summeque miratus deae potentis tam claram praesentiam, marino rore respersus magnisque imperiis eius intentus monitionis ordinem recolebam. Nec mora, cum noctis atrae fugato nubilo sol exsurgit aureus, et ecce discursu religioso ac prorsus triumphali turbulae complent totas plateas, tantaque hilaritudine praeter peculiarem meam gestire mihi cuncta videbantur, ut pecua etiam cuiusce modi et totas domos et ipsum diem serena facie gaudere sentirem. Nam et pruinam pridianam dies apricus ac placidus repente fuerat insecutus, ut canorae etiam aviculae prolectatae verno vapore concentus suaves adsonarent, matrem siderum, parentem temporum orbisque totius dominam blando mulcentes adfamine. Quid quod arbores etiam, quae pomifera subole fecundae quaeque earum tantum umbra contentae steriles, austrinis laxatae flatibus, germine foliorum renidentes, clementi motu brachiorum dulces strepitus obsibilabant, magnoque procellarum sedato fragore ac turbido fluctuum tumore posito mare quietas adluvies temperabat, caelum autem nubilosa caligine disiecta nudo sudoque luminis proprii splendore candebat.

VIII. Ecce pompae magnae paulatim praecedunt anteludia votivis cuiusque studiis exornata pulcherrume. Hic incinctus balteo militem gerebat, illum succinctum chlamide crepides et venabula venatorem fecerant, alius soccis obauratis inductus serica veste mundoque pretioso et adtextis capite crinibus incessu perfluo feminam mentiebatur. Porro alium ocreis, scuto, galea ferroque insignem e ludo putares gladiatorio procedere. Nec ille deerat, qui magistratum fascibus purpuraque luderet, nec qui pallio baculoque et baxeis et hircino barbitio philosophum fingeret, nec qui diversis harundinibus alter aucupem cum visco, alter piscatorem cum hamis induceret. Vidi et ursam mansuem <quae> cultu matronali sella vehebatur, et simiam pilleo textili crocotisque Phrygiis Catamiti pastoris specie aureum gestantem poculum et asinum pinis adglutinatis adambulantem cuidam seni debili, ut illum quidem Bellerophontem, hunc autem diceres Pegasum, tamen rideres utrumque.

IX. Inter has oblectationes ludicras popularium, quae passim vagabantur, iam sospitatricis deae peculiaris pompa moliebatur. Mulieres candido splendentes amicimine, vario laetantes gestamine, verno florentes coronamine, quae de gremio per viam, qua sacer incedebat comitatus, solum sternebant flosculis, aliae, quae nitentibus speculis pone tergum reversis venienti deae obvium commonstrarent obsequium et quae pectines eburnos ferentes gestu brachiorum flexuque digitorum ornatum atque obpexum crinium regalium fingerent, illae etiam, quae ceteris unguentis et geniali balsamo guttatim excusso conspargebant plateas; magnus praeterea sexus utriusque numerus lucernis, taedis, cereis et alio genere facticii luminis siderum caelestium stirpem propitiantes.

Symphoniae dehinc suaves, fistulae tibiaeque modulis dulcissimis personabant. Eas amoenus lectissimae iuventutis veste nivea et cataclista praenitens sequebatur chorus, carmen venustum iterantes, quod Camenarum favore sollers poîta modulatus edixerat, quod argumentum referebat interim maiorum antecantamenta votorum. Ibant et dicati magno Sarapi tibicines, qui per oblicum calamum, ad aurem porrectum dexteram, familiarem templi deique modulum frequentabant, et plerique, qui facilem sacris viam dari praedicarent.

X. Tunc influunt turbae sacris divinis initiatae, viri feminaeque omnis dignitatis et omnis aetatis, linteae vestis candore puro luminosi, illae limpido tegmine crines madidos obvolutae, hi capillum derasi funditus verticem praenitentes, magnae religionis terrena sidera, aereis et argenteis immo vero aureis etiam sistris argutum tinnitum constrepentes, et antistites sacrorum proceres illi, qui candido linteamine cinctum pectoralem adusque vestigia strictum iniecti potentissimorum deum proferebant insignis exuvias. Quorum primus lucernam claro praemicantem porrigebat lumine non adeo nostris illis consimilem, quae vespertinas illuminant epulas, sed aureum cymbium medio sui patore flammulam suscitans largiorem. Secundus vestitum quidem similis, sed manibus ambabus gerebat altaria, id est auxilia, quibus nomen dedit proprium deae summatis auxiliaris providentia. Ibat tertius attollens palmam auro subtiliter foliatam nec non et Mercuriale caduceum. Quartus aequitatis ostendebat indicium deformatam manum sinistram porrecta palmula, quae genuina pigritia, nulla calliditate nulla sollertia praedita, videbatur aequitati magis aptior quam dextera; idem gerebat et aureum vasculum in modum papillae rutundatum, de quo lacte libabat. Quintus auream vannum laureis congestam ramulis, sextus ferebat amphoram.

XI. Nec mora, cum dei dignati pedibus humanis incedere prodeunt; hic horrendus ille superum commeator et inferum, nunc atra, nunc aurea facie sublimis, attollens canis cervices arduas, Anubis, laeva caduceum gerens, dextera palmam virentem quatiens. Huius vestigium continuum sequebatur bos in erectum levata statum, bos, omniparentis deae fecundum simulacrum, quod residens umeris suis proferebat unus e ministerio beato gressu gestuosus. Ferebatur ab alio cista secretorum capax penitus celans operta magnificae religionis. Gerebat alius felici suo gremio summi numinis venerandam effigiem, non pecoris, non avis, non ferae ac ne hominis quidem ipsius consimilem, sed sollerti repertu etiam ipsa novitate reverendam, altioris utcumque et magno silentio tegendae religionis argumentum ineffabile, sed ad istum plane modum fulgente auro figuratum; urnula faberrime cavata, fundo quam rutundo, miris extrinsecus simulacris Aegyptiorum effigiata; eius orificium non altiuscule levatum in canalem porrectum longo rivulo prominebat, ex alia vero parte multum recedens spatiosa dilatione adhaerebat ansa, quam contorto nodulo supersedebat aspis squameae cervicis striato tumore sublimis.

XII. Et ecce praesentissimi numinis promissa nobis accedunt beneficia et fata salutemque ipsam meam gerens sacerdos adpropinquat, ad ipsum praescriptum divinae promissionis ornatum dextera proferens sistrum deae, mihi coronam —— et hercules coronam consequenter, quod tot ac tantis exanclatis laboribus, tot emensis periculis deae maximae providentia adluctantem mihi saevissime Fortunam superarem. Nec tamen gaudio subitario commotus inclementi me cursu proripui, verens scilicet ne repentino quadripedis impetu religionis quietus turbaretur ordo, sed placido ac prorsus humano gradu cunctabundus paulatim obliquato corpore, sane divinitus decedente populo, sensim inrepo.

XIII. At sacerdos, ut reapse cognoscere potui, nocturni commonefactus oraculi miratusque congruentiam mandati muneris, confestim restitit et ultro porrecta dextera ob os ipsum meum coronam exhibuit. Tunc ego trepidans, adsiduo cursu micanti corde, coronam, quae rosis amoenis intexta fulgurabat, avido ore susceptam cupidus promissi devoravi. Nec me fefellit caeleste promissum: protinus mihi delabitur deformis et ferina facies. Ac primo quidem squalens pilus defluit, ac dehinc cutis crassa tenuatur, venter obesus residet, pedum plantae per ungulas in digitos exeunt, manus non iam pedes sunt, sed in erecta porriguntur officia, cervix procera cohibetur, os et caput rutundatur, aures enormes repetunt pristinam parvitatem, dentes saxei redeunt ad humanam minutiem, et, quae me potissimum cruciabat ante, cauda nusquam! Populi mirantur, religiosi venerantur tam evidentem maximi numinis potentiam et consimilem nocturnis imaginibus magnificentiam et facilitatem reformationis claraque et consona voce, caelo manus adtendentes, testantur tam inlustre deae beneficium.

XIV. At ego stupore nimio defixus haerebam, animo meo tam repentinum tamque magnum non capiente gaudium, quid potissimum praefarer primarium, unde novae vocis exordium caperem, quo sermone nunc renata lingua felicius auspicarer, quibus quantisque verbis tantae deae gratias agerem. Sed sacerdos utcumque divino monitu cognitis ab origine cunctis cladibus meis, quamquam et ipse insigni permotus miraculo, nutu significato prius praecipit tegendo mihi linteam dari laciniam; nam me cum primum nefasto tegmine despoliaverat asinus, compressis in artum feminibus et superstrictis accurate manibus, quantum nudo licebat, velamento me naturali probe muniveram. Tunc e cohorte religionis unus inpigre superiorem exutus tunicam supertexit me celerrume. Quo facto sacerdos vultu geniali et hercules inhumano in aspectum meum attonitus sic effatur:

XV. "Multis et variis exanclatis laboribus magnisque Fortunae tempestatibus et maximis actus procellis ad portum Quietis et aram Misericordiae tandem, Luci, venisti. Nec tibi natales ac ne dignitas quidem, vel ipsa, qua flores, usquam doctrina profuit, sed lubrico virentis aetatulae ad serviles delapsus voluptates curiositatis inprosperae sinistrum praemium reportasti. Sed utcumque Fortunae caecitas, dum te pessimis periculis discruciat, ad religiosam istam beatitudinem inprovida produxit malitia. Eat nunc et summo furore saeviat et crudelitati suae materiem quaerat aliam; nam in eos, quorum sibi vitas <in> servitium deae nostrae maiestas vindicavit, non habet locum casus infestus. Quid latrones, quid ferae, quid servitium, quid asperrimorum itinerum ambages reciprocae, quid metus mortis cotidianae nefariae Fortunae profuit? In tutelam iam receptus es Fortunae, sed videntis, quae suae lucis splendore ceteros etiam deos illuminat. Sume iam vultum laetiorem candido isto habitu tuo congruentem, comitare pompam deae sospitatricis inovanti gradu. Videant inreligiosi, videant et errorem suum recognoscant: en ecce pristinis aerumnis absolutus Isidis magnae providentia gaudens Lucius de sua Fortuna triumphat. Quo tamen tutior sis atque munitior, da nomen sanctae huic militiae, cuius non olim sacramento etiam rogabaris, teque iam nunc obsequio religionis nostrae dedica et ministerii iugum subi voluntarium. Nam cum coeperis deae servire, tunc magis senties fructum tuae libertatis."

XVI. Ad istum modum vaticinatus sacerdos egregius fatigatos anhelitus trahens conticuit. Exin permixtus agmini religioso procedens comitabar sacrarium totae civitati notus ac conspicuus, digitis hominum nutibusque notabilis. Omnes in me populi fabulabantur: "Hunc omnipotentis hodie deae numen augustum reformavit ad homines. Felix hercule et ter beatus, qui vitae scilicet praecedentis innocentia fideque meruerit tam praeclarum de caelo patrocinium ut renatus quodam modo statim sacrorum obsequio desponderetur." Inter haec et festorum votorum tumultum paulatim progressi iam ripam maris proximamus atque ad ipsum illum locum quo pridie meus stabulaverat asinus pervenimus. Ibi deum simulacris rite dispositis navem faberrime factam picturis miris Aegyptiorum circumsecus variegatam summus sacerdos taeda lucida et ovo et sulpure, sollemnissimas preces de casto praefatus ore, quam purissime purificatam deae nuncupavit dedicavitque. Huius felicis alvei nitens carbasus litteras [votum] <auro> intextas progerebat: eae litterae votum instaurabant de novi commeatus prospera navigatione. Iam malus insurgit pinus rutunda, splendore sublimis, insigni carchesio conspicua, et puppis intorta chenisco, bracteis aureis vestita fulgebat omnisque prorsus carina citro limpido perpolita florebat. Tunc cuncti populi tam religiosi quam profani vannos onustas aromatis et huiusce modis suppliciis certatim congerunt et insuper fluctus libant intritum lacte confectum, donec muneribus largis et devotionibus faustis completa navis, absoluta strophiis ancoralibus, peculiari serenoque flatu pelago redderetur. Quae, postquam cursus spatio prospectum sui nobis incertat, sacrorum geruli sumptis rursum quae quisque detulerant, alacres ad fanum reditum capessunt simili structu pompae decori.

XVII. At cum ad ipsum iam templum pervenimus, sacerdos maximus quique divinas effigies progerebant et qui venerandis penetralibus pridem fuerant initiati intra cubiculum deae recepti disponunt rite simulacra spirantia. Tunc ex his unus, quem cuncti grammatea dicebant, pro foribus assistens coetu pastophorum — quod sacrosancti collegii nomen est — velut in contionem vocato indidem de sublimi suggestu de libro de litteris fausta vota praefatus principi magno senatuique et equiti totoque Romano populo, nauticis navibusque quae sub imperio mundi nostratis reguntur, renuntiat sermone rituque Graeciensi ploiaphesia. Quam vocem feliciter cunctis evenire signavit populi clamor insecutus. Exin gaudio delibuti populares thallos verbenas corollas ferentes exosculatis vestigiis deae, quae gradibus haerebat argento formata, ad suos discedunt lares. Nec tamen me sinebat animus ungue latius indidem digredi, sed intentus <in praesentis> deae specimen pristinos casus meos recordabar.

XVIII. Nec tamen Fama volucris pigra pinnarum tarditate cessaverat, sed protinus in patria deae providentis adorabile beneficium meamque ipsius fortunam memorabilem narraverat passim. Confestim denique familiares ac vernulae quique mihi proximo nexu sanguinis cohaerebant, luctu deposito, quem de meae mortis falso nuntio susceperant, repentino laetati gaudio varie quisque ad meum festinant ilico diurnum reducemque ab inferis conspectum. Quorum desperata ipse etiam facie recreatus oblationes honestas aequi bonique facio, quippe cum mihi familiares, quo ad cultum sumptumque largiter succederet, deferre prospicue curassent.

XIX. Adfatis itaque ex officio singulis narratisque meis propere et pristinis aerumnis et praesentibus gaudiis me rursum ad deae gratissimum mihi refero conspectum aedibusque conductis intra conseptum templi larem temporarium mihi constituo, deae ministeriis adhuc privatis adpositus contuberniisque sacerdotum individuus et numinis magni cultor inseparabilis. Nec fuit nox una vel quies aliqua visu deae monituque ieiuna, sed crebris imperiis sacris suis me, iam dudum destinatum, nunc saltem censebat initiari. At ego quanquam cupienti voluntate praeditus tamen religiosa formidine retardabar, quod enim sedulo percontaveram difficile religionis obsequium et castimoniorum abstinentiam satis arduam cautoque circumspectu vitam, quae multis casibus subiacet, esse muniendam. Haec identidem mecum reputans nescio quo modo, quanquam festinans, differebam.

XX. Nocte quadam plenum gremium suum visus est mihi summus sacerdos offerre ac requirenti, quid utique istud, respondisse partes illas de Thessalia mihi missas, servum etiam meum indidem supervenisse nomine Candidum. Hanc experrectus imaginem diu diuque apud cogitationes meas revolvebam, quid rei protenderet, praesertim cum nullum unquam habuisse me servum isto nomine nuncupatum certus essem. Utut tamen sese praesagium somni porrigeret, lucrum certum modis omnibus significari partium oblatione credebam. Sic anxius et in proventum prosperiorem attonitus templi matutinas apertiones opperiebar. Ac dum, velis candentibus reductis in diversum, deae venerabilem conspectum adprecamur, et per dispositas aras circumiens sacerdos, rem divinam procurans supplicamentis sollemnibus, de penetrali fontem petitum spondeo libat; rebus iam rite consummatis incohatae lucis salutationibus religiosi primam nuntiantes horam perstrepunt. Et ecce superveniunt Hypata quos ibi reliqueram famulos, cum me Photis malis incapistrasset erroribus, cognitis scilicet fabulis meis, nec non et equum quoque illum meum reducentes, quem diversae distractum notae dorsualis agnitione recuperaverant. Quare sollertiam somni tum mirabar vel maxime, quod praeter congruentiam lucrosae pollicitationis argumento servi Candidi equum reddidisset colore candidum.

XXI. Quo facto idem sollicitius sedulum colendi frequentabam ministerium, spe futura beneficiis praesentibus pignerata. Nec minus in dies mihi magis magisque accipiendorum sacrorum cupido gliscebat, summisque precibus primarium sacerdotem saepissime conveneram petens ut me noctis sacratae tandem arcanis initiaret. At ille, vir alioquin gravis et sobriae religionis observatione famosus, clementer ac comiter et ut solent parentes inmaturis liberorum desideriis modificari, meam differens instantiam, spei melioris solaciis alioquin anxium mihi permulcebat animum: nam et diem, quo quisque possit initiari, deae nutu demonstrari et sacerdotem, qui sacra debeat ministrare, eiusdem providentia deligi, sumptus etiam caerimoniis necessarios simili praecepto destinari. Quae cuncta nos quoque observabili patientia sustinere censebat, quippe cum aviditati contumaciaeque summe cavere et utramque culpam vitare ac neque vocatus morari nec non iussus festinare deberem; nec tamen esse quemquam de suo numero tam perditae mentis vel immo destinatae mortis, qui, non sibi quoque seorsum iubente domina, temerarium atque sacrilegum audeat ministerium subire noxamque letalem contrahere; nam et inferum claustra et salutis tutelam in deae manu posita, ipsamque traditionem ad instar voluntariae mortis et precariae salutis celebrari, quippe cum transactis vitae temporibus iam in ipso finitae lucis limine constitutos, quis tamen tuto possint magna religionis committi, silentia, numen deae soleat elicere et sua providentia quodam modo renatos ad novae reponere rursus salutis curricula; ergo igitur me quoque oportere caeleste sustinere praeceptum, quanquam perspicua evidentique magni numinis dignatione iam dudum felici ministerio nuncupatum destinatumque; nec secus quam cultores ceteris cibis profanis ac nefariis iam nunc temperarem, quo rectius ad arcana purissimae religionis secreta pervaderem.

XXII. Dixerat sacerdos, nec inpatientia corrumpebatur obsequium meum, sed intentus miti quiete et probabili taciturnitate sedulum quot dies obibam culturae sacrorum ministerium. Nec me fefellit vel longi temporis prolatione cruciavit deae potentis benignitas salutaris, sed noctis obscurae non obscuris imperiis evidenter monuit advenisse diem mihi semper optabilem, quo me maximi voti compotiret, quantoque sumptu deberem procurare supplicamentis, ipsumque Mithram illum suum sacerdotem praecipuum divino quodam stellarum consortio, ut aiebat, mihi coniunctum sacrorum ministrum decernit. Quis et ceteris benivolis praeceptis summatis deae recreatus animi necdum satis luce lucida, discussa quiete, protinus ad receptaculum sacerdotis contendo atque eum cubiculo suo commodum prodeuntem prodeuntem continatus saluto. Solito constantius destinaveram iam velut debitum sacris obsequium flagitare. At ille statim ut me conspexit, prior: "O" inquit "Luci, te felicem, te beatum, quem propitia voluntate numen augustum tantopere dignatur"; et "Quid" inquit "iam nunc stas otiosus teque ipsum demoraris? Adest tibi dies votis adsiduis exoptatus, quo deae multinominis divinis imperiis per istas meas manus piissimis sacrorum arcanis insinueris." Et iniecta dextera senex comissimus ducit me protinus ad ipsas fores aedis amplissimae rituque sollemni apertionis celebrato ministerio ac matutino peracto sacrificio de opertis adyti profert quosdam libros litteris ignorabilibus praenotatos, partim figuris cuiusce modi animalium concepti sermonis compendiosa verba suggerentes, partim nodosis et in modum rotae tortuosis capreolatimque condensis apicibus a curiositate profanorum lectione munita. Indidem mihi praedicat, quae forent ad usum teletae necessario praeparanda.

XXIII. Ea protinus naviter et aliquanto liberalius partim ipse, partim per meos socios coîmenda procuro. Iamque tempore, ut aiebat sacerdos, id postulante stipatum me religiosa cohorte deducit ad proximas balneas et prius sueto lavacro traditum, praefatus deum veniam, purissime circumrorans abluit, rursumque ad templum reductum, iam duabus diei partibus transactis, ante ipsa deae vestigia constituit secretoque mandatis quibusdam, quae voce meliora sunt, illud plane cunctis arbitris praecepit, decem continuis illis diebus cibariam voluptatem coîrcerem neque ullum animal essem et invinius essem. Quis venerabili continentia rite servatis, iam dies aderat divino destinatus vadimonio, et sol curvatus intrahebat vesperam. Tum ecce confluunt undique turbae sacrorum ritu vetusto variis quisque me muneribus honorantes. Tunc semotis procul profanis omnibus linteo rudique me contectum amicimine arrepta manu sacerdos deducit ad ipsius sacrarii penetralia. Quaeras forsitan satis anxie, studiose lector, quid deinde dictum, quid factum; dicerem, si dicere liceret, cognosceres, si liceret audire. Sed parem noxam contraherent et aures et lingua, <ista impiae loquacitatis>, illae temerariae curiositatis. Nec te tamen desiderio forsitan religioso suspensum angore diutino cruciabo. Igitur audi, sed crede, quae vera sunt. Accessi confinium mortis et calcato Proserpinae limine per omnia vectus elementa remeavi, nocte media vidi solem candido coruscantem lumine, deos inferos et deos superos accessi coram et adoravi de proximo. Ecce tibi rettuli, quae, quamvis audita, ignores tamen necesse est. ergo quod solum potest sine piaculo ad profanorum intellegentias enuntiari, referam.

XXIV. Mane factum est, et perfectis sollemnibus processi duodecim sacratus stolis, sed effari deo eo nullo vinculo prohibeor, quippe quod tunc temporis videre praesentes plurimi. Namque in ipso aedis sacrae meditullio ante deae simulacrum constitutum tribunal ligneum iussus superstiti byssina quidem sed floride depicta veste conspicuus. Et umeris dependebat pone tergum talorum tenus pretiosa chlamida. Quaqua tamen viseres, colore vario circumnotatis insignibar animalibus; hinc dracones Indici, inde grypes Hyperborei, quos in speciem pinnatae alitis generat mundus alter. Hanc Olympiacam stolam sacrati nuncupant. At manu dextera gerebam flammis adultam facem et caput decore corona cinxerat palmae candidae foliis in modum radiorum prosistentibus. Sic ad instar Solis exornato me et in vicem simulacri constituto, repente velis reductis, in aspectum populus errabat. Exhinc festissimum celebravi natalem sacrorum, et suaves epulae et faceta convivia. Dies etiam tertius pari caerimoniarum ritu celebratus et ientaculum religiosum et teletae legitima consummatio. Paucis dehinc ibidem commoratus diebus inexplicabili voluptate simulacri divini perfruebar, inremunerabili quippe beneficio pigneratus. Sed tandem deae monitu, licet non plene, tamen pro meo modulo supplicue gratis persolutis, tardam satis domuitionem comparo, vix equidem abruptis ardentissimi desiderii retinaculis. Provolutus denique ante conspectum deae et facie mea diu detersis vestigiis eius, lacrimis obortis, singultu crebro sermonem interficiens et verba devorans aio:

XXV. "Tu quidem sancta et humani generis sospitatrix perpetua, semper fovendis mortalibus munifica, dulcem matris adfectationem miserorum casibus tribuis. Nec dies nec quies nulla ac ne momentum quidem tenue tuis transcurrit beneficiis otiosum, quin mari terraque protegas homines et depulsis vitae procellis salutarem porrigas dexteram, qua fatorum etiam inextricabiliter contorta retractas licia et Fortunae tempestates mitigas et stellarum noxios meatus cohibes. Te superi colunt, observant inferi, tu rotas orbem, luminas solem, regis mundum, calcas tartarum. Tibi respondent sidera, redeunt tempora, gaudent numina, serviunt elementa. Tuo nutu spirant flamina, nutriunt nubila, germinant semina, crescunt germina. Tuam maiestatem perhorrescunt aves caelo meantes, ferae montibus errantes, serpentes solo latentes, beluae ponto natantes. At ego referendis laudibus tuis exilis ingenio et adhibendis sacrificiis tenuis patrimonio; nec mihi vocis ubertas ad dicenda, quae de tua maiestate sentio, sufficit nec ora mille linguaeque totidem vel indefessi sermonis aeterna series. Ergo quod solum potest religiosus quidem, sed pauper alioquin, efficere curabo: divinos tuos vultus numenque sanctissimum intra pectoris mei secreta conditum perpetuo custodiens imaginabor." Ad istum modum deprecato summo numine complexus Mithram sacerdotem et meum iam parentem colloque eius multis osculis inhaerens veniam postulabam, quod eum condigne tantis beneficiis munerari nequirem.

XXVI. Diu denique gratiarum gerendarum sermone prolixo commoratus, tandem digredior et recta patrium larem revisurus meum post aliquam<?> multum temporis contendo paucosque post diebus deae potentis instinctu raptim constrictis sarcinulis, nave conscensa, Romam versus profectionem dirigo, tutusque prosperitate ventorum ferentium Augusti portum celerrime <pervenio> ac dehinc carpento pervolavi, vesperaque, quam dies insequebatur

Iduum Decembrium, sacrosanctam istam civitatem accedo. Nec ullum tam praecipuum mihi exinde studium fuit quam cotidie supplicare summo numini reginae Isidis, quae de templi situ sumpto nomine Campensis summa cum veneratione propitiatur. Eram cultor denique adsiduus, fani quidem advena, religionis autem indigena. Ecce transcurso signifero circulo Sol magnus annum compleverat, et quietem meam rursus interpellat numinis benefici cura pervigilis et rursus teletae, rursus sacrorum commonet. Mirabar, quid rei temptaret, quid pronuntiaret futurum; quidni? <Qui> plenissime iam dudum videbar initiatus.

XXVII. Ac dum religiosum scrupulum partim apud meum sensum disputo, partim sacratorum consiliis examino, novum mirumque plane comperior: deae quidem me tantum sacris imbutum, at magni dei deumque summi parentis invicti Osiris necdum sacris inlustratum; quanquam enim conexa, immo vero unita ratio numinis religionisque esset, tamen teletae discrimen interesse maximum; prohinc me quoque peti magno etiam deo famulum sentire deberem. Nec diu res in ambiguo stetit. Nam proxuma nocte vidi quendam de sacratis linteis iniectum, qui thyrsos et hederas et tacenda quaedam gerens ad ipsos meos lares collocaret et occupato sedili meo religionis amplae denuntiaret epulas. Is ut agnitionem mihi scilicet certo aliquo sui signo subministraret, sinistri pedis talo paululum reflexo cunctabundo clementer incedebat vestigio. Sublata est ergo post tam manifestam deum voluntatem ambiguitatis tota caligo et ilico deae matutinis perfectis salutationibus summo studio percontabar singulos, ecqui vestigium similis ut somnium. Nec fides afuit. Nam de pastophoris unum conspexi statim praeter indicium pedis cetero etiam statu atque habitu examussim nocturnae imagini congruentem, quem Asinium Marcellum vocitari cognovi postea, reformationis meae <minime> alienum nomen. Nec moratus conveni protinus eum sane nec ipsum futuri sermonis ignarum, quippe iam dudum consimili praecepto sacrorum ministrandorum commonefactum. Nam sibi visus est quiete proxima, dum magno deo coronas exaptat, * * * et de eius ore, quo singulorum fata dictat, audisse mitti sibi Madaurensem, sed admodum pauperem, sui statim sua sacra deberet ministrare; nam et illi studiorum gloriam et ipsi grande compendium sua comparari providentia.

XXVIII. Ad istum modum desponsus sacris sumptuum tenuitate contra votum meum retardabar. Nam et viriculas patrimonii peregrinationis adtriverant impensae et erogationes urbicae pristinis illis provincialibus antistabant plurimum. Ergo duritia paupertatis intercedente, quod ait vetus proverbium, inter sacrum ego et saxum positus cruciabar, nec setius tamen identidem numinis premebar instantia. Iamque saepicule non sine magna turbatione stimulatus, postremo iussus, veste ipsa mea quamvis parvula distracta, sufficientem contraxi summulam. Et id ipsum praeceptum fuerat specialiter: "An tu" inquit "si quam rem voluptati struendae moliris, laciniis tuis nequaquam parceres: nunc tantas caerimonias aditurus impaenitendae te pauperiei cunctaris committere?" Ergo igitur cunctis adfatim praeparatis, decem rursus diebus inanimis contentus cibis, insuper etiam deraso capite, principalis dei nocturnis orgiis inlustratus, plena iam fiducia germanae religionis obsequium divinum frequentabam. Quae res summum peregrinationi meae tribuebat solacium nec minus etiam victum uberiorem subministrabat, quidni? Spiritu faventis Eventus quaesticulo forensi nutrito per patrocinia sermonis Romani.

XXIX. Et ecce post pauculum tempus inopinatis et usquequaque mirificis imperiis deum rursus interpellor et cogor tertiam quoque teletam sustinere. Nec levi cura sollicitus, sed oppido suspensus animi mecum ipse cogitationes exercitius agitabam, quorsus nova haec et inaudita se caelestium porrigeret intentio, quid subsicivum, quamvis iteratae iam, traditioni remansisset: "Nimirum perperam vel minus plene consuluerunt in me sacerdos uterque"; et hercules iam de fide quoque eorum opinari coeptabam sequius. Quo me cogitationis aestu fluctuantem ad instar insaniae percitum sic instruxit nocturna divinatione clemens imago: "Nihil est" inquit "quod numerosa serie religionis, quasi quicquam sit prius omissum terreare. Quin adsidua ista numinum dignatione laetus capesse gaudium et potius exsulta ter futurus, quod alii vel semel vix conceditur, teque de isto numero merito praesume semper beatum. Ceterum futura tibi sacrorum traditio pernecessaria est, si tecum nunc saltem reputaveris exuvias deae, quos in provincia sumpsisti, in eodem fano depositas perseverare nec te Romae diebus sollemnibus vel supplicare iis vel, cum praeceptum fuerit, felici illo amictu illustrari posse. Quid felix itaque ac faustum salutareque sit, animo gaudiali rursum sacris initiare deis magnis auctoribus."

XXX. Hactenus divini somnii suada maiestas, quod usus foret, pronuntiavit. Nec deinceps postposito vel in supinam procrastinationem reiecto negotio, statim sacerdoti meo relatis quae videram, inanimae protinus castimoniae iugum subeo et lege perpetua praescriptis illis decem diebus spontali sobrietate multiplicatis instructum teletae comparo largitus, <omnibus> ex studio pietatis magis quam mensura rerum <mearum> collatis. Nec hercules laborum me sumptuumque quidquam tamen paenituit, quidni? Liberali deum providentia iam stipendiis forensibus bellule fotum. Denique post dies admodum pauculos deus deum magnorum potior et potiorum summus et summorum maximus et maximorum regnator Osiris non in alienam quampiam personam reformatus, sed coram suo illo venerando me dignatus adfamine per quietem recipere visus est: quae nunc, incunctanter gloriosa in foro redderem patrocinia, nec extimescerem malevolorum disseminationes, quas studiorum meorum laboriosa doctrina ibidem exciverat. Ac ne sacris suis gregi cetero permixtus deservirem, in collegium me pastophorum suorum immo inter ipsos decurionum quinquennales adlegit. Rursus denique quaqua raso capillo collegii vetustissimi et sub illis Syllae temporibus conditi munia, non obumbrato vel obtecto calvitio, sed quoquoversus obvio, gaudens obibam.

## PSYCHE ET CUPIDO

IV.XXVIII. Erant in quadam civitate rex et regina. hi tres numero filias forma conspicuas habuere, sed maiores quidem natu, quamvis gratissima specie, idonee tamen celebrari posse laudibus humanis credebantur, at vero puellae iunioris tam praecipua, tam praeclara pulchritudo nec exprimi ac ne sufficienter quidem laudari sermonis humani penuria poterat. multi denique civium et advenae copiosi, quos eximii spectaculi rumor studiosa celebritate congregabat, inaccessae formonsitatis admiratione stupidi et admoventes oribus suis dexteram primore digito in erectum pollicem residente ut ipsam prorsus deam Venerem venerabantur religiosis adorationibus. iamque proximas civitates et attiguas regiones fama pervaserat deam, quam caerulum profundum pelagi peperit et ros spumantium fluctuum educavit, iam numinis sui passim tributa venia in mediis conversari populi coetibus, vel certe rursum novo caelestium stillarum germine non maria sed terras Venerem aliam virginali flore praeditam pullulasse.

XXIX. Sic immensum procedit in dies opinio, sic insulas iam proxumas et terrae plusculum provinciasque plurimas fama porrecta pervagatur. iam multi mortalium longis itineribus atque altissimis maris meatibus ad saeculi specimen gloriosum confluebant. Paphon nemo, Cnidon nemo ac ne ipsa quidem Cythera ad conspectum deae Veneris navigabant; sacra praetereuntur, templa deformantur, pulvinaria proteruntur, caerimoniae negleguntur; incoronata simulacra et arae viduae frigido cinere foedatae. puellae supplicatur et in humanis vultibus deae tantae numina placantur, et in matutino progressu virginis victimis et epulis Veneris absentis nomen propitiatur, iamque per plateas commeantem populi frequenter floribus sertis et solutis adprecantur.

Haec honorum caelestium ad puellae mortalis cultum inmodica translatio verae Veneris vehementer incendit animos et inpatiens indignationis capite quassanti fremens altius sic secum disserit:

XXX. 'En rerum naturae prisca parens, en elementorum origo initialis, en orbis totius alma Venus, quae cum mortali puella partiario maiestatis honore tractor et nomen meum caelo conditum terrenis sordibus profanatur! nimirum communi numinis piamento vicariae venerationis incertum sustinebo et imaginem meam circumferet puella moritura. frustra me pastor ille, cuius iustitiam fidemque magnus comprobavit Iuppiter, ob eximiam speciem tantis praetulit deabus. sed non adeo gaudens ista, quaecumque est, meos honores usurpabit: iam faxo huius etiam ipsius inlicitae formonsitatis paeniteat.'

Et vocat confestim puerum suum pinnatum illum et satis temerarium, qui malis suis moribus contempta disciplina publica, flammis et sagittis armatus, per alienas domos nocte discurrens et omnium matrimonia corrumpens impune committit tanta flagitia et nihil prorsus boni facit. hunc, quanquam genuina licentia procacem, verbis quoque insuper stimulat et perducit ad illam civitatem et Psychen--hoc enim nomine puella nuncupabatur--

XXXI. coram ostendit et tota illa perlata de formonsitatis aemulatione fabula gemens ac fremens indignatione: 'per ego te,' inquit, 'maternae caritatis foedera deprecor, per tuae sagittae dulcia vulnera, per flammae istius mellitas uredines, vindictam tuae parenti, sed plenam tribue et in pulchritudinem contumacem severiter vindica idque unum et pro omnibus unicum volens effice: virgo ista amore fraglantissimo teneatur hominis extremi, quem et dignitatis et patrimonii simul et incolumitatis ipsius Fortuna damnavit, tamque infirmi ut per totum orbem non inveniat miseriae suae comparem.'

Sic effata et osculis hiantibus filium diu ac pressule saviata proximas oras reflui litoris petit plantisque roseis vibrantium fluctuum summo rore calcato ecce iam profundi maris sudo resedit vertice, et ipsum quod incipit velle en statim, quasi pridem praeceperit, non moratur marinum obsequium: adsunt Nerei filiae chorum canentes et Portunus caerulis barbis hispidus et gravis piscoso sinu Salacia et auriga parvulus delfini Palaemon; iam passim maria persultantes Tritonum catervae hic concha sonaci leniter bucinat, ille serico tegmine flagrantiae solis obsistit inimici, alius sub oculis dominae speculum progerit, curru biiuges alii subnatant. talis ad Oceanum pergentem Venerem comitatur exercitus.

XXXII. Interea Psyche cum sua sibi perspicua pulchritudine nullum decoris sui fructum percipit. spectatur ab omnibus, laudatur ab omnibus, nec quisquam non rex, non regius, nec de plebe saltem cupiens eius nuptiarum petitor accedit. mirantur quidem divinam speciem, sed ut simulacrum fabre politum mirantur omnes. olim duae maiores sorores, quarum temperatam formonsitatem nulli diffamarant populi, procis regibus desponsae iam beatas nuptias adeptae, sed Psyche virgo vidua domi residens deflet desertam suam solitudinem aegra corporis, animi saucia, et quamvis gentibus totis complacitam odit in se suam formonsitatem. sic infortunatissimae filiae miserrimus pater suspectatis caelestibus odiis et irae superum metuens dei Milesii vetustissimum percontatur oraculum et a tanto numine precibus et victimis ingratae virgini petit nuptias et maritum. sed Apollo, quanquam Graecus et Ionicus, propter Milesiae conditorem sic Latina sorte respondit:

XXXIII.

'montis in excelsi scopulo, rex, siste puellam

ornatam mundo funerei thalami.

nec speres generum mortali stirpe creatum,

sed saevum atque ferum vipereumque malum,

quod pinnis volitans super aethera cuncta fatigat

flammaque et ferro singula debilitat,

quod tremit ipse Iovis, quo numina terrificantur

fluminaque horrescunt et Stygiae tenebrae.'

Rex olim beatus affatu sanctae vaticinationis accepto pigens tristisque retro domum pergit suaeque coniugi praecepta sortis enodat infaustae. maeretur, fletur, lamentatur diebus plusculis. sed dirae sortis iam urget taeter effectus. iam feralium nuptiarum miserrimae virgini choragium struitur, iam taedae lumen atrae fuliginis cinere marcescit, et sonus tibiae zygiae mutatur in querulum Ludii modum cantusque laetus hymenaei lugubri finitur ululatu et puella nuptura deterget lacrimas ipso suo flammeo. sic adfectae domus triste fatum cuncta etiam civitas congemebat luctuque publico confestim congruens edicitur iustitium.

XXXIV. Sed monitis caelestibus parendi necessitas misellam Psychen ad destinatam poenam efflagitabat. perfectis igitur feralis thalami cum summo maerore sollemnibus toto prosequente populo vivum producitur funus et lacrimosa Psyche comitatur non nuptias sed exequias suas. ac dum maesti parentes et tanto malo perciti nefarium facinus perficere cunctantur, ipsa illa filia talibus eos adhortatur vocibus: 'Quid infelicem senectam fletu diutino cruciatis? quid spiritum vestrum, qui magis meus est, crebris eiulatibus fatigatis? quid lacrimis inefficacibus ora mihi veneranda foedatis? quid laceratis in vestris oculis mea lumina? quid canitiem scinditis? quid pectora, quid ubera sancta tunditis? haece sunt vobis egregiae formonsitatis meae praeclara praemia. invidiae nefariae letali plaga percussi sero sentitis. cum gentes et populi celebrarent nos divinis honoribus, cum novam me Venerem ore consono nuncuparent, tunc dolere, tunc flere, tunc me iam quasi peremptam lugere debuistis. iam sentio, iam video solo me nomine Veneris perisse. ducite me et cui sors addixit scopulo sistite. festino felices istas nuptias obire, festino generosum illum maritum meum videre. quid differo, quid detrecto venientem, qui totius orbis exitio natus est?'

XXXV. Sic profata virgo conticuit ingressuque iam valido pompae populi prosequentis sese miscuit. itur ad constitutum scopulum montis ardui, cuius in summo cacumine statutam puellam cuncti deserunt, taedasque nuptiales, quibus praeluxerant, ibidem lacrimis suis extinctas relinquentes deiectis capitibus domuitionem parant. et miseri quidem parentes eius tanta clade defessi, clausae domus abstrusi tenebris, perpetuae nocti sese dedidere. Psychen autem paventem ac trepidam et in ipso scopuli vertice deflentem mitis aura molliter spirantis Zephyri, vibratis hinc inde laciniis et reflato sinu sensim levatam suo tranquillo spiritu vehens paulatim per devexa rupis excelsae, vallis subditae florentis caespitis gremio leniter delapsam reclinat.

V.I. Psyche teneris et herbosis locis in ipso toro roscidi graminis suave recubans, tanta mentis perturbatione sedata, dulce conquievit. iamque sufficienti recreata somno placido resurgit animo. videt lucum proceris et vastis arboribus consitum, videt fontem vitreo latice perlucidum medio luci meditullio. prope fontis adlapsum domus regia est, aedificata non humanis manibus sed divinis artibus. iam scies ab introitu primo dei cuiuspiam luculentum et amoenum videre te diversorium. nam summa laquearia citro et ebore curiose cavata subeunt aureae columnae, parietes omnes argenteo caelamine conteguntur bestiis et id genus pecudibus occurrentibus ob os introeuntium mirus prorsum homo, immo semideus vel certe deus qui magnae artis suptilitate tantum efferavit argentum. enimvero pavimenta ipsa lapide pretioso caesim deminuto in varia picturae genera discriminantur: vehementer, iterum ac saepius beatos illos, qui super gemmas et monilia calcant. iam ceterae partes longe lateque dispositae domus sine pretio pretiosae totique parietes solidati massis aureis splendore proprio coruscant, ut diem suum sibi domus faciat licet sole nolente: sic cubicula, sic porticus, sic ipsae balneae fulgurant. nec setius opes ceterae maiestati domus respondent, ut equidem illud recte videatur ad conversationem humanam magno Iovi fabricatum caeleste palatium.

II. Invitata Psyche talium locorum oblectatione propius accessit et paulo fidentior intra limen sese facit; mox prolectante studio pulcherrimae visionis rimatur singula et altrinsecus aedium horrea sublimi fabrica perfecta magnisque congesta gazis conspicit. nec est quicquam quod ibi non est. sed praeter ceteram tantarum divitiarum admirationem hoc erat praecipue mirificum, quod nullo vinculo, nullo claustro, nullo custode totius orbis thensaurus ille muniebatur. haec ei summa cum voluptate visenti offert sese vox quaedam corporis sui nuda et 'quid,' inquit, 'domina, tantis obstupescis opibus? tua sunt haec omnia. prohinc cubiculo te refer et lectulo lassitudinem refove et ex arbitrio lavacrum pete. nos, quarum voces accipis, tuae famulae sedulo tibi praeministrabimus nec corporis curatae tibi regales epulae morabuntur.

III. Sensit Psyche divinae providentiae beatitudinem monitusque, voces informes audiens, et prius somno et mox lavacro fatigationem sui diluit, visoque statim proximo semirotundo suggestu, propter instrumentum cenatorium rata refectui suo commodum, libens accumbit. et ilico vini nectarei eduliumque variorum fercula copiosa nullo serviente, sed tantum spiritu quodam impulsa subministrantur. nec quemquam tamen illa videre poterat, sed verba tantum audiebat excidentia et solas voces famulas habebat. post opimas dapes quidam introcessit et cantavit invisus, et alius citharam pulsavit, quae videbatur nec ipsa tunc modulatae multitudinis conferta vox aures eius affertur, ut, quamvis hominum nemo pareret, chorus tamen esse pateret.

IV. Finitis voluptatibus vespera suadente concedit Psyche cubitum. iamque provecta nocte clemens quidam sonus aures eius accedit. tunc virginitati suae pro tanta solitudine metuens et pavet et horrescit et quovis malo plus timet quod ignorat. iamque aderat ignobilis maritus et torum inscenderat et uxorem sibi Psychen fecerat et ante lucis exortum propere discesserat. statim voces cubiculo praestolatae novam nuptam interfectae virginitatis curant haec diutino tempore sic agebantur. atque ut est natura redditum, novitas per assiduam consuetudinem delectationem ei commendarat et sonus vocis incertae solitudinis erat solacium.

Interea parentes eius indefesso luctu atque maerore consenescebant, latiusque porrecta fama sorores illae maiores cuncta cognorant propereque maestae atque lugubres deserto lare certatim ad parentum suorum conspectum adfatumque perrexerant.

V. Ea nocte ad suam Psychen sic infit maritus namque praeter oculos et manibus et auribus is nihilo setius sentiebatur: 'Psyche dulcissima et cara uxor, exitiabile tibi periculum minatur fortuna saevior quod observandum pressiore cautela censeo. sorores iam tuae mortis opinione turbatae tuumque vestigium requirentes scopulum istum protinus aderunt, quarum si quas forte lamentationes acceperis, neque respondeas, immo nec prospicias omnino; ceterum mihi quidem gravissimum dolorem, tibi vero summum creabis exitium. Annuit et ex arbitrio mariti se facturam spopondit, sed eo simul cum nocte dilapso diem totum lacrimis ac plangoribus misella consumit, se nunc maxime prorsus perisse iterans, quae beati carceris custodia septa et humanae conversationis colloquio viduata nec sororibus quidem suis de se maerentibus opem salutarem ferre ac ne videre eas quidem omnino posset. nec lavacro nec cibo nec ulla denique refectione recreata flens ubertim decessit ad somnum.

VI. Nec mora cum paulo maturius lectum maritus accubans eamque etiam nunc lacrimantem complexus sic expostulat: 'Haecine mihi pollicebare, Psyche mea? quid iam de te tuus maritus expecto, quid spero? et perdia et pernox nec inter amplexus coniugales desinis cruciatum. age iam nunc ut voles, et animo tuo damnosa poscenti pareto! tantum memineris meaeseriae monitionis, cum coeperis sero paenitere.' Tunc illa precibus et dum se morituram commi natur extorquet a marito cupitis adnuat, ut sorores videat, luctus mulceat, ora conferat. sic ille novae nuptae precibus veniam tribuit et insuper, quibuscumque vellet eas auri vel monilium donare, concessit, sed identidem monuit ac saepe terruit, ne quando sororum pernicioso consilio suasa de forma mariti quaerat neve se sacrilega curiositate de tanto fortunarum suggestupessum deiciat nec suum postea contingat amplexum. gratias egit marito iamque laetior animo 'sed prius,' inquit, 'centies moriar quam tuo isto dulcissimo conubio caream. amo enim et efflictim te, quicumque es, diligo aeque ut meum spiritum, nec ipsi Cupidini comparo. sed istud etiam meis precibus, oro, largire et illi tuo famulo Zephyro praecipe, simili vectura sorores hic mihi sistat'; et imprimens oscula suasoria et ingerens verba mulcentia et inserens membra cogentia haec etiam blanditiis astruit: 'mi mellite, mi marite, tuae Psychae dulcis anima.' vi ac potestate Venerii susurrus invitus succubuit maritus et cuncta se facturum spopondit atque, etiam luce proxumante, de manibus uxoris evanuit.

VII. At illae sorores percontatae scopulum locumque illum, quo fuerat Psyche deserta, festinanter adveniunt ibique difflebant oculos et plangebant ubera, quoad crebrisearum heiulatibus saxa cautesque parilem sonum resultarent. iamque nomine proprio sororem miseram ciebant, quoad sono penetrabili vocis ululabilis per prona delapso amens et trepida Psyche procurrit e domo et 'quid,' inquit, 'vos miseris lamentationibus necquicquam effligitis? quam lugetis, adsum. lugubres voces desinite et diutinis lacrimis madentes genas siccate tandem, quippe cum iam possitis quam plangebatis amplecti.'

Tunc vocatum Zephyrum praecepti maritalis admonet. nec mora cum ille parens imperio statim clementissimis flatibus in noxia vectura deportat illas. iam mutuis amplexibus et festinantibus saviis sese perfruuntur et illae sedatae lacrimae postliminio redeunt prolectante gaudio. 'sed ettectum,' inquit, 'et larem nostrum laetae succedite et afflictas animas cum Psyche vestra recreate.'

VIII. Sic allocuta summas opes domus aureae vocumque servientium populosam familiam demonstrat auribus earum lavacroque pulcherrimo et inhumanae mensae lautitiis eas opipare reficit, ut illarum prorsus caelestium divitiarum copiis affluentibus satiatae iam praecordiis penitus nutrirent invidiam. denique altera earum satis scrupulose curioseque percontari non desinit, quis illarum caelestium rerum dominus, quisve vel qualis ipsius sit maritus. nec tamen Psyche coniugale illud praeceptum ullo pacto temerat vel pectoris arcanis exigit, sed e re nata confingit esse iuvenem quendam et speciosum, commodum lanoso barbitio genas inumbrantem, plerumque rurestribus ac montanis venatibus occupatum, etnequa sermonis procedentis labe consilium tacitum proderetur, auro facto gemmosisque monilibus onustas eas statim vocato Zephyro tradit reportandas.

IX. Quo protenus perpetrato sorores egregiae domum redeuntes iamque gliscentis invidiae felle fraglantes multa secum sermonibus mutuis perstrepebant. sic denique infit altera: 'En orba et saeva et iniqua Fortuna! hocine tibi complacuit, ut utroque parente prognatae diversam sortem sustineremus? et nos quidem, quae natu maiores sumus, maritis advenis ancillae deditae, extorres et lare et ipsa patria degamus longe parentum velut exulantes, haec autem novissima, quam fetu satiante postremus partus effudit, tantis opibus et deo marito potita sit, quae nec uti recte tanta bonorum copia novit? vidisti, soror, quanta in domo iacent et qualia monilia, quae praenitent vestes, quae splendicant gemmae, quantum praeterea passim calcatur aurum. quodsi maritum etiam tam formonsum tenet, ut affirmat, nulla nunc in orbe toto felicior vivit. fortassis tamen procedente consuetudine et adfectione roborata deam quoque illam deus maritus efficiet. sic est hercules, sic se gerebat ferebatque. iam iam sursum respicit et deam spirat mulier, quae voces ancillas habet et ventis ipsis imperitat. at ego misera primum patre meo seniorem maritum sortita sum, dein cucurbita calviorem et quovis puero pusilliorem, cunctam domum seris et catenis obditam custodientem.'

X. Suscipit alia: 'ego vero maritum articulari etiam morbo complicatum curvatumque ac per hoc rarissimo venerem meam recolentem sustineo, plerumque detortos et duratos in lapidem digitos eius perfricans, fomentis olidis et pannis sordidis et faetidis cataplasmatibus manus tam delicatas istas adurens nec uxoris officiosam faciem sed medicae laboriosam personam sustinens. et tu quidem, soror, videris, quam patienti velpotius servili--dicam enim libere quod sentio--haec perferas animo; enimvero ego nequeo sustinere ulterius tam beatam fortunam conlapsam indignae. recordare enim, quam superbe, quam adroganter nobiscum egerit et ipsa iactatione inmodicae ostentationis tumentem suum prodiderit animum dequetantis divitiis exigua nobis invita proiecerit confestimque praesentia nostra gravata propelli et efflari exsibilarique nos iusserit. nec sum mulier nec omnino spiro, nisi eam pessum de tantis opibus deiecero. ac si tibi etiam, ut parest, inacuit nostra contumelia, consilium validum requiramus ambae. iamque ista, quae ferimus, non parentibus nostris ac nec ulli monstremus alii, immo nec omnino quicquam de eius salute norimus. sat est, quod ipsae vidimus quae vidisse paenituit, nedum ut genitoribus et omnibus populis tam beatum eius differamus praeconium. nec sunt enim beati, quorum divitias nemo novit. sciet se non ancillas sed sorores habere maiores. et nunc quidem concedamus ad maritos et lares pauperes nostros sed plane sobrios revisamus diuque cogitationibus pressioribus instructae ad superbiam poeniendam firmiores redeamus.

XI. Placet pro bono duabus malis malum consilium totisque illis tam pretiosis muneribus absconditis comam trahentes et proinde ut merebantur ora lacerantes simulatos redintegrant fletus. ac sic parentes quoque redulcerato prorsum dolore raptim deterrentes vesania turgidae domus suas contendunt dolum scelestum, immo vero parricidium struentes contra sororem insontem.

Interea Psychen maritus ille, quem nescit, rursum suis illis nocturnis sermonibus sic commonet: 'videsne, quantum tibi periculum? velitatur Fortuna eminus, ac nisi longe firmiter praecaves, mox comminus congredietur. perfidae lupulae magnis conatibus nefarias insidias tibi comparant, quarum summa est, ut te suadeant meos explorare vultus, quos, ut tibi saepe praedixi, non videbis si videris. ergo igitur si posthac pessimae illae lamiae noxiis animis armatae venerint--venient autem, scio -, neque omnino sermonem conferas et si id tolerare pro genuina simplicitate proque animi tui teneritudine non potueris, certe de marito nil quicquam vel audias vel respondeas. nam et familiam nostram iam propagabimus et hic adhuc infantilis uterus gestat nobis infantem alium, si texeris nostra secreta silentio, divinum, si profanaveris, mortalem.'

XII. Nuntio Psyche laeta florebat et divinae subolis solacio plaudebat et futuri pignoris gloria gestiebat et materni nominis dignitate gaudebat. crescentes dies et menses exeuntes anxia numerat et sarcinae nesciae rudimento miratur de brevi punctulo tantum incrementulum locupletis uteri. sed iam pestes illae taeterrimaeque Furiae anhelantes vipereum virus et festinantes impia celeritate navigabant. tunc sic iterum momentarius maritus suam Psychen admonet: 'dies ultima et casus extremus est: sexus infestus et sanguis inimicus iam sumpsit arma et castra commovit et aciem direxit et classicum personavit; iam mucrone destricto iugulum tuum nefariae tuae sorores petunt. heu quantis urguemur cladibus, Psyche dulcissima. tui nostrique miserere religiosaque continentia domum maritum teque et istum parvulum nostrum imminentis ruinae infortunio libera. nec illas scelestas feminas, quas tibi post internecivum odium et calcata sanguinis foedera sorores appellare non licet, vel videas vel audias, cum in morem Sirenum scopulo prominentes funestis vocibus saxa personabunt.'

XIII. Suscipit Psyche singultu lacrimoso sermonem incertans: 'iam dudum, quod sciam, fidei atque parciloquio meo perpendisti documenta, nec eo setius adprobabitur tibi nunc etiam firmitas animi mei. tu modo Zephyro nostro rursum praecipe, fungatur obsequio, et in vicem denegatae sacrosanctae imaginis tuae redde saltem conspectum sororum. per istos cinnameos et undique pendulos crines tuos, per teneras et teretis et mei similes genas, per pectus nescio quocalore fervidum, sic in hoc saltem parvulo cognoscam faciem tuam: supplicis anxiae piis precibus erogatus germani complexus indulge fructum et tibi devotae Psychae animam gaudio recrea. nec quicquam amplius in tuo vultu requiro, iam nil officiunt mihi nec ipsae nocturnae tenebrae: teneo te, meum lumen.'

His verbis et amplexibus mollibus decantatus maritus lacrimasque eius suis crinibus detergens se facturum spopondit et praevertit statim lumen nascentis diei.

XIV. Iugum sororium consponsae factionis ne parentibus quidem visis recta de navibus scopulum petunt illum praecipiti cum velocitate nec venti ferentis oppertae praesenham licentiosa cum temeritate prosiliunt in altum. nec immemor Zephyrus regalis edicti, quamvis invitus, susceptas eas gremio spirantis aurae solo reddidit. at illae incunctatae statim conferto vestigio domum penetrant complexaeque praedam suam sororis nomen ementientes thensaurumque penitus abditae fraudis vultu laeto tegentes sic adulant: 'Psyche, non ita ut pridem parvula, et ipsa iam mater es. quantum, putas, boni nobis in ista geris perula; quantis gaudiis totam domum nostram hilarabis. o nos beatas, quas infantis aurei nutrimenta laetabunt. qui si parentum, ut oportet, pulchritudini responderit, prorsus Cupido nascetur.'

XV. Sic adfectione simulata paulatim sororis invadunt animum. statimque eas lassitudine viae sedilibus refotas et balnearum vaporosis fontibus curatas pulcherrime triclinio mirisque illis et beatis edulibus atque tuccetis oblectat. iubet citharam loqui: psallitur; tibias agere: sonatur; choros canere: cantatur. quae cuncta nullo praesente dulcissimis modulis animos audientium remulcebant. nec tamen scelestarum feminarum nequitia vel illa mellita cantus dulcedine mollita conquievit, sed ad destinatam fraudium pedicam sermonem conferentes dissimulanter occipiunt sciscitari, qualis ei maritus et unde natalium, secta cuia proveniret. tunc illa simplicitate nimia pristini sermonis oblita novum commentum instruit aitque maritum suum de provincia proxima magnis pecuniis negotiantem iam medium cursum aetatis agere, interspersum rara canitie. nec in sermone isto tantillum morata rursum opiparis muneribus eas onustas ventoso vehiculo reddidit.

XVI. Sed dum Zephyri tranquillo spiritu sublimatae domum redeunt, sic secum altercantes: 'quid, soror, dicimus de tam monstruoso fatuae illius mendacio? tunc adolescens modo florenti lanugine barbam instruens, nunc aetate media candenti canitie lucidus. quis ille, quem temporis modici spatium repentina senecta reformavit? nil aliud repperies, mi soror, quam vel mendacia istam pessimam feminam confingere vel formam mariti sui nescire; quorum utrum verum est, opibus istis quam primum exterminanda est. quodsi viri sui faciem ignorat, deo profecto denupsit et deum nobis praegnatione ista gerit. certe si divini puelli--quod absit haec mater audierit, statim me laqueo nexili suspendam. ergo interim ad parentes nostros redeamus et exordio sermonis huius quam concolores fallacias adtexamus.'

XVII. Sic inflammatae, parentibus fastidienter appellatis et nocte turbatae vigiliis, perditae matutino scopulum pervolant et inde solito venti praesidio vehementer devolant lacrimisque pressura palpebrarum coactis hoc astu puellam appellant: 'tu quidem felix et ipsa tanti mali ignorantia beata sedes incuriosa periculi tui, nos autem, quae pervigili cura rebus tuis excubamus, cladibus tuis misere cruciamur. pro vero namque comperimus nec te, sociae scilicet doloris casusquetui, celarepossumus immanem colubrum multinodis voluminibus serpentem, veneno noxio colla sanguinantem hiantemque ingluvie profunda tecum noctibus latenter adquiescere. nunc recordare sortis Pythicae, quae te trucis bestiae nuptiis destinatam esse clamavit. et multi coloni quique circumsecus venantur et accolae plurimi viderunt eum vespera redeuntem e pastu proximique fluminis vadis innatantem.

XVIII. Nec diu blandis alimoniarum obsequiis te saginaturum omnes adfirmant, sed, cum primum praegnationem tuam plenus maturaverit uterus, opimiore fructu praeditam devoraturum. ad haec iam tua est existimatio, utrum sororibus pro tua cara salute sollicitis adsentiri velis et declinata morte nobiscum secura periculi vivere an saevissimae bestiae sepeliri visceribus. quodsi te ruris huius vocalis solitudo vel clandestinae veneris faetidi periculosique concubitus et venenati serpentis amplexus delectant, certe piae sorores nostrum fecerimus.

Tunc Psyche misella, utpote simplex et animi tenella, rapitur verborum tam tristium formidine: extra terminum mentis suae posita prorsus omnium mariti monitionum suarumque promissionum memoriam effudit et in profundum calamitatis sese praecipitavit, tremensque et exangui colore lurida tertiata verba semihianti voce substrepens sic ad illas ait:

XIX. 'Vos quidem, carissimae sorores, ut par erat, in officio vestrae pietatis permanetis, verum et illi, qui talia vobis adfirmant, non videntur mihi mendacium fingere. nec enim umquam viri mei vidi faciem vel omnino cuiatis sit novi, sed tantum nocturnis subaudiens vocibus maritum incerti status et prorsus lucifugam tolero bestiamque aliquam recte dicentibus vobis merito consentio. meque magnopere semper a suis terret aspectibus malumque grande de vultus curiositate praeminatur. nunc si quam salutarem opem periclitanti sorori vestrae potestis adferre, iam nunc subsistite; ceterum incuria sequens prioris providentiae beneficia conrumpet.'

Tunc nanctae iam portis patentibus nudatum sororis animum facinerosae mulieres, omissis tectae machinae latibulis, destrictis gladiis fraudium simplicis puellae paventes cogitationes invadunt.

XX. Sic denique altera: 'quoniam nos originis nexus pro tua incolumitate ne periculum quidem ullum ante oculos habere compellit, viam, quae sola deducit iter ad salutem, diu diuque cogitatam monstrabimus tibi. novaculam praeacutam, adpulsu etiam palmulae lenientis exasperatam, tori qua parte cubare consuesti, latenter absconde lucernamque concinnem, completam oleo, claro lumine praemicantem subde aliquo claudentis aululae tegmine, omnique isto apparatu tenacissime dissimulato, postquam sulcatos intrahens gressus cubile solitum conscenderit iamque porrectus et exordio somni prementis implicitus altum soporem flare coeperit, toro delapsa nudoque vestigio pensilem gradum paullulatim minuens, caecae tenebrae custodia liberata lucerna, praeclaritui facinoris opportunitatem de luminis consilio mutuare et ancipiti telo illo audaciter, prius dextera sursum elata, nisu quam valido noxii serpentis nodum cervicis et capitis abscide. nec nostrum tibi deerit subsidium; sed cum primum illius morte salutem tibi feceris, anxiae praestolabimur cunctisque istis ocius tecum relatis votivis nuptiis hominem te iungemus homini.'

XXI. Tali verborum incendio flammata viscera sororis iam prorsus ardentis deserentes ipsae protinus, tanti mali confinium sibi etiam eximie metuentes, flatus alitis impulsu solito provectae super scopulum ilico perniei se fuga proripiunt statimque conscensis navibus abeunt.

At Psyche relicta sola, nisi quod infestis Furiis agitata sola non est, aestu pelagi simile maerendo fluctuat et, quamvis statuto consilio et obstinato animo, iam tamen facinori manus admovens adhuc incerta consilii titubat multisque calamitatis suae distrahitur affectibus. festinat differt, audet trepidat, diffidit irascitur et, quod est ultimum, in eodem corpore odit bestiam, diligit maritum. vespera tamen iam noctem trahente praecipiti festinatione nefarii sceleris instruit apparatum. nox aderat et maritus aderat priusque Veneris proeliis velitatus in altum soporem descenderat.

XXII. Tunc Psyche, et corporis et animi alioquin infirma, fati tamen saevitia subministrante, viribus roboratur et prolata lucerna et adrepta novacula sexum audacia mutatur. sed cum primum luminis oblatione tori secreta claruerunt, videt omnium ferarum mitissimam dulcissimamque bestiam, ipsum illum Cupidinem formonsum deum formonse cubantem, cuius aspectu lucernae quoque lumen hilaratum increbruit et acuminis sacrilegi novaculam paenitebat. at vero Psyche tanto aspectu deterrita et impos animi, marcido pallore defecta tremensque desedit in imos poplites et ferrum quaerit abscondere, sed in suo pectore; quod profecto fecisset, nisi ferrum timore tanti flagitii manibus temerariis delapsum evolasset. iamque lassa, salute defecta, dum saepius divini vultus intuetur pulchritudinem, recreatur animi. videt capitis aurei genialem caesariem ambrosia temulentam, cervices lacteas genasque purpureas pererrantes crinium globos decoriter impeditos, alios antependulos, alios retropendulos, quorum splendore nimio fulgurante iam et ipsum lumen lucernae vacillabat; per umeros volatilis dei pinnae roscidae micanti flore candicant et quamvis alis quiescentibus extimae plumulae tenellae ac delicatae tremule resultantes inquieta lasciviunt; ceterum corpus glabellum atque luculentum et quale peperisse Venerem non paeniteret. ante lectuli pedes iacebat arcus et pharetra et sagittae, magni dei propitia tela.

XXIII. Quae dum insatiabili animo Psyche, satis et curiosa, rimatur atque pertrectat et mariti sui miratur arma, depromit unam de pharetra sagittam et puncto pollicis extremam aciem periclitabunda trementis etiam nunc articuli nisu fortiore pupugit altius, ut per summam cutem roraverint parvulae sanguinis rosei guttae. sic ignara Psyche sponte in Amoris incidit amorem. tunc magis magisque cupidine fraglans Cupidinis, prona in eum efflictim inhians patulis ac petulantibus saviis festinanter ingestis de somni mensura metuebat. sed dum bono tanto percita saucia mente fluctuat, lucerna illa sive perfidia pessima sive invidia noxia sive quod tale corpus contingere et quasi basiare et ipsa gestiebat, evomuit de summa luminis sui stillam ferventis olei super umerum dei dexterum. hem audax et temeraria lucerna et amoris vile ministerium, ipsum ignis totius deum aduris, cum te scilicet amator aliquis, ut diutius cupitis etiam nocte potiretur, primus invenerit. sic inustus exiluit deus visaque detectae fidei colluvie protinus ex osculis et manibus infelicissimae coniugis tacitus avolavit.

XXIV. at Psyche statim resurgentis eius crure dextero manibus ambabus adrepto sublimis evectionis adpendix miseranda et per nubilas plagas penduli comitatus extrema consequia tandem fessa delabitur solo. Nec deus amator humi iacentem deserens involavit proximam cupressum deque eius alto cacumine sic eam graviter commotus adfatur:

'Egoquidem, simplicissima Psyche, parentis meae Veneris praeceptorum immemor, quae te miseri extremique hominis devinctam cupidine infimo matrimonio addici iusserat, ipse potius amator advolavi tibi sed hoc feci leviter, scio, et praeclarus ille sagittarius ipse me telo meo percussi teque coniugem meam feci, ut bestia scilicet tibi viderer et ferro caput excideres meum, quod istos amatores tuos oculos gerit. haec tibi identidem semper cavenda censebam, haec benivole remonebam. sed illae quidem consiliatrices egregiae tuae tam perniciosi magisterii dabunt actutum mihi poenas, te vero tantum fuga mea punivero.' et cum termino sermonis pinnis in altum se proripuit.

XXV. Psyche vero humi prostrata et quantum visu poterat volatus mariti prospiciens extremis affligebat lamentationibus animum. sed ubi remigio plumae raptum maritum proceritas spatii fecerat alienum, per proximi fluminis marginem praecipitem sese dedit. sed mitis fluvius in honorem dei scilicet, qui et ipsas aquas urere consuevit, metuens sibi confestim eam innoxio volumine super ripam florentem herbis exposuit. tunc forte Pan deus rusticus iuxta supercilium amnis sedebat complexus Echo montanam deam eamque voculas omnimodas edocens reccinere; proxime ripam vago pastu lasciviunt comam fluvii tondentes capellae. hircuosus deus sauciam Psychen atque defectam, utcumque casus eius non inscius, clementer ad se vocatam sic permulcetverbis lenientibus:

'Puella scitula, sum quidem rusticanus et upilio, sed senectutis prolixae beneficio multis experimentis instructus. verum si recte coniecto, quod profecto prudentes viri divinationem autumant, ab isto titubante et saepius vaccillante vestigio deque nimio pallore corporis et assiduo suspiritu, immo et ipsis maerentibus oculis tuis, amore nimio laboras. ergo mihi ausculta nec te rursus praecipitio vel ullo mortis accersitae genere perimas. luctum desine et pone maerorem, precibusque potius Cupidinem deorum maximum percole, et utpote adolescentem delicatum luxuriosumque blandis obsequiis promerere.'

XXVI. Sic locuto deo pastore nulloque sermone reddito, sed adorato tantum numine salutari Psyche pergit ire. sed cum aliquam multum viae laboranti vestigio pererrasset, inscio quodam tramite iam die labente accedit quandam civitatem, in qua regnum maritus unius sororis eius optinebat. qua re cognita Psyche nuntiari praesentiam suam sorori desiderat; mox inducta mutuis amplexibus alternae salutationis expletis percontanti causas adventus sui sic incipit:

'Meministi consilium vestrum, scilicet quo mihi suasistis, ut bestiam, quae mariti mentito nomine mecum quiescebat, prius quam ingluvie voraci me misellam hauriret, ancipiti novacula peremerem. sed cum primum, ut aeque placuerat, conscio lumine vultus eius aspexi, video mirum divinumque prorsus spectaculum, ipsum illum deae Veneris filium, ipsum inquam

Cupidinem, leni quiete sopitum. ac dum tanti boni spectaculo percita et nimia voluptatis copia turbata fruendi laborarem inopia, casu scilicet pessumo lucerna fervens oleum rebullivit in eius umerum. quo dolore statim somno recussus, ubi me ferro et igni conspexit armatam, 'tu quidem,' inquit, 'ob istud tam dirum facinus confestim toro meo divorte tibique res tuas habeto, ego vero sororem tuam'--et nomen quo tu censeris aiebat 'iam mihi confarreatis nuptiis coniugabo '; et statim Zephyro praecipit, ultra terminos me domus eius efflaret.'

XXVII. Necdum sermonem Psyche finierat, et illa vesanae libidinis et invidiae noxiae stimulis agitata, e re concinnato mendacio fallens maritum, quasi de morte parentum aliquid conperisset, statim navem ascendit et ad illum scopulum protinus pergit et quamvis alio flante vento, caeca spe tamen inhians, 'accipe me,' dicens, 'Cupido, dignam te coniugem et tu, Zephyre, suscipe dominam' saltu se maximo praecipitem dedit. nec tamen ad illum locum vel saltem mortua pervenire potuit. nam per saxa cautium membris iactatis atque dissipatis et, proinde ut merebatur, laceratis visceribus suis alitibus bestiisque obvium ferens pabulum interiit. Nec vindictae sequentis poena tardavit. nam Psyche rursus errabundo gradu pervenit ad civitatem aliam, in qua pari modo soror morabatur alia nec setius et ipsa fallacie germanitatis inducta et in sororis sceleratas nuptias aemula festinavit ad scopulum inque simile mortis exitium cecidit.

XXVIII. Interim, dum Psyche quaesitioni Cupidinis intenta populos circumibat, ille vulnere lucernae dolens in ipso thalamo matris iacens ingemebat. tunc avis peralba illa gavia, quae super fluctus marinos pinnis natat, demergit sese propere ad Oceani profundum gremium. ibi commodum Venerem lavantem natantemque propter assistens indicat adustum filium eius, gravi vulneris dolore maerentem, dubium salutis iacere iamque per cunctorum ora populorum rumoribus conviciisque variis omnem Veneris familiam male audire, quod ille quidem montano scortatu, tu vero marino natatu secesseritis ac per hoc non voluptas ulla, non gratia, non lepos, sed incompta et agrestia et horrida cuncta sint, non nuptiae coniugales, non amicitiae sociales, non liberum caritates, sed enormis eluvies et squalentium foederum insuave fastidium. haec illa verbosa et satis curiosa avis in auribus Veneris fili lacerans existimationem ganniebat. at Venus irata solidum exclamat repente: 'ergo iam ille bonus filius meus habet amicam aliquam? prome agedum, quae sola mihi servis amanter, nomen eius, quae puerum ingenuum et investem sollicitavit, sive illa de Nympharum populo seu de Horarum numero seu de Musarum choro vel de mearum Gratiarum ministerio. Nec loquax illa conticuit avis, sed 'nescio,' inquit, 'domina: puto puellam--si probe memini, Psyches nomine dicitur--efflicte cupere.' Tunc indignata Venus exclamavit vel maxime: 'Psychen ille, meae formae succubam, mei nominis aemulam, si vere diligit, nimirum illud incrementum lenam me putavit, cuius monstratu puellam illam cognosceret.'

XXIX. Haec quiritans properiter emergit e mari suumque protinus aureum thalamum petit et reperto, sicut audierat, aegroto puero iam inde a foribus quam maxime boans 'honesta,' inquit, 'haec et natalibus nostris bonaeque tuae frugi congruentia, ut primum quidem tuae parentis, immo dominae praecepta calcares nec sordidis amoribus inimicam meam cruciares, verum etiam hoc aetatis puer tuis licentiosis et immaturis iungeres amplexibus, utegonurum scilicet tolerarem inimicam? sed utique praesumis nugo et corruptor et inamabilis te solum generosum nec me iam per aetatem posse concipere. velim ergo scias multo te meliorem filium alium genituram, immo ut contumeliam magis sentias, aliquem de meis adoptaturam vernulis eique donaturam istas pinnas et flammas et arcum et ipsas sagittas et omnem meam supellectilem, quam tibi non ad hos usus dederam; nec enim de patris tui bonis ad instructionem istam quicquam concessum est.

XXX. Sed male prima pueritia inductus es et acutas manus habes et maiores tuos irreverenter pulsasti totiens et ipsam matrem tuam, me inquam ipsam, parricida denudas cotidie et percussisti saepius et quasi viduam utique contemnis nec vitricum tuum fortissimum illum maximumque bellatorem metuis. quidni? cui saepius in angorem mei paelicatus puellas propinare consuesti. sed iam faxo te lusus huius paeniteat et sentias acidas et amaras istas nuptias.--sed nunc inrisui habita quid agam? quo me conferam? quibus modis stelionem istum cohibeam? petamne auxilium ab inimica mea Sobrietate, quam propter huius ipsius luxuriam offendi saepius? at rusticae squalentisque feminae conloquium prorsus horresco. nec tamen vindictae solacium undeunde spernendum est. illa mihi prorsus adhibenda est nec ulla alia, quae castiget asperrime nugonem istum, pharetram explicet et sagittas dearmet, arcum enodet, taedam deflammet, immo et ipsum corpus eius acrioribus remediis coherceat. tunc iniuriae meae litatum crediderim, cum eius comas, quas istis manibus meis subinde aureo nitore perstrinxi, deraserit, pinnas, quas meo gremio nectarei fontis infeci, praetotonderit.

XXXI. Sic effata foras sese proripit infesta et stomachata biles Venerias. sed eam protinus Ceres et Iuno continantur visamque vultu tumido quaesiere, cur truci supercilio tantam venustatem micantium oculorum coherceret. atilla 'oportune,' inquit, 'ardenti prorsus isto meo pectori violentiam scilicet perpetraturae venitis. sed totis, oro, vestris viribus Psychen illam fugitivam volaticam mihi requirite. nec enim vos utique domus meae famosa fabula et non dicendi filii mei facta latuerunt.'

Tunc illae non ignarae, quae gesta sunt, palpare Veneris iram saevientem sic adortae: 'quid tale, domina, deliquit tuus filius, ut animo pervicaci voluptates illius impugnes et, quam ille diligit, tu quoque perdere gestias? quod autem, oramus, isti crimen, si puellae lepidae libenter adrisit? an ignoras eum masculum et iuvenem esse vel certe iam, quot sit annorum, oblita es? an, quod aetatem portat bellule, puer tibi semper videtur? mater autem tu et praeterea cordata mulier filii tui lusus semper explorabis curiose et in eo luxuriem culpabis et amores revinces et tuas artes tuasque delicias in formonso filio reprehendes? quis autem te deum, quis hominum patietur passim cupidines populis disseminantem, cum tuae domus amores amare coherceas et vitiorum muliebrium publicam praecludas officinam?'

Sic illae metu sagittarum patrocinio gratioso Cupidini, quamvis absenti, blandiebantur. sed Venus indignata ridicule tractari suas iniurias praeversis illis alterorsus concito gradu pelago viam capessit.

VI.I. Interea Psyche variis iactabatur discursibus, dies noctesque mariti vestigationibus inquieta animo, tanto cupidior iratum licet, si non uxoriis blanditiis lenire, certe servilibus precibus propitiare. et prospecto templo quodam in ardui montis vertice 'unde autem,' inquit, 'scio an istic meus degat dominus?' et ilico dirigit citatum gradum, quem defectum prorsus adsiduis laboribus spes incitabat et votum. iamque naviter emensis celsioribus iugis pulvinaribus sese proximam intulit. videt spicas frumentarias in acervo et alias flexiles in corona et spicas hordei videt. erant et falces et operae messoriae mundus omnis, sed cuncta passim iacentia et incuria confusa et, ut solet aestu, laborantium manibus proiecta. haec singula Psyche curiose dividit et discretim remota rite componit, rata scilicet nullius dei fana ac caerimonias neclegere se debere, sed omnium benivolam misericordiam corrogare.

II. Haec eam sollicite seduloque curantem Ceres alma deprehendit et longum exclamat protinus: 'ain, Psyche miseranda? totum per orbem Venus anxia disquisitione tuum vestigium furens animi requirit, teque ad extremum supplicium expetit et totis numinis sui viribus ultionem flagitat: tu vero rerum mearum tutelam nunc geris et aliud quicquam cogitas nisi de tua salute?

Tunc Psyche pedes eius advoluta et uberi fletu rigans deae vestigia humumque verrens crinibus suis multiiugis precibus editis veniam postulabat: 'per ego te frugiferam tuam dexteram istam deprecor, per laetificas messium caerimonias, per tacita secreta cistarum et per famulorum tuorum draconum pinnata curricula et glebae Siculae sulcamina et currum rapacem et terram tenacem et inluminarum Proserpinae nuptiarum demeacula et luminosarum filiae inventionum remeacula et cetera, quae silentio tegit Eleusinis Atticae sacrarium, miserandae Psyches animae, supplicis tuae, subsiste. inter istam spicarum congeriem patere vel pauculos dies delitescam, quoad deae tantae saeviens ira spatio temporis mitigetur vel certe meae vires diutino labore fessae quietis intervallo leniantur.'

III. Suscipit Ceres: 'tuis quidem lacrimosis precibus et commoveor et opitulari cupio, sed cognatae meae, cum qua etiam foedus antiquum amicitiae colo, bonae praeterea feminae, malam gratiam subire nequeo. decede itaque istis aedibus protinus et quod a me retenta custoditaque non fueris optimi consule.'

Contra spem suam repulsa Psyche et afflicta duplici maestitia iter retrorsum porrigens inter subsitae convallis sublucidum lucum prospicit fanum sollerti fabrica structum nec ullam vel dubiam spei melioris viam volens omittere, sed adire cuiuscumque dei veniam, sacratis foribus proximat. videt dona pretiosa et lacinias auro litteratas ramis arborum postibusque suffixas, quae cum gratia facti nomen deae, cui fuerant dicata, testabantur. tunc genu nixa et manibus aram tepentem amplexa detersis ante lacrimis SiC adprecatur:

IV. Magni Iovis germana et coniuga, sive tu Sami, quae sola partu vagituque et alimonia tua gloriatur, tenes vetusta delubra, sive celsae Carthaginis, quae te virginem vectura leonis caelo commeantem percolit, beatas sedes frequentas, sive prope ripas Inachi, qui te iam nuptam Tonantis et reginam dearum memorat, inclitis Argivorum praesides moenibus, quam cunctus oriens Zygiam veneratur et omnis occidens Lucinam appellat, sis meis extremis casibus Iuno Sospita meque in tantis exanclatis laboribus defessam imminentis periculi metu libera. quod sciam, soles praegnatibus periclitantibus ultro subvenire.'

Ad istum modum supplicanti statim sese Iuno cum totius sui numinis augusta dignitate praesentat et protinus 'quam vellem.' inquit, 'per fidem, nutum meum precibus tuis accommodare. sed contra voluntatem Veneris, nurus meae, quam filiae semper dilexi loco, praestare me pudor non sinit. tunc etiam legibus, quae servos alienos profugos invitis dominis vetant suscipi, prohibeor.'

V. Isto quoque fortunae naufragio Psyche perterrita nec indipisci iam maritum volatilem quiens, tota spe salutis deposita, sic ipsa suas cogitationes consuluit: 'iam quae possunt alia meis aerumnis temptari vel adhiberi subsidia, cui nec dearum quidem, quamquam volentium, potuerunt prodesse suffragia? quo rursum itaque tantis laqueis inclusa vestigium porrigam quibusque tectis vel etiam tenebris abscondita magnae Veneris inevitabiles oculos effugiam? quin igitur masculum tandem sumis animum et cassae speculae renuntias fortiter et ultroneam te dominae tuae reddis et vel sera modestia saevientes impetus eius mitigas? qui scias an etiam quem diu quaeritas illic in domo matris repperias?' sic ad dubium obsequium, immo ad certum exitium praeparata principium futurae secum meditabatur obsecrationis.

VI. At Venus terrenis remediis inquisitionis abnuens caelum petit. iubet construi currum, quem ei Vulcanus aurifex subtili fabrica studiose poliverat et ante thalami rudimentum nuptiale munus obtulerat, limae tenuantis detrimento conspicuum et ipsius auri damno pretiosum. de multis quae circa cubiculum dominae stabulant procedunt quattuor candidae columbae et hilaris incessibus picta colla torquentes iugum gemmeum subeunt susceptaque domina laetae subvolant. currum deae prosequentes gannitu constrepenti lasciviunt passeres et ceterae quae dulce cantitant aves melleis modulis suave resonantes adventum deae pronuntiant. cedunt nubes et Caelum filiae panditur et summus aether cum gaudio suscipit deam, nec obvias aquilas vel accipitres rapaces pertimescit magnae Veneris canora familia.

VII. Tunc se protinus ad Iovis regias arces dirigit et petitu superbo Mercuri, dei vocalis, operae necessariam usuram postulat. nec rennuit Iovis caerulum supercilium. tunc ovans ilico, comitante etiam Mercurio, Venus caelo demeat eique sollicite serit verba: 'frater Arcadi, scis nempe sororem tuam Venerem sine Mercuri praesentia nil unquam fecisse nec te praeterit utique, quanto iam tempore delitescentem ancillam nequiverim repperire. nil ergo superest quam tuo praeconio praemium investigationis publicitus edicere. fac ergo mandatum matures meum et indicia, qui possit agnosci, manifeste designes, ne, si quis occultationis illicitae crimen subierit, ignorantiae se possit excusatione defendere'; et simul dicens libellum ei porrigit, ubi Psyches nomen continebatur et cetera; quo facto protinus domum secessit.

VIII. Nec Mercurius omisit obsequium. nam per omnium ora populorum passim discurrens sic mandatae praedicationis munus exequebatur: 'si quis a fuga retrahere vel occultam demonstrare poterit fugitivam regis filiam, Veneris ancillam, nomine Psychen, conveniat retro metas Murtias Mercurium praedicatorem, accepturus indicinae nomine ab ipsa Venere septem savia suavia et unum blandientis adpulsu linguae longe mellitum.'

Ad hunc modum pronuntiante Mercurio tanti praemii cupido certatim omnium mortalium studium adrexerat. quae res nunc vel maxime sustulit Psyches omnem cunctationem. iamque fores ei dominae proximanti occurrit una de famulitione Veneris nomine Consuetudo statimque, quantum maxime potuit, exclamat: 'tandem, ancilla nequissima, dominam habere te scire coepisti? an pro cetera morum tuorum temeritate istud quoque nescire te fingis, quantos labores circa tuas inquisitiones sustinuerimus? sed bene, quod meas potissimum manus incidisti et inter Orci cancros iam ipsos haesisti, datura scilicet actutum tantae contumaciae poenas.'

IX. Et audaciter in capillos eius inmissa manu trahebat eam nequaquam renitentem. quam ubi primum inductam oblatamque sibi conspexit Venus, laetissimum cachinnum extollit et qualem solent frequenter irati, caputque quatiens et ascalpens aurem dexteram 'tandem,' inquit, 'dignata es socrum tuam salutare? an potius maritum, qui tuo vulnere periclitatur, intervisere venisti? sed esto secura, iam enim excipiam te ut bonam nurum condecet'; et 'ubi sunt,' inquit, 'Sollicitudo atque Tristities, ancillae meae?' quibus intro vocatis torquendam tradidit eam. at illae sequentes erile praeceptum Psychen misellam flagellis afflictam et ceteris tormentis excruciatam iterum dominae conspectui reddunt. tunc rursus sublato risu Venus 'et ecce,' inquit, 'nobis turgidi ventris sui lenocinio commovet miserationem, unde me praeclara subole aviam beatam scilicet faciat. felix vero ego, quae in ipso aetatis meae flore vocabor avia, et vilis ancillae filius nepos Veneris audiet. quanquam inepta ego frustra filium dicam; impares enim nuptiae et praeterea in villa sine testibus et patre non consentiente factae legitimae non possunt videri ac per hoc spurius iste nascetur, si tamen partum omnino perferre te patiemur.'

X. His editis involat eam vestemque plurifariam diloricat capilloque disciso et capite conquassato graviter affligit, et accepto frumento et hordeo et milio et papavere et cicere et lente et faba commixtisque acervatim confusis in unum grumulum sic ad illam: 'videris enim mihi tam deformis ancilla nullo alio sed tantum sedulo ministerio amatores tuos promereri: iam ergo et ipsa frugem tuam periclitabor. discerne seminum istorum passivam congeriem singulisque granis rite dispositis atque seiugatis ante istam vesperam opus expeditum approbato mihi.'

Sic assignato tantorum seminum cumulo ipsa cenae nuptiali concessit. nec Psyche manus admolitur inconditae illi et inextricabili moli, sed immanitate praecepti consternata silens obstupescit. tunc formicula illa parvula atque ruricola, certa difficultatis tantae laborisque, miserta contubernalis magni dei socrusque saevitiam execrata, discurrens naviter convocat corrogatque cunctam formicarum accolarum classem: 'miseremini, terrae omniparentis agiles alumnae, miseremini et Amoris uxori, puellae lepidae, periclitanti prompta velocitate succurrite.' ruunt aliae superque aliae sepedum populorum undae summoque studio singulae granatim totum digerunt acervum separatimque distributis dissitisque generibus e conspectu perniciter abeunt.

XI. Sed initio noctis e convivio nuptiali vino madens et fraglans balsama Venus remeat totumque revincta corpus rosis micantibus visaque diligentia miri laboris 'non tuum,' inquit, 'nequissima, nec tuarum manuum istud opus, sed illius, cui tuo, immo et ipsius malo placuisti': et frusto cibarii panis ei proiecto cubitum facessit. interim Cupido solus interioris domus unici cubiculi custodia clausus cohercebatur acriter, partim ne petulanti luxurie vulnus gravaret, partim ne cum sua cupita conveniret. sic ergo distentis et sub uno tecto separatis amatoribus tetra nox exanclata.

Sed Aurora commodum inequitante vocatae Psychae Venus infit talia: 'videsne illud nemus, quod fluvio praeterluenti ripisque longis attenditur, cuius imi gurgites vicinum fontem respiciunt? oves ibi nitentes aurique colore florentes incustodito pastu vagantur. inde de coma pretiosi velleris floccum mihi confestim quoquo modo quaesitum afferas censeo.'

XII. Perrexit Psyche volenter non obsequium quidem illa functura, sed requiem malorum praecipitio fluvialis rupis habitura. sed inde de fluvio musicae suavis nutricula, leni crepitu dulcis aurae divinitus inspirata, sic vaticinatur arundo viridis: 'Psyche, tantis aerumnis exercita, neque tua miserrima morte meas sanctas aquas polluas nec vero istud horae contra formidabiles oves feras aditum, quoad de solis fraglantia mutuatae calorem truci rabie solent efferri cornuque acuto et fronte saxea et non nunquam venenatis morsibus in exitium saevire mortalium; sed dum meridies solis sedaverit vaporem et pecua spiritus fluvialis serenitate conquieverint, poteris sub illa procerissima platano, quae mecum simul unum fluentum bibit, latenter abscondere. et cum primum mitigata furia laxaverint oves animum, percussis frondibus attigui nemoris lanosum aurum repperies, quod passim stirpibus convexis obhaerescit.'

XIII. Sic arundo simplex et humana Psychen aegerrimam salutem suam docebat. nec auscultatu paenitendo diligenter instructa illa cessavit, sed observatis omnibus furatrina facili flaventis auri mollitie congestum gremium Veneri reportat. nec tamen apud dominam saltem secundi laboris periculum secundum testimonium meruit, sed contortis superciliis subridens amarum sic inquit: 'nec me praeterit huius quoque facti auctor adulterinus. sed iam nunc ego sedulo periclitabor an oppido forti animo singularique prudentia sis praedita. videsne insistentem celsissimae illi rupi montis ardui verticem, de quo fontis atri fuscae defluunt undae proxumaeque conceptaculo vallis inclusae Stygias inrigant paludes et rauca Cocyti fluenta nutriunt? indidem mihi de summi fontis penita scaturrigine rorem rigentem hauritum ista confestim defers urnula.' sic aiens crustallo dedolatum vasculum, insuper ei graviora comminata, tradidit.

XIV. At illa studiose gradum celerans montis extremum petit tumulum certe vel illic inventura vitae pessimae finem. sed cum primum praedicti iugi conterminos locos appulit, videt rei vastae letalem difficultatem. namque saxum immani magnitudine procerum et inaccessa salebritate lubricum mediis e faucibus lapidis fontes horridos evomebat, qui statim proni foraminis lacunis editi perque proclive delapsi et angusti canalis exarato contecti tramite proxumam convallem latenter incidebant. dextra laevaque cautibus cavatis proserpunt et longa colla porrecti saeviunt saevi dracones inconivae vigiliae luminibus addictis et in perpetuam lucem pupulis excubantibus. iamque et ipsae semet muniebant vocales aquae. nam et 'discede' et 'quid facis? vide' et 'quid agis? cave' et 'fuge' et 'peribis' subinde clamant. sic impossibilitate ipsa mutata in lapidem Psyche, quamvis praesenti corpore, sensibus tamen aberat et inextricabilis periculi mole prorsus obruta lacrumarum etiam extremo solacio carebat.

XV. Nec Providentiae bonae graves oculos innocentis animae latuit aerumna. nam supremi Iovis regalis ales illa repente propansis utrimque pinnis affuit rapax aquila memorque veteris obsequii, quo ductu Cupidinis Iovi pocillatorem Phrygium sustulerat, oportunam ferens opem deique numen in uxoris laboribus percolens alti culminis diales vias deserit et ob os puellae praevolans incipit: 'at tu, simplex alioquin et expers rerum talium, sperasne te sanctissimi nec minus truculenti fontis vel unam stillam posse furari vel omnino contingere? diis etiam ipsique Iovi formidabiles aquas istas Stygias vel fando comperisti, quodque vos deieratis per numina deorum, deos per Stygis maiestatem solere? sed cedo istam urnulam,' et protinus adreptam completum aquae festinat libratisque pinnarum nutantium molibus inter genas saevientium dentium et trisulca vibramina draconum remigium dextra laevaque porrigens volentes aquas et, ut

227

abiret innoxius, praestantes excipit, commentus ob iussum Veneris petere eique se praeministrare, quare paulo facilior adeundi fuit copia.

XVI. Sic acceptam cum gaudio plenam urnulam Psyche Veneri citata rettulit. Nec tamen nutum deae saevientis vel tunc expiare potuit. nam sic eam maiora atque peiora flagitia comminans appellat renidens exitiabile: 'iam tu quidem maga videris quaedam mihi et alta prorsus malefica, quae talibus praeceptis meis obtemperasti naviter. sed adhuc istud, mea pupula, ministrare debebis. sume istam pyxidem,' et dedit; 'protinus usque ad inferos et ipsius Orci ferales penates te derige. tunc conferens pyxidem Proserpinae 'petit de te Venus,' dicito, 'modicum de tua mittas ei formonsitate vel ad unam saltem dieculam sufficiens. nam quod habuit, dum filium curat aegrotum, consumpsit atque contrivit omne.' sed haud immaturius redito, quia me necesse est indidem delitam theatrum deorum frequentare.'

XVII. Tunc Psyche vel maxime sensit ultimas fortunas suas et velamento reiecto ad promptum exitium sese compelli manifeste comperit. quidni? quae suis pedibus ultro ad Tartarum manesque commeare cogeretur. nec cunctata diutius pergit ad quampiam turrim praealtam, indidem sese datura praecipitem; sic enim rebatur ad inferos recte atque pulcherrime se posse descendere. sed turris prorumpit in vocem subitam et 'quid te,' inquit, 'praecipitem, o misella, quaeris extinguere? quidque iam novissimo periculo laborique isto temere succumbis? nam si spiritus corpore tuo semel fuerit seiugatus, ibis quidem profecto ad imum Tartarum, sed inde nullo pacto redire poteris. mihi ausculta.

XVIII. Lacedaemo Achaiae nobilis civitas non longe sita est: huius conterminam deviis abditam locis quaere Taenarum. inibi spiraculum Ditis, et per portas hiantes monstratur iter invium, cui te limine transmeato simul commiseris, iam canale directo perges ad ipsam Orci regiam. sed non hactenus vacua debebis per illas tenebras incedere, sed offas polentae mulso concretas ambabus gestare manibus, at in ipso ore duas ferre stipes. iamque confecta bona parte mortiferae viae continaberis claudum asinum lignorum gerulum cum agasone simili, qui te rogabit decidentis sarcinae fusticulos aliquos porrigas ei, sed tu nulla voce deprompta tacita praeterito. nec mora cum ad flumen mortuum venies, cui praefectus Charon, protenus expetens portorium, sic ad ripam ulteriorem sutili cumba deducit commeantes. ergo et inter mortuos avaritia vivit nec Charon ille et Ditis pater, tantus deus, quicquam gratuito facit, sed moriens pauper viaticum debet quaerere et aes si forte prae manu non fuerit, nemo eum expirare patietur. huic squalido seni dabis nauli nomine de stipibus quas feres alteram, sic tamen ut ipse sua manu de tuo sumat ore. nec setius tibi pigrum fluentum transmeanti quidam supernatans senex mortuus putris adtollens manus orabit ut eum intra navigium trahas, nec tu tamen inlicita adflectare pietate.

XIX. Transito fluvio modicum te progressam textrices orabunt anus telam struentes manus paulisper accommodes, nec id tamen tibi contingere fas est. nam haec omnia tibi et multa alia de Veneris insidiis orientur, ut vel unam de manibus omittas offulam. nec putes futile istud polentacium damnum leve; altera enim perdita lux haec tibi prorsus denegabitur. canis namque praegrandis, teriugo et satis amplo capite praeditus, immanis et formidabilis, tonantibus oblatrans faucibus mortuos, quibus iam nil mali potest facere, frustra territando ante ipsum limen et atra atria Proserpinae semper excubans servat vacuam Ditis domum. hunc offrenatum unius offulae praeda facile praeteribis ad ipsamque protinus Proserpinam introibis, quae te comiter excipiet ac benigne, ut et molliter assidere et prandium opipare suadeat sumere. sed tu et humi reside et panem sordidum petitum esto, deinde nuntiato quid adveneris, susceptoque quod offeretur rursus remeans canis saevitiam offula reliqua redime ac deinde avaro navitae data quam reservaveras stipe transitoque eius fluvio recolens priora vestigia ad istum caelestium siderum redies chorum. sed inter omnia hoc observandum praecipue tibi censeo, ne velis aperire vel inspicere illam quam feres pyxidem vel omnino divinae formonsitatis abditum curare curiosius thensaurum.'

XX. Sic turris illa prospicua vaticinationis munus explicuit. nec morata Psyche pergit Taenarum sumptisque rite stipibus illis et offulis infernum decurrit meatum transitoque per silentium asinario debili et amnica stipe vectori data, neglecto supernatantis mortui desiderio et spretis textricum subdolis precibus et offulae cibo sopita canis horrenda rabie domum Proserpinae penetrat. nec offerentis hospitae sedile delicatum vel cibum beatum amplexa, sed ante pedes eius residens humilis cibario pane contenta Veneriam pertulit legationem. statimque secreto repletam conclusamque pyxidem suscipit et offulae sequentis fraude caninis latratibus obseratis residuaque navitae reddita stipe longe vegetior ab inferis recurrit. et repetita atque adorata candida ista luce, quanquam festinans obsequium terminare, mentem capitur temeraria curiositate et 'ecce,' inquit, 'inepta ego divinae formonsitatis gerula, quae nec tantillum quidem indidem mihi delibo vel sic illi amatori meo formonso placitura,' et cum dicto reserat pyxidem.

XXI. Nec quicquam ibi rerum nec formonsitas ulla, sed infernus somnus ac vere Stygius, qui statim coperculo revelatus invadit eam crassaque soporis nebula cunctis eius membris perfunditur et in ipso vestigio ipsaque semita conlapsam possidet. et iacebat immobilis et nihil aliud quam dormiens cadaver.

Sed Cupido iam cicatrice solida revalescens nec diutinam suae Psyches absentiam tolerans per altissimam cubiculi quo cohibebatur elapsus fenestram refectisque pennis aliquanta quiete longe velocius provolans Psychen accurrit suam detersoque somno curiose et rursum in pristinam pyxidis sedem recondito Psychen innoxio punctulo sagittae suae suscitat et 'ecce,' inquit, 'rursum perieras, misella, simili curiositate. sed interim quidem tu provinciam, quae tibi matris meae praecepto mandata est, exsequere naviter, cetera egomet videro.' his dictis amator levis in pinnas se dedit, Psyche vero confestim Veneri munus reportat Proserpinae.

XXII. Interea Cupido amore nimio peresus et aegra facie, matris suae repentinam sobrietatem pertimescens, ad armillum redit alisque pernicibus caeli penetrato vertice magno Iovi supplicat suamque causam probat. tunc Iuppiter prehensa Cupidinis buccula manuque ad os suum relata consaviat atque sic ad illum 'licet tu,' inquit, 'domine fili, numquam mihi concessu deum decretum servaris honorem, sed istud pectus meum, quo leges elementorum etvices siderum disponuntur, convulneraris assiduis ictibus crebrisque terrenae libidinis foedaveris casibus contraque leges et ipsam Iuliam disciplinamque publicam turpibus adulteriis existimationem famamque meam laeseris in serpentes, in ignes, in feras, in aves et gregalia pecua serenos vultus meos sordide reformando, at tamen modestiae meae memor quodque inter istas meas manus creveris, cuncta perficiam, dum tamen scias aemulos tuos cavere ac, si qua nunc in terris puella praepollet pulcritudine, praesentis beneficii vicem per eam mihi repensare te debere.'

XXIII. Sic fatus iubet Mercurium deos omnes ad contionem protinus convocare ac, si qui coetu caelestium defuisset, in poenam decem milium nummum con ventum iri pronuntiare. quo metu statim completo caelesti theatro pro sede sublimi sedens procerus Iuppiter sic enuntiat:

'Dei conscripti Musarum albo, adolescentem istum quod manibus meis alumnatus sim, profecto scitis omnes. cuius primae iuventutis caloratos impetus freno quodam cohercendos existimavi; sat est cotidianis eum fabulis ob adulteria cunctasque corruptelas infamatum. tollenda est omnis occasio et luxuria puerilis nuptialibus pedicis alliganda. puellam elegit et virginitate privavit: teneat, possideat, amplexus Psychen semper suis amoribus perfruatur.' et ad Venerem conlata facie, 'nec tu,' inquit, 'filia, quicquam contristere nec prosapiae tantae tuae statuque de matrimonio mortali metuas. iam faxo nuptias non impares, sed legitimas et iure civili congruas,' et ilico per Mercurium arripi Psychen et in caelum perduci iubet. porrecto ambrosiae poculo, 'sume,' inquit, 'Psyche, et immortalis esto, nec umquam digredietur a tuo nexu Cupido, sed istae vobis erunt perpetuae nuptiae.'

XXIV. Nec mora cum cena nuptialis affluens exhibetur. accumbebat summum torum maritus, Psychen gremio suo complexus. sic et cum sua Iunone Iuppiter ac deinde per ordinem toti dei. tunc poculum nectaris, quod vinum deorum est, Iovi quidem suus pocillator ille rusticus puer, ceteris vero Liber ministrabat. Vulcanus cenam coquebat, Horae rosis et ceteris floribus purpurabant omnia, Gratiae spargebant balsama, Musae voce canora personabant; Apollo cantavit ad citharam, Venus suavi musicae superingressa formonsa saltavit, scaena sibi sic concinnata, ut Musae quidem chorum canerent aut tibias inflarent, Saturus et Paniscus ad fistulam dicerent.

Sic rite Psyche convenit in manum Cupidinis et nascitur illis maturo partu filia, quam Voluptatem nominamus.

Also Available from JiaHu Books

The Iliad (Ancient Greek) - 978909669222
The Odyssey (Ancient Greek) - 978909669260
Anabasis (Ancient Greek) 978909669321
Metamorphoses - Ovid (Latin) 978909669352
Satyricon (Latin) - 978909669789
Egils Saga (Old Norse) – 978909669093
Recognition of Sakuntala (Sanskrit) - 978909669192

www.ingramcontent.com/pod-product-compliance
Lightning Source LLC
Chambersburg PA
CBHW051751040426
42446CB00007B/320